Wie Sie die ITIL Foundation Prüfung bestehen

London: TSO

Herausgegeben von TSO (The Stationary Office). Bezugsquellen:

Online
www.tsoshop.co.uk

Post, Telefon, Fax & E-Mail
TSO
PO Box 29, Norwich, NR3 1GN
Telefonische Bestellungen / Allgemeine Anfragen: +44 (0) 870 600 5522
Bestellungen per Fax: +44 (0) 870 600 5533
E-Mail: customer.services@tso.co.uk
Schreibtelefon +44 (0) 870 240 3701

TSO@Blackwell und andere akkreditierte Vertreter

Kunden können Publikationen auch bei folgender Bezugsquelle bestellen:
TSO Ireland
16 Arthur Street, Belfast BT1 4GD
Tel +44 (0) 28 9023 8451 Fax +44 (0) 28 9023 5401

Erste Auflage, Crown Copyright 2007
Zweite Auflage, Crown Copyright 2009

Erstveröffentlichung 2011
ISBN 9780113312689

Gedruckt in Großbritannien für The Stationery Office
P002383878 c5 09/11

Inhaltsverzeichnis

Abbildungsverzeichnis

Liste der Tabellen

Vorwort vom OGC

Prüfungen haben mir nie besondere Freude gemacht. Die Vorbereitung voller Angst, stundenlanges Studieren langatmiger Texte, die intensive Atmosphäre des Prüfungsraums. Ich könnte die Liste fortsetzen, bin mir aber sicher, dass Sie zu irgendeinem Zeitpunkt in Ihrem Leben bereits in einer ähnlichen Situation waren.

Das Beste, was Sie in einer solchen Situation hoffen können, ist, gut vorbereitet zu sein. Lernhilfen sind ein wesentlicher Bestandteil dieser Vorbereitung. Auch die Teilnahme an einem akkreditiertem Training unterstützt das Lernen, häufig in Verbindung mit Fallstudien und Beispielen, die das ITIL® Framework mit Leben füllen.

Im Laufe der Jahre wurden die Inhalte von ITIL weiterentwickelt und erweitert, so dass sie nun die neuesten Best Practices beinhalten. Der ungeheure Umfang und die Tiefe des kompletten ITIL-Frameworks von Service Management Practices können als Prüfungsgegenstand abschreckend wirken.

Diese Publikation präsentiert die Inhalte erfolgreich in einer vereinfachten Struktur, die für das Erlernen und Entwickeln Ihrer Kenntnisse ideal ist. Leider wird sie Sie nicht über Nacht zum Erfolg führen, aber sicherlich die geeignete Richtung weisen.

Die Inhalte wurden aktualisiert, um sie mit dem überarbeiteten Lehrplan in Einklang zu bringen und sicherzustellen, dass sie den aktuellen Ansatz der Prüfungsfragen widerspiegeln. Besonders empfehlenswert ist die Fallstudie, der es meiner Meinung nach gelingt, einige der Konzepte von ITIL, die für das Bestehen der Foundation Prüfung wesentlich sind, zu festigen, zu vereinfachen und zu erläutern.

Der nächste Schritt ist natürlich das Bestehen der Prüfung. Aber dies wird hoffentlich keine große Herausforderung darstellen, wenn Sie sich erst mit dieser Publikation auseinandergesetzt haben.

Viel Glück!

Jonathan Shebioba

Director of Best Management Practice

Office of Government Commerce

Vorwort des Chief Examiner

Da die ITIL Practices immer stärker Bestandteil der Unternehmen und der globalen IT Service Management-Branche werden, steigt die Beachtung für das IT Service Management (ITSM) als Berufszweig weiter an.

Das ITIL-Qualifizierungsschema fördert das Streben nach formalen Kenntnissen und Zertifizierungen, die nicht nur hinsichtlich der Möglichkeiten des Service Managements am Arbeitsplatzes anerkannt werden sonder auch als Bausteine für eine Laufbahn.

Das ITIL-Foundation-Zertifikat für Service Management bildet den Ersten dieser Bausteine. Als Teil einer größeren Reihe von offiziellen Lernhilfen für die Unterstützung von ITIL-Qualifizierungen soll diese Publikation dem Einzelnen helfen, die den Lehrstoff der ITIL-Foundation durcharbeiten und sich auf die Prüfung vorbereiten. Sie wird dazu beitragen, dass Kursteilnehmer ein Verständnis für die grundlegenden ITIL Service Management Practices entwickeln und sich in die wachsende Gruppe anerkannter Service Management-Profis einreihen.

Die Chancen von morgen liegen in dem Wissen, das heute erworben wird.

Sharon Taylor

Chief Examiner, ITIL

Vorwort des offiziellen Akkreditierungspartners

Die Aktualisierung von ITIL auf diese aktuelle Version führte zu verschiedenen neuen Themen, die in die bekannten Verfahren und Methoden eingeflochten sind, mit denen viele Menschen vertraut sind. Die vollständige Dokumentation zu ITIL Version 3 besteht aus fünf Bänden: *Service Strategy, Service Design, Service Transition, Service Operation und Continual Service Improvement*, die detaillierte Ratschläge und Leitlinien für Service Management-Profis bieten.

Diese Publikation behandelt den Stoff des Grundlagen-Lehrplans in der überarbeiteten Version 3 (gültig ab 1. Mai 2009) und soll Anwärtern bei der Vorbereitung auf ihre Foundation-Prüfung helfen. Mark Flynn von Felix Maldo Ltd und Gary Hodgkiss von PTS Consulting haben sie im Auftrag der APM Group überprüft. Sie ist ein ausgezeichneter Begleitstoff für die Kursunterlagen und sonstigen Materialien, die von zugelassenen Ausbildungsunternehmen zur Verfügung gestellt werden.

Diese Publikation wird von der APM Group unterstützt und hat ein strenges Bewertungsverfahren durchlaufen.

Wir wünschen Ihnen viel Erfolg bei Ihrer bevorstehenden Prüfung und hoffen, dass Sie von diesem ausgezeichneten Leitfaden ausgiebigen Gebrauch machen.

Richard Pharro

CEO, APM Group Ltd

Danksagungen

Chief Architect und Autor

Sharon Taylor, Chief Architect	Aspect Group Inc.
Christian F. Nissen, Autor	CFN People – vormals: ITILLIGENCE

Mitwirkende

Eine Reihe von Personen haben mit ihrer Zeit und ihrem Fachwissen großzügig zu dieser Publikation beigetragen. Der Autor möchte insbesondere den folgenden Personen danken:

- Rosemary Gurney (Wardown Consulting Ltd), für ihre enorme Leistung, den englischen Text lesbar und verständlich zu gestalten
- Lise Dall Eriksen (CFN People), die überprüft hat, dass die Publikation der Lernhilfen sämtliche Themen behandelt, die im ITIL Version 3 Foundation-Lehrplan enthalten sind
- Einer Reihe von Experten, Ausbildern und Prüfern für IT Service Management, darunter Lars Zobbe Mortensen (Zobbe Consult & Zoftware), Signe-Marie Hernes Bjerke (DNV), Thomas Fejfer (CFN People), Katsushi Yaginuma (ITpreneurs), Majid Iqbal (Carnegie Mellon University), Ivor Macfarlane (IBM), Shirley Lacy (ConnectSphere), Gary Case (Pink Elephant) und Michael Imhoff Nielsen (IBM), für ihre Anmerkungen und Anmerkungen und Tipps zu den Entwürfen aus dem Entwicklungsprozess
- Bente Skøtt (OK Gasoline), die den endgültigen Entwurf stellvertretend für die Zielgruppe der Publikation gelesen und kommentiert hat
- Emily Allison und Janine Eves von TSO, die uns bei der Beantwortung der Fragen außerordentlich unterstützt und während der Bucherstellung Materialien und Informationen bereitgestellt haben

The Stationery Office möchte Michelle Hales (ConnectSphere) für die Entwicklung einiger Musterfragen danken.

Deutschsprachiges Qualitätssicherungs-Team

Diese Übersetzung wurde von einem deutschsprachigen ITIL Expertenteam qualitätsgesichert. Das Team hat viel Zeit in dieses Projekt investiert, wofür sich TSO und OGC ausdrücklich bedanken.

Lead Reviewer

Richard Friedl	ITSM Partner Consulting GmbH

Review Team

Nadin Ebel	MATERNA GmbH
Frank Eggert	MATERNA GmbH
Martin Lewis	unabhängiger ITIL Berater
Christian Probst	The Canadian Real Estate Association
Alex Rehm	QA
Michael Reim	santix AG
Thomas Schmedding	Comedia.MDS IT GmbH, Hamburg
Christian Weinbuch	European Patent Office

1 Das ITIL-Qualifizierungsschema

1 Das ITIL-Qualifizierungsschema

ITIL (Information Technology Infrastructure Library bekannt) ist ein Leitfaden der Best Practices für das IT Service Management, der von vielen hundert Organisationen weltweit genutzt wird. Um die Ratschläge in den ITIL-Büchern sowie das unterstützende Zertifizierungs- und Qualifizierungsschema herum ist inzwischen eine komplette ITIL-Philosophie entstanden.

Das ITIL-Qualifizierungsschema soll gewährleisten, dass relevante und zeitgemäße Zertifizierungen zur Verfügung stehen, um den formalisierten Lernbedarf von Personen und Organisationen im Zusammenhang mit den ITIL Service Management Practices zu unterstützen. Es hat sich mittlerweile zum internationalen Standard für IT Service Management entwickelt, indem es ein gemeinsames Vokabular und einen gemeinsamen Satz von Practices bietet, die in der ganzen Welt genutzt werden können.

Das offizielle ITIL-Qualifizierungsschema ist das einzige Ausbildungs- und Qualifizierungsschema, dass zu den offiziellen ITIL-Qualifizierungen für IT Service Management führt.

1.1 QUALIFIZIERUNGS-LEVELS

Das ITIL-Qualifizierungsschema führt ein Lernsystem ein, durch das Personen Punkte für alle ITIL-Kurse erlangen können, die sich für eine Anerkennung der beruflichen Leistung nutzen lassen (Abbildung 1.1). Sobald Anwärter eine ausreichende Anzahl von Lernpunkten gesammelt haben, können sie die ITIL-Expert für IT Service Management zertifiziert werden.

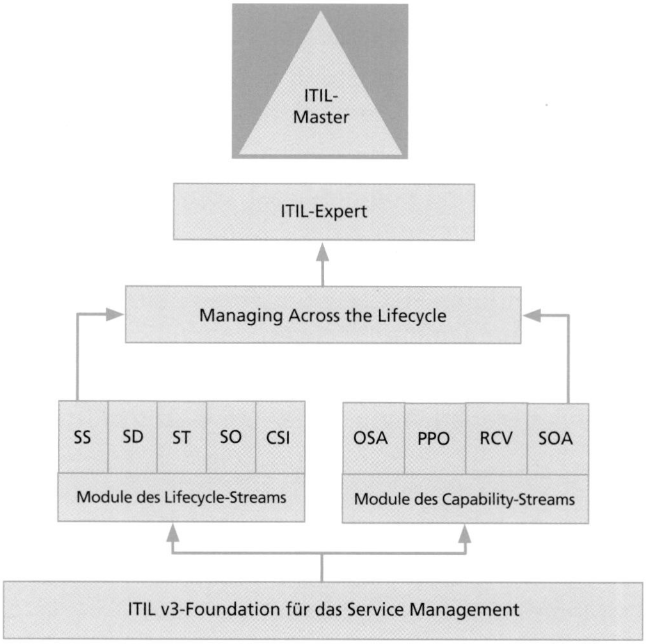

Abbildung 1.1 Das ITIL-Qualifizierungsschema

Um die Zertifizierung als ITIL-Expert zu erlangen, müssen Anwärter mindestens 22 Lernpunkte erreichen. Zwei dieser Lernpunkte müssen mit dem Foundation-Modul erarbeitet werden, das einen obligatorischen ersten Schritt bildet, während fünf weitere Lernpunkte über das Modul 'Managing across the lifecycle' erzielt werden müssen, dass einen obligatorischen abschließenden Schritt bildet.

Anwärter können Module aus dem Capability Stream (vier Lernpunkte je Modul) oder aus dem Lifecycle Stream (drei Lernpunkte je Modul) wählen, um die weiteren min.15 Punkte zu erzielen. Es können auch beide Streams gemischt werden, sie sollten sich aber für ein ausgewogenes Gesamtprogramm entscheiden.

1.1.1 ITIL-Foundation-Zertifikat für IT Service Management

Der Foundation-Level schafft ein allgemeines Bewusstsein für den Servicelebenszyklus und die darin enthaltenen Schlüsselelemente.

Die Lernziele und Kompetenzen konzentrieren sich auf das Verständnis der Zusammenhänge zwischen den einzelnen Phasen im Lebenszyklus, die verwendeten Prozesse und ihren Beitrag zu den Service Management Practices.

Weitere Details zum ITIL-Foundation-Zertifikat für IT Service Management finden Sie in Abschnitt 1.3.

1.1.2 ITIL-Zertifikate für die Intermediate Qualifizierung im IT Service Management

Der Intermediate Level ist eine modulare Zertifizierungsreihe mit zwei Streams, die jeweils einen Satz von Zertifizierungen und eine Normalisierungs-Zertifizierung umfassen. Mit den Zertifikaten soll detailliertes Wissen über die Teilinhalte der ITIL-Kernpublikationen vermittelt und getestet werden. Die Intermediate Qualifizierungen sind in drei Gruppen eingeteilt:

1. Der Service Lifecycle Stream wird für Anwärter interessant sein, die Kenntnisse über ITIL Practices im Kontext des Servicelebenszyklus erlangen möchten. Den Schwerpunkt bildet der Lebenszyklus selbst, die Verwendung von Prozess- und Praxiselementen im Lebenszyklus und auf den Managementfähigkeiten, die erforderlich sind, um in einer Organisation eine definierte Qualität an Service Management Praktiken zu liefern. Für jedes Modul gibt es eine Prüfung.
2. Der Service Capability Stream wird für Anwärter interessant sein, die ein tiefergehendes Verständnis der ITIL-Prozesse und -Rollen zertifizieren lassen möchten. Die Bedeutung des Servicelebenszyklus wird als Teil des Lehrplans erläutert. Der primäre Schwerpunkt liegt jedoch auf den Aktivitäten, der Durchführung und dem Einsatz der Prozesse während des gesamten Servicelebenszyklus. Für jedes Modul gibt es eine Prüfung.
3. Die Qualifizierung ‘Managing across the lifecycle' komplettiert den Intermediate Level und dient als abschließende Qualifizierung für den Lifecycle Stream und den Capability Stream.

Beide weiterführende bewerten das Verständnis und die Anwendung der jeweiligen Person hinsichtlich der ITIL-Konzepte. Anwärter können Lerneinheiten aus einem der beiden weiterführenden Streams wählen. Diese Lerneinheiten verschaffen ihnen Lernpunkte für ein ITIL-Expert-Zertifikat.

1.1.2.1 Service Lifecycle

Der Intermediate Service Lifecycle Stream ist um die fünf ITIL-Kernpublikationen herum aufgebaut:

1. Service Strategy (SS)
2. Service Design (SD)
3. Service Transition (ST)
4. Service Operation (SO)
5. Continual Service Improvement (CSI).

1.1.2.2 Servicefähigkeit

Der Intermediate Service Capability Stream gruppiert sich in um vier Themengebiete:

1. Operativer Support und Analyse (Operational Support and Analysis – OSA)
2. Serviceangebote und -vereinbarungen (Service Offerings and Agreements – SOA)
3. Planung, Schutz und Optimierung (Planning, Protection and Optimization – PPO)
4. Freigabe, Kontrolle und Validierung (Release, Control and Validation – RCV).

1.1.2.3 Managing across the lifecycle

Managing across the lifecycle – ein abschließendes weiterführendes Kursmodul – führt die wesentlichen Merkmale des Lebenszyklus-Ansatzes für das Service Management zusammen. Diese Zertifizierung komplettiert den Lifecycle Stream und den Capability Stream und konzentriert sich auf das Wissen, das erforderlich ist, um die mit der Nutzung der Lebenszykluspraktiken verbundenen notwendigen Kompetenzen zu implementieren und zu steuern.

1.1.3 ITIL-Expert-Zertifikat für IT Service Management

Sobald Anwärter durch ihre Ausbildung die erforderliche Anzahl von Lernpunkten gesammelt und die erforderlichen Prüfungen auf der Foundation-Stufe und auf der Intermediate Stufe bestanden haben, erhalten sie das ITIL-Expert-Zertifikat für IT Service Management. Zur Erlangung des ITIL-Expert-Zertifikats sind keine weiteren Prüfungen oder Kurse erforderlich.

1.1.4 ITIL-Master-Zertifikat für IT Service Management

Der ITIL-Master-Level bewertet die Fähigkeiten einer Person, die ITIL-Konzepte auf unbekannte Sachverhalte anzuwenden und zu analysieren. Dieses übergeordnete Zertifikat war zum Zeitpunkt der Veröffentlichung dieser Publikation noch nicht abschließend definiert.

Details zu den verschiedenen Lernmöglichkeiten, Zertifizierungen und Kombinationen finden Sie auf der Website für das ITIL-Qualifizierungsschema: www.itil-officialsite.com/Qualifications.

1.2 QUALIFIZIERUNGSSTELLEN

Dieser Abschnitt behandelt die Rolle der Organisationen innerhalb des offiziellen ITIL-Qualifizierungsschemas. Anwärter sollten beim Kauf von ITIL-Schulungsmaterialien sicherstellen, dass sie diese von einer ITIL-akkreditierten Organisation erwerben.

1.2.1 OGC

ITIL wurde ursprünglich von der britischen Regierungsbehörde Central Computer and Telecommunications Agency (CCTA) entwickelt, die im Jahr 2000 im Office of Government Commerce (OGC) aufging, einer Behörde des britischen Finanzministeriums.

OGC hat eine kooperative Partnerschaft mit zwei Organisationen aufgebaut, um Betreuung für sein ITIL Portfolio anzubieten. Als offizieller Akkreditierungspartner bietet die APM Group Akkreditierungsdienste im Zusammenhang mit Prüfungsinstituten und Schulungsanbietern an. Darüber hinaus ist sie für das Qualifizierungsschema zuständig. The Stationery Office (TSO) ist der offizielle Herausgeber aller offiziellen Publikationen des ITIL Frameworks für Service Management Practices, einschließlich der vorliegenden Publikation.

OGC behält sich die Rechte auf jegliches geistige Eigentum, auf die Urheberschaft und die Marken im Zusammenhang mit ITIL vor. Die dominierende Rolle von OGC im offiziellen Schema ist die Rolle eines Eigentümers und Verwalters der Inhalte und Qualifizierungen der ITIL-Bibliothek. Die APM Group führt den Vorsitz über das Qualifications Board (den Lenkungsausschuss aus Vertretern der Community, die Entscheidungen über die Qualifizierungsrichtlinie treffen) und stellt sicher, dass die getroffenen Entscheidungen ITIL und den Anwendern gleichermaßen zum Vorteil gereichen.

1.2.2 APM Group

Die APM Group ist eine internationale professionelle Akkreditierungs- und Zertifizierungsstelle. Sie ist von dem United Kingdom Accreditation Service (UKAS) für internationale Standards akkreditiert, der seinerseits die Effektivität, Objektivität und Qualität von Dienstleistungen der APM Group im Zusammenhang mit der Handhabung des Schemas sicherstellt. Im Jahr 2006 wurde die APM Group der offizielle Akkreditierungspartner des OGC für ITIL und ist nun für die Überwachung und Unterstützung des offiziellen Schemas für Ausbildung, Beratung und Qualifikationen zuständig.

In seiner Rolle als offizieller ITIL-Akkreditierungspartner ist die APM Group für die Festlegung der Standards und Lehrpläne für den gesamten Markt zuständig, die alle Prüfungsinstitute beachten müssen, sowie für die Erstellung, Pflege und Aushändigung des ITIL-Qualifizierungsschemas selbst.

Die APM Group ist ebenfalls für die Akkreditierung und Überwachung aller Prüfungsinstitute verantwortlich, die sich auf das offizielle Schema beziehen, um ITIL-Qualifizierungen durchzuführen und Schulungsorganisationen zu akkreditieren.

1.2.3 Prüfungsinstitute

Als offizieller Akkreditierungspartner ist die APM Group autorisiert, weitere Prüfungsinstitute für die Handhabung von ITIL-Qualifizierungen und Akkreditierungsaktivitäten zu lizenzieren. Diese Prüfungsinstitute dürfen im Rahmen der Verträge, die mit der APM Group geschlossen wurden, die folgenden Aktivitäten durchführen:

- Zulassung von Schulungsorganisationen
- Durchführung von Prüfungen über die von ihnen zugelassenen Organisationen

Die Liste der derzeitigen Prüfungsinstitute finden Sie auf www.itil-officialsite.com/ExaminationInstitutes/ExamInstitutes.asp.

1.2.4 Akkreditierte Schulungsorganisationen

Bei akkreditierten Schulungsorganisationen (Accredited training organizations - ATOs), die manchmal auch als akkreditierte Kursanbieter (Accredited course providers - ACPs) bezeichnet werden, handelt es sich um Unternehmen, die von einem Prüfungsinstitut beurteilt wurden und die Zulassung erhalten haben, offizielle akkreditierte Schulungskurse durchzuführen und ITIL-Prüfungen auszurichten.

Diese akkreditierten Organisationen müssen Folgendes nachweisen:

- Ihre Systeme für das Qualitätsmanagement, mit detaillierten Angaben zu ihren Prozessen für die Handhabung der Schulungskurse und Prüfungen

- Die Kursmaterialien, die sie während der Schulung von ITIL-Anwärtern für die Prüfungen einsetzen
- Daten über ihre Trainer, zwecks Beurteilung durch ein Prüfungsinstitut.

Nach der Zulassung durch ein Prüfungsinstitut wird den ATOs von der APM Group als offiziellem Akkreditierungspartner eine Lizenz erteilt, die entsprechenden im Besitz des OGC befindlichen Rechte am geistigen Eigentum und den Marken im Zusammenhang mit ITIL zu nutzen.

1.2.5 *it*SMF International

Das IT Service Management Forum (*it*SMF) ist die gemeinnützige internationale Community für Profis im IT Service Management, mit mehr als 50 Regionalverbänden weltweit sowie einer Koordinierungsorganisation – *it*SMF International. Die Regionalverbände bieten Vor-Ort-Unterstützung für die Personen und Organisationen, die ITIL einsetzen und implementieren.

*it*SMF ist als integraler Bestandteil der ITIL-Community anerkannt. Es ist ein Kooperationspartner für das offizielle ITIL-Schema und wirkt im Qualifications Board mit.

1.3 DAS ITIL-FOUNDATION-ZERTIFIKAT FÜR IT SERVICE MANAGEMENT

1.3.1 Zweck

Das ITIL-Foundation-Zertifikat für IT Service Management bestätigt, dass der Anwärter Kenntnisse zur Terminologie, Struktur und den grundlegenden Konzepten von ITIL erlangt und die Kernprinzipien der ITIL Service Management Practices verstanden hat.

Das ITIL-Foundation-Zertifikat für IT Service Management ist nicht als Freifahrtschein für den Einzelnen gedacht, die ITIL Practices für IT Service Management ohne weitere Anleitung anzuwenden.

1.3.2 Zielgruppe

Die Zielgruppe des ITIL-Foundation-Zertifikats für IT Service Management besteht aus:

- Personen, die ein grundlegendes Verständnis für das ITIL Framework und die Möglichkeiten benötigen, wie es innerhalb einer Organisation zur Steigerung der Qualität des IT Service Managements eingesetzt werden kann
- IT-Profis, die in einer Organisation arbeiten, die ITIL Prozesse implementiert hat, und hierfür die erforderlichen Informationen benötigen, um danach zu einem laufenden Programm zur Serviceverbesserung beitragen zu können.

1.3.3 Voraussetzungen

Für Anwärter, die an einem akkreditierten ITIL-Foundation-Kurs teilnehmen möchten, gibt es keine formalen Kriterien oder Voraussetzungen. Eine gewisse Vertrautheit mit der IT-Terminologie und eine positive Einstellung gegenüber dem eigenen Geschäftsumfeld sind jedoch höchst empfehlenswert.

1.3.4 Lernziele

Die Lernziele des ITIL-Foundation-Zertifikats für IT Service Management sollen dem Kandidaten folgendes vermitteln:

- Definieren von Services sowie Verstehen und Erläutern der Konzepte des Service Managements als Practice

- Verstehen des Servicelebenszyklus sowie der Art und Weise, wie die Prozesse über den gesamten Lebenszyklus hinweg miteinander integriert sind, und Erläutern der Ziele und des geschäftlichen Nutzens der einzelnen Phasen im Lebenszyklus
- Definieren einiger Schlüsselbegriffe und Erläutern der Kern-Konzepte des Service Management
- Verstehen und Berücksichtigen der Schlüsselprinzipien und -modellen des Service Managements, und des Gleichgewichts zwischen den gegensätzlichen Kräften im Service Management
- Verstehen, wie die Service Management-Prozesse zum Servicelebenszyklus beitragen, um die übergeordneten Ziele, den Umfang, die grundlegenden Konzepte, die Aktivitäten und die Herausforderungen für fünf der Kernprozesse zu erläutern sowie die Ziele und einige der grundlegenden Konzepte für 13 der restlichen Prozessen darzulegen, einschließlich der Art ihrer wechselseitigen Beziehungen
- Erläutern der Rolle, der Ziele und Organisationsstrukturen der Service Desk-Funktion sowie Darlegen der Rolle, der Ziele und der Überschneidungen von drei weiteren Funktionen
- Benennen und sich der Verantwortlichkeiten einiger der Schlüsselrollen bewusst sein
- Verstehen der Art und Weise, wie die Serviceautomatisierung zur Integration von Service Management-Prozessen beiträgt
- Erläutern des ITIL-Qualifizierungsschemas.

1.3.5 Referenz

Der vollständige Lehrplan mit detaillierten Beschreibungen der einzelnen Lernziele steht auf der ITIL-Website zum Download bereit: www.itil-officialsite.com

1.4 ÜBER DIESE PUBLIKATION

Diese Publikation basiert auf dem Lehrplan des ITIL-Foundation-Zertifikats für IT Service Management. Sie stellt daher weder eine Einführung in ITIL noch eine kurze Zusammenfassung der ITIL-Kernpublikationen dar. Stattdessen dient sie als Lernhilfe und unterstützt die Aneignung der Kenntnisse und Fähigkeiten, die erforderlich sind, um das ITIL-Foundation-Zertifikat für IT Service Management zu erlangen.

Eines der Lernziele für die Grundlagen ist das Verständnis der in ITIL verwendeten üblichen Terminologie. Es kann für Leser hilfreich sein, auf das offizielle ITIL-Glossar von Begriffen und Definitionen zuzugreifen (besuchen Sie www.best-management-practice.com und navigieren Sie zu 'Glossaries and Acronyms').

Die Struktur der Publikation orientiert sich nicht streng an der Reihenfolge im Lehrplan. Stattdessen ist sie so strukturiert, dass ein einfaches Lernen möglich wird. Grundlegende Konzepte werden in den Kapiteln 2 und 3 ('Einführung in das Service Management' und 'ITIL und der Servicelebenszyklus') eingeführt und bilden die Basis für die Konzepte, Prinzipien und Practices, die in den folgenden fünf Kapiteln eingeführt werden und jeweils eine Kernpublikation darstellen. Alle fünf Kernkapitel sind identisch strukturiert, um das Aneignen der behandelten Konzepte, Prinizipien und Practices zu unterstützen. Die zwei folgenden Kapitel ('Service Management-Technologie' und 'Wie alles zusammenpasst') behandeln Querschnittsthemen.

Am Ende der einzelnen Kapiteln gibt es eine Mind Map und eine Reihe ausgewählter Testfragen, mit denen der Leser den Inhalt des Kapitels einstudieren und üben kann. Die Anzahl der Fragen in den einzelnen Kapiteln entsprechen der typischen Verteilung von Fragen in einer Prüfung.

Hoffentlich haben sie Freude am Service Management und eignen sich die neuen Kenntnisse und Fertigkeiten an, die erforderlich sind, um das ITIL-Grundlagen-Zertifikat für IT Service Management zu erlangen.

2 Einführung in das Service Management

2 Einführung in das Service Management

'Menschen wollen keine 6 mm Bohrer. Sie wollen Viertel-Zoll-Löcher.' Professor em. Theodore Levitt, Harvard Business School

2.1 SERVICES UND SERVICE MANAGEMENT

2.1.1 Services

Brigitte betritt in einer mittelgroßen Stadt in der Schweiz ein Berghotel. Sie befindet sich auf einer kurzen Geschäftsreise und braucht für die nächsten zwei Nächte eine Übernachtungsmöglichkeit. Sie ist gerade aus dem Taxi gestiegen und nähert sich der Hotelrezeption, um nach einem Service des Hotels zu fragen, nämlich einer Übernachtungsmöglichkeit.

Um die Bedeutung des Service Managements zu verstehen, müssen wir verstehen, was Services sind und wie das Service Management Service Providern helfen kann, diese Services zu liefern und zu verwalten.

Die Ergebnisse, die Kunden erzielen möchten, sind der Grund, aus dem sie einen Service erwerben oder nutzen. Der Wert des Services für den Kunden ist direkt davon abhängig, wie gut ein Service diese Ergebnisse unterstützt.

Definition

Eine Möglichkeit einen Mehrwert für Kunden zu liefern, indem das Erreichen der von den Kunden angestrebten Ergebnisse erleichtert oder gefördert wird. Dabei müssen die Kunden selbst keine Verantwortung für bestimmte Kosten und Risiken tragen.

Wenn Sie ein Apartment kaufen, wird die Verantwortung für bestimmte Kosten und Risiken als Teil des Handels auf Sie übergehen. Wenn Sie jedoch in einem Hotel wohnen, verbleibt die Verantwortung für bestimmte Kosten und Risiken beim Service Provider. Dasselbe trifft für den Fall zu, dass Sie ein Taxi nehmen anstatt ein Auto zu kaufen.

Brigitte hat noch nie in dieser Weise darüber nachgedacht. Sie hat vor, morgen die Produktion eines Medizinunternehmens zu überprüfen. Durch die Übernachtung vor Ort kann sie am nächsten Morgen bereits sehr früh mit der Arbeit beginnen. Zudem werden so die geografischen Beschränkungen reduziert, weil sie in Dänemark lebt.

Brigitte bekommt ein Zimmer, das ihren Übernachtungsbedarf befriedigt, ohne die Kosten und Risiken übernehmen zu müssen, die mit dem Besitz eines eigenen Appartements in der Schweiz verbunden sind.

2.1.2 Service Management

Service Management ermöglicht es den Serviceprovidern, die Services zu verstehen, die sie erbringen, sicherzustellen, dass die Services wirklich die Ergebnisse fördern, die von den Kunden angestrebt werden, den Wert der Services für ihre Kunden nachzuvollziehen und sämtliche Kosten und Risiken zu verstehen und zu steuern, die mit diesen Services verbunden sind.

Definition

Service Management ist die Gesamtheit der spezialisierten organisatorischen Fähigkeiten, die zur Generierung eines Mehrwerts für den Kunden in Form von Services zur Verfügung stehen.

Zu diesen Fähigkeiten gehören Management Practices, Prozesse, Funktionen, Rollen, Kenntnisse und Fertigkeiten, die Service Provider einsetzen, um Services erbringen zu können, die für ihre Kunden einen Nutzen schaffen. Diese Fähigkeiten repräsentieren ihr Leistungsvermögen, ihre Kompetenz und ihre Handlungsbereitschaft (eine Definition für 'Fähigkeit' finden Sie in Abschnitt 2.1.6).

Die Transformation von Ressourcen (Abbildung 2.1) in nutzenstiftende Services bildet den Kern des Service Managements. Ohne diese Fähigkeiten ist eine Serviceorganisation lediglich eine Ansammlung nutzloser Ressourcen.

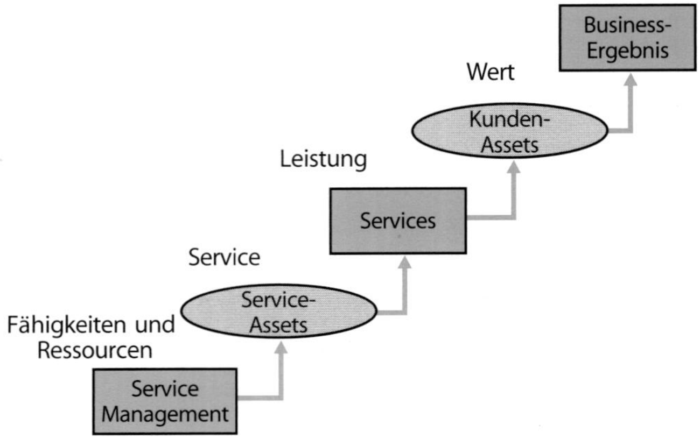

Abbildung 2.1 Service Management ist die Kunst, Ressourcen durch Nutzung der Fähigkeiten einer Organisation in wertvolle Services zu transformieren

Als Service Provider muss das Hotel Funktionen wie einen Portier, die Rezeption, die Küche und das Facilities Management einrichten oder aufbauen sowie Prozesse wie Buchungen, Request Fulfilment, Capacity Management und das Kochen etablieren. All dies sind Beispiele für Fähigkeiten, die dem Hotel helfen, Ressourcen in Form von Personal, Nahrungsmitteln und Gebäuden in wertvolle Hotel-Services umzuwandeln.

Das Hotel muss allerdings auch sicherstellen, dass es Personen einstellt, die durch Ausbildung und Berufserfahrung über den erforderlichen Grad an Kenntnissen und Fertigkeiten verfügen.

Service Management ist jedoch mehr als nur ein Satz von Fähigkeiten. Es ist auch eine berufliche Praxis, die von einem umfangreichen Unterbau aus Wissen, Erfahrung und Fertigkeiten getragen wird. Eine weltweite Community von Einzelpersonen und Organisationen fördert seine Weiterentwicklung und Reife.

2.1.3 Der Wert eines Service: Utility und Warranty

Kunden schätzen einen Service, wenn sie eine klare Verbindung zwischen dem Service und dem Business-Wert erkennen können, den sie generieren müssen. Aus Sicht des Kunden wird der Business-Wert eines Service durch die Kombination von zwei Elementen erzeugt (siehe Abbildung 2.2):

- **Service Utility** Was bekommt der Kunde – oder Zweckmäßigkeit
- **Service Warranty** Wie wird der Service geliefert – oder Einsatzfähigkeit.

Definition

Service Utility ist die aus Sicht des Kunden angebotene Funktionalität eines Service.

Service Utility steigert die Durchschnittsleistung der Kundenassets indem entweder die Kundenproduktivität bzw. die Ergebnisse gesteigert oder die Leistungsbeschränkungen beseitigt werden.

Definition

Service Warranty ist die Zusicherung, dass ein Service den vereinbarten Anforderungen gerecht wird. Dabei kann es sich um eine formale Vereinbarung wie ein Service Level Agreement, einen Vertrag, eine Marketingbotschaft oder ein bestimmtes Markenimage handeln.

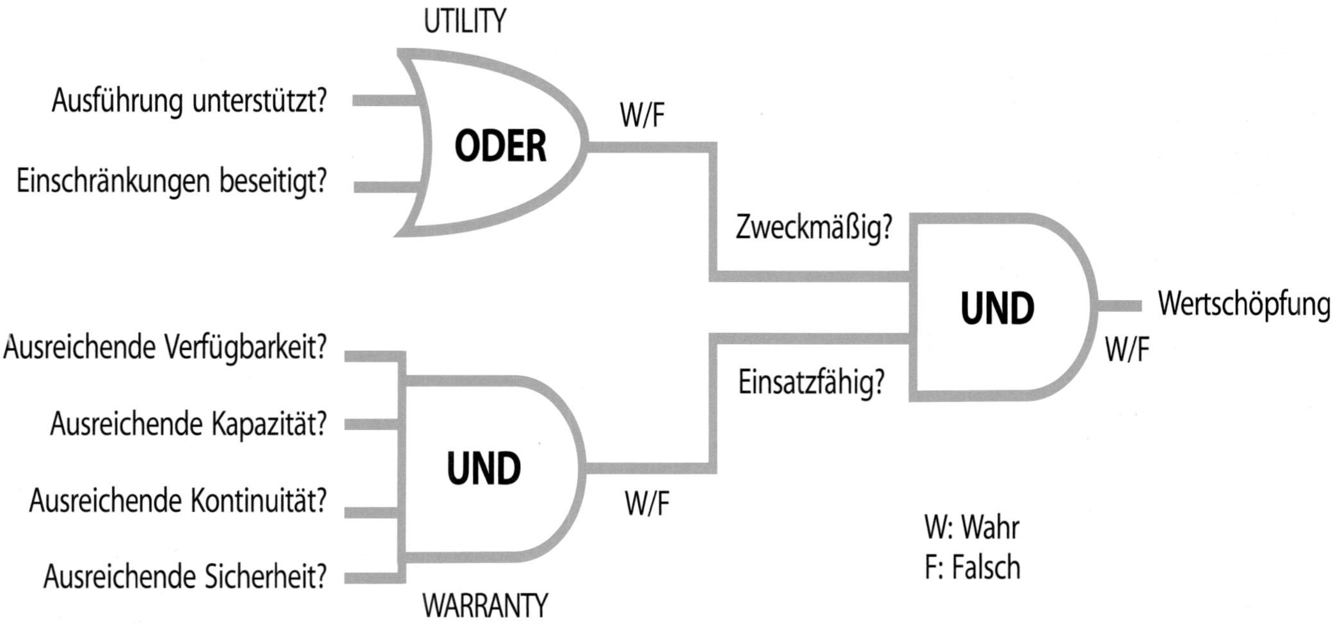

Abbildung 2.2 Wertschöpfung aus Service Utilities und Warranties

Die Service Warranty besitzt vier charakteristische Merkmale:

- zugesicherte Verfügbarkeit
- zugesicherte Kapazität
- Sie gewährleistet, dass Kunden-Assets weiterhin Utility erhalten, selbst bei durch größere Unterbrechungen oder Unglücksfällen gesenkten Service Levels
- Sie gewährleistet die Sicherheit für das wertschöpfende Potenzial der Kunden-Assets.

Warranty verringert die durch wechselnde Leistung möglichen Verluste für Kunden. Kunden fühlen sich sicherer, dass ihre Nachfrage nach Service mit einem gleichbleibenden Utility Level erfüllt wird, bei nur geringen Schwankungen.

Es ist das erste Mal, dass Brigitte mit dem Konzept von Utility und Warranty konfrontiert wurde. Aber wenn sie darüber nachdenkt, ist das Konzept wirklich sinnvoll.

Sie schaut sich um. Das Bett, der Tisch und das Badezimmer sind gute Beispiele für die Utility, weil sie ihr Schlafbedürfnis erfüllen, die Möglichkeit bieten, in ihrem Zimmer zu arbeiten und ein Bad zu nehmen, bevor sie das Zimmer morgen verlässt, um ihren Termin wahrzunehmen.

Um aber einen Nutzen zu stiften, muss das Zimmer in der Nacht, in der sie es benötigt, verfügbar sein, die Internetbandbreite muss ausreichend hoch sein, damit sie sich auf ihrem Laptop auf den kommenden Tag vorbereiten kann, und sie muss sich in ihrem Zimmer sicher fühlen. Diese Bedingungen sind Beispiele für Warranty.

Kunden können allerdings keinen Nutzen aus etwas ziehen, das zwar zweckmäßig, aber nicht einsatztauglich ist – und umgekehrt. Es ist sinnvoll, die Utility-Logik zu Entwurfs-, Entwicklungs- und Optimierungszwecken von der Warranty-Logik zu trennen.

2.1.4 Servicetypen

Services können in verschiedene Typen eingeteilt werden:

- Kernservices liefern die grundlegenden Ergebnisse, die der Kunde wünscht. Sie repräsentieren den Wert, nach dem der Kunde verlangt und für den er bereit ist, zu zahlen.
- Unterstützende Services ermöglichen oder steigern den Nutzen eines Service. Enabling Services sind grundlegende Faktoren, die es dem Provider ermöglichen, Services zu erbringen, während Enhancing Services Begeisiterungsmerkmale sind, die Unterscheidungsmerkmale liefern.

2.1.5 Zusammenstellung der Services

Definition

Ein **Service Package** stellt die detaillierte Beschreibung eines Service dar, der Kunden zur Verfügung gestellt werden kann. Ein Service Package umfasst einen oder mehrere Core Services und unterstützende Services sowie mindestens ein Service Level Package.

Das Bündeln von Core Services mit Enabling und Enhancing Services ermöglicht unterschiedliche Angebote (Abbildung 2.3). Service Packages sind mit einem oder mehreren Service Level Packages gekoppelt (Abbildung 2.4).

Einige unterstützende Services wie der Service Desk, die normalerweise in den meisten Service Packages enthalten sind, können auch eigenständig angeboten werden.

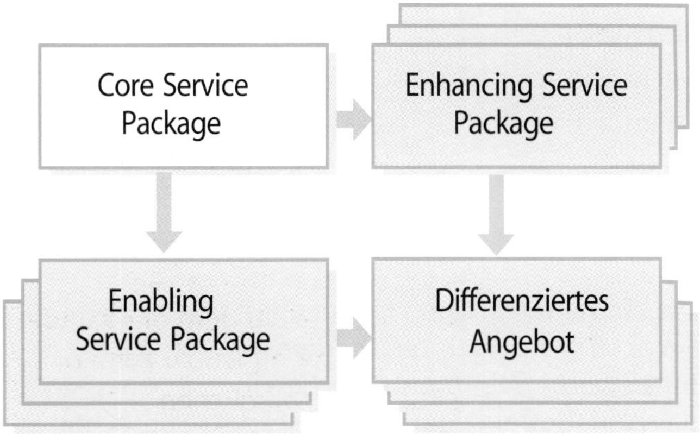

Abbildung 2.3 Differenzierte Angebote

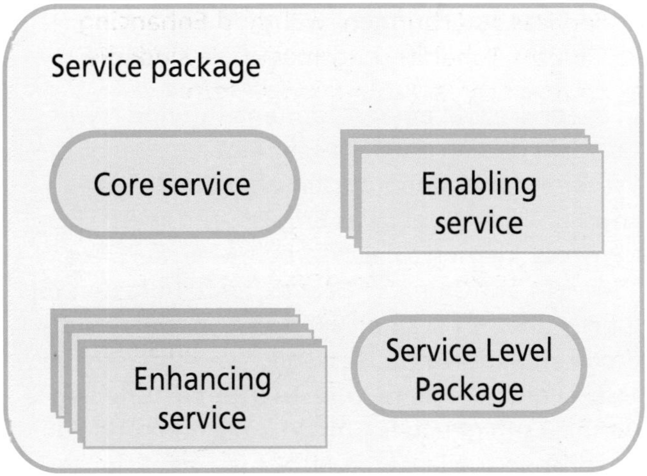

Abbildung 2.4 Beispiel für ein Service Package

Brigitte realisiert plötzlich, dass sie zu einem sehr speziellen Kundensegment gehört. Sie reist nicht als Tourist mit ihrer Familie, sondern wird von dem Hotel als Geschäftskunde verstanden. Andererseits wird sie von dem Hotel wahrscheinlich nicht als VIP betrachtet. Das Hotel hat sorgfältig ein Service Package für ihr Segment zusammengestellt, das ein Zimmer, Frühstück, WLAN-Anschluss, Parkmöglichkeit und Internetreservierung umfasst. Außerdem bietet es verschiedene Service Level Packages für ihr Segment.

Bei der Hotelbuchung hatte Brigitte die Gelegenheit, sich statt der Suite, die sie gewählt hat, ein gewöhnliches Zimmer auszusuchen. Das Hotel bot sogar ein zusätzliches Service Level Package an, dass die Möglichkeit einer Stornierung bis zum Ankunftstag umfasst.

2.1.6 Service-Assets: Ressourcen und Fähigkeiten

Um einen Nutzen in Form von Gütern und Services zu schaffen, benötigt eine Organisation Service-Assets. Ressourcen und Fähigkeiten sind Arten von Service-Assets.

Brigitte macht einen kurzen Rundgang durch das Hotel. Das Hotel verfügt trotz seiner geringen Größe über ziemlich viele Ressourcen. Dazu gehören ein gut ausgestatteter und gemütlicher Speiseraum, ein Weinkeller, eine Reihe von Mitarbeitern, Toiletten, Informationsbroschüren und ein Parkplatz.

Brigitte kann sich allerdings nicht des Gedankens erwehren, dass die Ressourcen nutzlos wären, wenn es keine Fähigkeiten wie die Einstellung, die Fertigkeiten, das Wissen und die Erfahrung der Mitarbeiter, ihre Art der Hotelorganisation und eine Reihe gut eingeübter Prozesse gäbe, die nicht als selbstverständlich betrachtet werden können.

Definition

Resource ist ein Oberbegriff, der die Infrastruktur, Menschen, Geld und alles andere umfasst, das dazu beitragen kann, einen Service zu erbringen. Ressourcen werden als Assets einer Organisation betrachtet.

Ressourcen sind direkte Faktoren zur Produktion.

Fähigkeiten wie Management, Organisation, Menschen und Kenntnisse werden genutzt, um Ressourcen in wertvolle Services umzuwandeln.

Definition

Fähigkeiten sind das Potenzial einer Serviceorganisation, einer Person, eines Prozesses, einer Anwendung, eines Configuration Items oder eines Services, eine Aktivität durchzuführen. Fähigkeiten sind immaterielle Assets einer Organisation.

Der wesentliche Unterschied zwischen Ressourcen als Assets und Fähigkeiten als Assets besteht darin, dass bestimmte Fähigkeiten normalerweise nur nach und nach entwickelt werden können.

Fähigkeiten spiegeln die Erfahrung wider und werden genutzt, um Ressourcen in Services umzuwandeln. Sie sind fest in den Menschen, Systemen, Prozessen und Technologien einer Organisation verbunden (siehe Tabelle 2.1).

Tabelle 2.1 Ressourcen und Fähigkeiten sind Arten von Service-Assets

Ressourcen	Fähigkeiten
Finanzielles Kapital	Management
Infrastruktur	Organisation
Anwendungen	Prozesse
Informationen	Wissen
Menschen	

Die charakteristischen Fähigkeiten eines Service Providers unterscheiden ihn von seinen Mitbewerbern und ermöglichen ihm, Kunden durch das Angebot einzigartiger Leistungsversprechen zu gewinnen und zu binden.

2.1.7 2.1.7 Zusammensetzung der Services

Ein Service wie eine Unterkunft für eine Nacht, der auf den ersten Blick sehr einfach aussieht, scheint hinter den Kulissen viel komplizierter zu sein. Das Hotel muss Brigittes 'Business-Prozess' kennen. Die Mitarbeiter müssen ihre Services auflisten, um Brigitte zu helfen, den für ihren Bedarf richtigen Service auszuwählen. Sie müssen mit Brigitte vertraglich vereinbaren, im Hotel die geeignete Infrastruktur einzurichten und zu pflegen, das Umfeld zu sichern und zu betreiben sowie Daten nicht nur über Brigitte, sondern auch zu allen anderen Aspekten des Service wie Geld, Nahrungsmittel, Einrichtungen usw. zu sammeln und zu pflegen.

Das Hotel muss einen Internetanschluss bereitstellen und unterstützende Services wie einen drahtlosen Internet-Zugang, eine Wäscherei, Zeitungen usw. beschaffen.

Das Hotel muss außerdem interne Vereinbarungen mit seinen Mitarbeitern und externe Vereinbarungen mit seinen Zulieferern aufsetzen, um die Zuständigkeiten und Qualitätsniveaus zu klären, und alle Parteien kontinuierlich schulen und bewerten, um eine hohe und durchgängige Qualität zu gewährleisten.

Zusammengefasst kann die Zusammensetzung eines Service und seiner Bestandteile jetzt wie in Abbildung 2.5 dargestellt definiert werden.

Sämtliche Bestandteile eines Service und ihre wechselseitigen Beziehungen müssen in Betracht gezogen werden, um sicherzustellen, dass die erbrachten Services neue und in Entwicklung befindliche Business-Anforderungen erfüllen. Zu den verschiedenen Bestandteilen gehören:

- **Business-Prozess** Der Prozess, der die funktionale Anforderungen des erbrachten Services definiert, z. B. Telefonverkauf, Abrechnung, Bestellungen, Prüfung der Kreditwürdigkeit

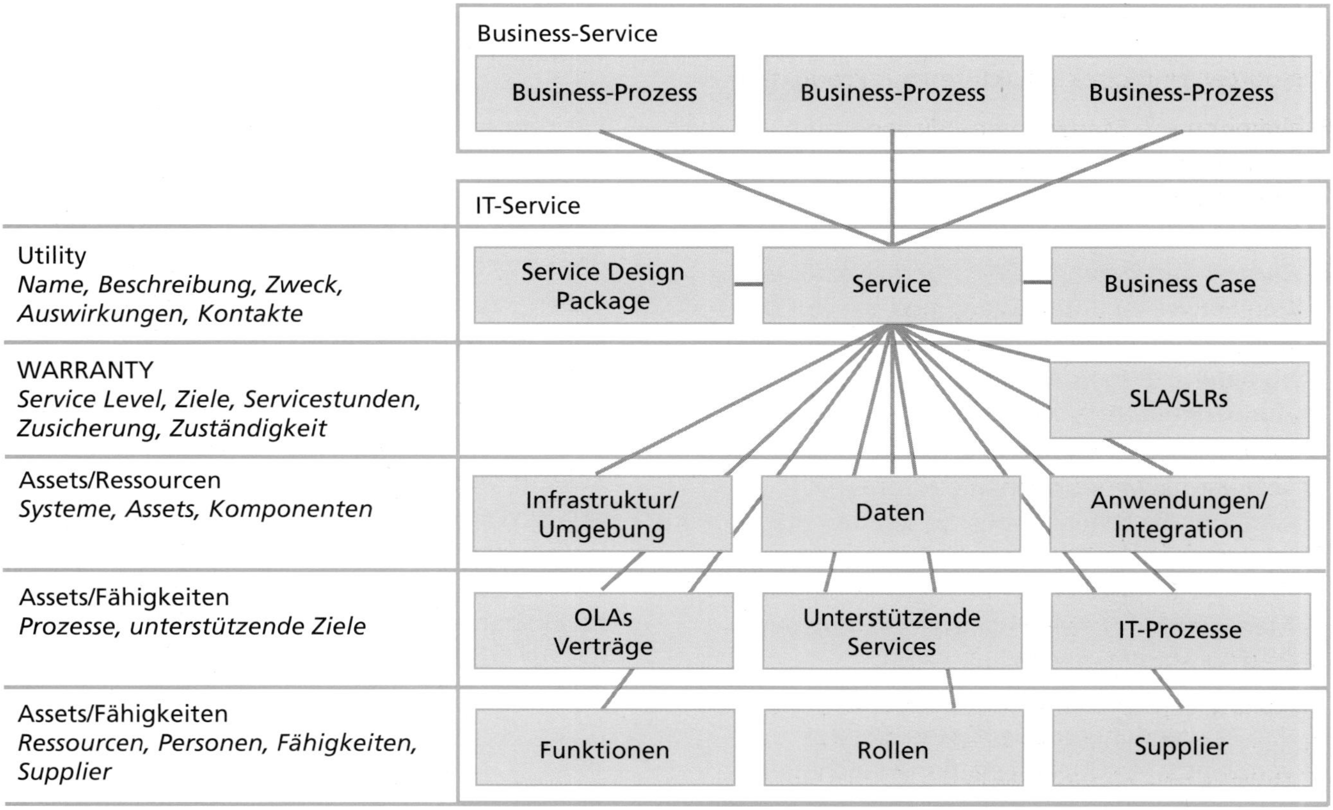

Abbildung 2.5 Zusammensetzung der Services

- **Service** Der Service selbst, den der Service Provider für den Kunden und das Business erbringt, z. B. E-Mail und Rechnungserstellung
- **Service Design Package** Dokument(e) zur Festlegung aller Aspekte eines Services und seiner Anforderungen in jeder Phase seines Lebenszyklus
- **Business Case** Rechtfertigung für Serviceinvestitionen und Ausgaben
- **Service Level Agreements/Service Level Anforderungen** Die mit dem Kunden vereinbarten Dokumente, die das Niveau, den Umfang und die Qualität des zu erbringenden Service spezifizieren
- **Infrastruktur** Die gesamte IT-Ausstattung, die erforderlich ist, um Kunden und Anwendern den Service bereitzustellen, einschließlich der Server, Netzwerke, Switches, PCs und Telefone
- **Umgebung** Die für die Sicherung und den Betrieb der Infrastruktur erforderliche Umgebung, z. B. Rechenzentren, Strom und Klimaanlage
- **Daten** Die Daten, die erforderlich sind, um den Service zu unterstützen und die von den Business-Prozessen benötigten Informationen zu liefern, z. B. Kundendatensätze und Kundenkonten
- **Anwendungen** Sämtliche Softwareanwendungen, die erforderlich sind, um die Daten zu bearbeiten und die Funktionsanforderungen der Business-Prozesse zu erfüllen, z. B. Enterprise Resource Management (ERM), Financial und Customer Relationship Management (CRM)
- **Integration** Lösungen zur Zusammenführung von Anwendungen oder Daten, die aus verschiedenen Quellen stammen und einem Benutzer oder einer Anwendung eine einheitliche Sicht auf diese Anwendungen und Daten liefern
- **Operational Level Agreements und Verträge** Alle Absicherungsvereinbarungen, die erforderlich sind, um die Qualität eines Service zu erbringen, die in einem Service Level Agreement (SLA) vereinbart wurde
- **Unterstützende Services** Alle Services, die erforderlich sind, um den Betrieb des bereits ausgelieferten Service zu unterstützen, z. B. ein shared Services oder ein managed Netzwerk-Services
- **IT-Prozesse** Die Prozessen, die die für einen Service eingesetzten Ressourcen ausrollen und steuern, z. B. Request Fulfilment, Incident Management, Change Management und Availability Management
- **Funktionen** Alle interne Supportteams, die Second-Level- oder Third-Level-Support für jegliche Komponenten bereitstellen, die zur Erbringung des Service notwendig sind, z. B. der Service Desk
- **Rollen** Zuständigkeiten, Aktivitäten und Kompetenzen, die einer Person oder einem Team zugesprochen werden, die bzw. dass die Ressourcen steuert und einsetzt, die an dem Service beteiligt sind, z. B. Problem Manager, Release Manager, Capacity Manager und Serviceverantwortlicher
- **Lieferanten** Alle externe Drittparteien, die erforderlich sind, um Third-Level- oder Fourth-Level-Support für Komponenten bereitzustellen, die zur Erbringung des Service erforderlich sind.

2.2 PROZESSE, FUNKTIONEN UND ROLLEN

Die wichtige Fähigkeiten einer Organisation sind ihre Prozesse, Funktionen und Rollen.

2.2.1 Prozesse

Definition

Ein **Prozess** ist ein strukturierter Satz an Aktivitäten,die entwickelt wurden, um ein bestimmtes Ziel zu erreichen. Ein Prozess übernimmt ein oder mehrere definierte Inputs und überführt diese in einen definierten Output.

Brigitte war bereits zu verschiedenen Gelegenheiten in diesem Hotel, sodass sie die verschiedenen Prozesse erkennt. Das Hotel verfügt über Prozesse für das Buchen, das Einchecken, das Reinigen, das Befriedigen der normalen Bedürfnisse der Gäste, das Verwalten von Fehlern und Beschwerden, das Sicherstellen angemessener Kapazität, das Verwalten der Finanzen, das Ausstellen von Rechnungen, das Kochen, das Handhaben von Änderungen oder neuen Anforderungen, das Warten von Gebäuden und Ausrüstung und das Auschecken.

Ein Prozess kann alle Rollen, Zuständigkeiten, Tools und Steuerungsmittel zum Management beinhalten, die erforderlich sind, um zuverlässig die Outputs zu liefern.

Ein Prozess kann Richtlinien, Standards, Leitlinien, Aktivitäten und Arbeitsanweisungen definieren, falls diese erforderlich sind.

Wenn Prozesse zu Wettbewerbsvorteilen und zur Marktabgrenzung führen, werden sie zu strategischen Assets.

2.2.1.1 Geschlossener Regelkreislauf

Prozessdefinitionen beschreiben Aktionen, Abhängigkeiten und Abfolgen. Das Messen und Steuern der Aktivitäten steigert die Effektivität. Zudem können durch das Ergänzen von Normen Qualitätsmessgrößen zum Output hinzugefügt werden. (Abbildung 2.6).

Prozesse sind Beispiele für geschlossene Systeme, weil sie Änderungen und eine zielgerichtete Transformation ermöglichen sowie Feedback für selbstverstärkende und selbstkorrigierende Aktionen nutzen.

Es kommt Brigitte in den Sinn, dass das Reinigen der Zimmer ein gutes Beispiel darstellt. Das gewünschte Ergebnis ist ein sauberes Zimmer. Es gibt jedoch keine übereinstimmende Meinung darüber, was 'sauber' letztlich bedeutet. Das Hotel muss daher einige Normen für das Reinigen einführen und die Einhaltung der Normen kontrollieren. Geschieht dies nicht, müssen korrigierende Maßnahmen ergriffen werden, bevor der Prozess sich am nächsten Tag wiederholt.

2.2.1.2 Prozessmodell

Sind Prozesse erst einmal definiert, sollten sie dokumentiert und gesteuert werden. Sobald sie sich unter Kontrolle befinden, werden sie wiederholbar und überschaubar. Die Abstufungen hinsichtlich der Prozesssteuerung können definiert werden. Danach können die Prozessmessungen und Messgrößen in den Prozess integriert werden, um den Prozess zu kontrollieren und zu optimieren, wie in Abbildung 2.7 dargestellt ist.

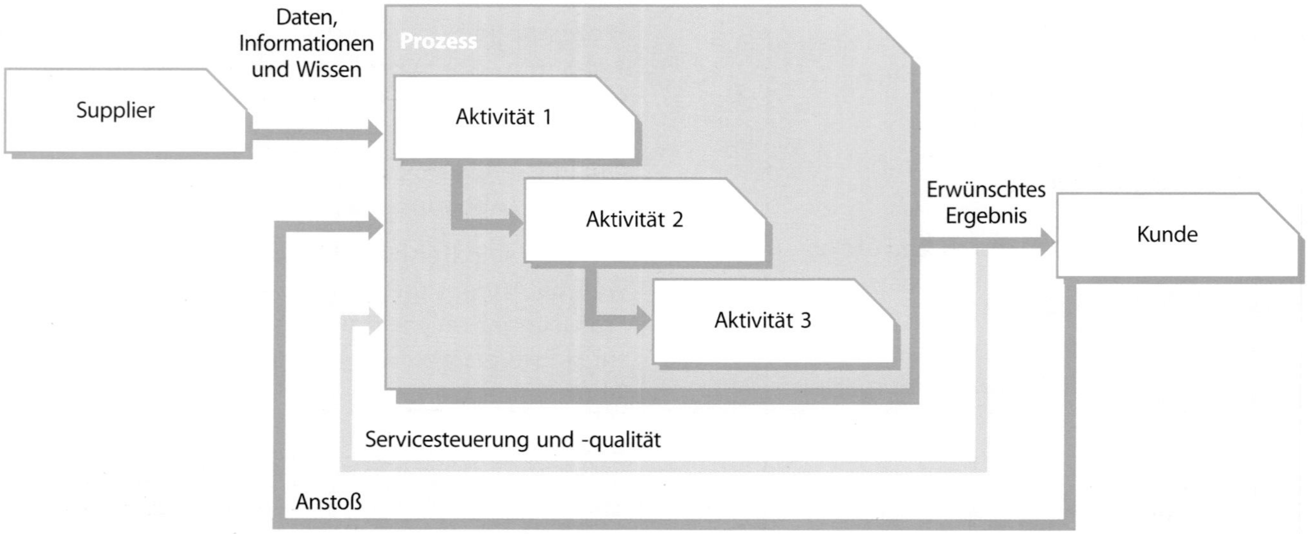

Abbildung 2.6 Ein grundlegender Prozess

Die allgemeinen Prozesselemente (Abbildung 2.7) zeigen, dass Daten als Input in den Prozess eingehen, verarbeitet werden und den Prozess als Output verlassen. Das Ergebnis wird gemessen und überprüft.

Ein Prozess wird in Bezug auf eine Reihe von Zielen hin ausgerichtet. Die Haupt-Outputs des Prozesses sollten durch die Ziele getrieben werden und Prozessmessungen (Messgrößen), Berichte und Prozessverbesserung umfassen.

Für jeden einzelnen Prozess sollte ein Prozessverantwortlicher definiert werden, der für den Prozess und seine Verbesserung zuständig ist und sicherstellt, dass der Prozess seine Ziele erreicht.

Der von einem Prozess erzeugte Output muss den betrieblichen Normen entsprechen, die aus den Business-Zielen abgeleitet werden. Wenn die Produkte der festgelegten Norm genügen, kann der Prozess als effektiv angesehen werden (weil er wiederholt, gemessen und verwaltet werden kann). Wenn die Aktivitäten mit minimalem Ressourcenverbrauch durchgeführt werden, kann der Prozess auch als effizient eingestuft werden. Prozessanalysen, -ergebnisse und –messgrößen sollten in regelmäßigen Managementberichten und Prozessverbesserungen einfließen.

Dokumentationsstandards, Prozesse und Vorlagen sollen verwendet werden, um sicherzustellen, dass die Prozesse einfach in der Organisation eingeführt werden können.

2.2.1.3 Eigenschaften von Prozessen

Prozesse besitzen die folgenden Eigenschaften:

- Sie sind in Form von Aktionen, Abhängigkeiten und einer Abfolge definiert

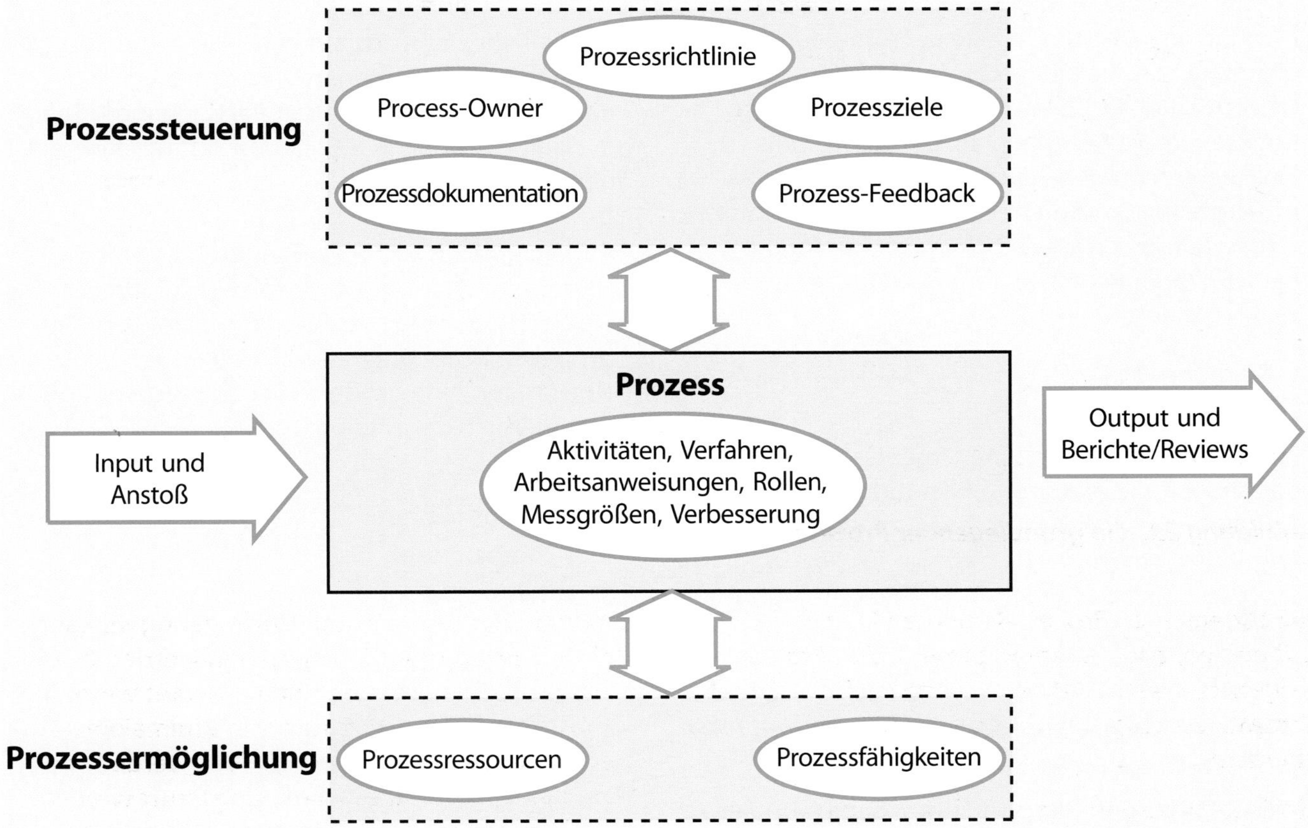

Abbildung 2.7 Die allgemeinen Prozesselemente

- Sie sind in Hinblick auf Managementaspekte wie Kosten und Qualität sowie in Hinblick auf praktische Gesichtspunkte wie Durchlaufzeit und Produktivität messbar
- Sie existieren, um bestimmte Ergebnisse zu liefern, die identifizierbar und zählbar sind
- Sie verfügen über Kunden und Stakeholder mit Erwartungen, die durch das Ergebnis des Prozesses erfüllt werden müssen
- Sie reagieren auf bestimmte Events, die den Prozess auslösen.

2.2.2 Funktionen

Brigitte setzt sich an den Schreibtisch, um vor dem Meeting am nächsten Tag ein paar Unterlagen durchzusehen. Sie bemerkt sofort, dass die Glühlampe in der Tischlampe nicht funktioniert. Brigitte ruft die Rezeption an. Dies ist sehr einfach, weil die Rezeption als einzige und damit zentrale Anlaufstelle für die anderen Funktionen im Hotel fungiert. Nach kurzer Zeit klopft ein Mitarbeiter der Facilities-Funktion an ihre Tür und wechselt die Glühbirne aus.

Definition

Eine **Funktionen** stellt eine Organisationseinheit dar, die auf die Ausübung bestimmter Aufgaben spezialisiert ist und für bestimmte Ergebnisse verantwortlich ist. Sie ist eine in sich geschlossene Einheit mit Fähigkeiten und Ressourcen, die für die jeweiligen Leistungen und Ergebnisse erforderlich sind.

In kleineren Organisationen kann eine Person oder Gruppe mehrere Funktionen bekleiden.

Funktionen tendieren dazu, ihre Arbeitsmethoden lokal zu optimieren, um sich auf die vorgeschriebenen Ergebnisse zu konzentrieren. Schlechte Koordination zwischen Funktionen, ohne über den Tellerrand zu schauen, führen zu Funktionssilos, die die organisationsübergreifende Zusammenarbeit behindern.

Wohldefinierte Prozesse können die Produktivität sowohl funktionsintern als auch funktionsübergreifend verbessern.

2.2.3 Rollen

2.2.3.1 Rolle

Eine Rolle bezieht sich auf einen Satz von miteinander verbundenen Verhaltensweisen oder Aktionen, die von einer Person, einem Team oder einer Gruppe in einem bestimmten Kontext durchgeführt werden.

In dem kleinen Hotel, in dem Brigitte wohnt, sind nur ein paar Rollen erforderlich, um die Bereitstellung der Services zu regeln. In einem größeren Hotel oder einer Hotelkette ist unter Umständen eine größere Anzahl weiterer Rollen erforderlich, darunter:

- Kundenbetreuer
- Vertragsmanager
- Sicherheitschef
- Leiter des Einkaufs
- Projektleiter
- Empfangschef.

Definition

Eine **Rolle** ist als Zusammenstellung von Verantwortlichkeiten, Aktivitäten und Kompetenzen zu verstehen, die einer Person oder einem Team zugewiesen sind. Eine Rolle wird in einem Prozess definiert.

Eine Person oder ein Team kann mehrere Rollen bekleiden. Die Rollen des Configuration Managers und des Change Managers können z. B. von einer einzigen Person ausgefüllt werden.

Eine Person kann mehr als eine Rolle bekleiden: Ein Kellner kann z. B. als Tellerwäscher arbeiten, sobald die Gäste das Restaurant verlassen haben. Ein kleines Hotel hat vielleicht nur einen Angestellten, der die beiden Rollen ausfüllt, während ein großes Hotel wahrscheinlich nur eine Rolle pro Mitarbeiter vergibt.

2.2.3.2 RACI

Beim Entwerfen eines Service oder Prozesses ist es von entscheidender Bedeutung, dass sämtliche Rollen klar definiert werden. Weil Prozesse und die darin enthaltenen Aktivitäten organisationsübergreifend ausgeführt werden, sollten die einzelnen Aktivitäten den definierten Rollen zugeordnet werden. In Organisationen wird häufig eine RACI-Kompetenzen-Matrix (siehe Tabelle 2.2) verwendet, um Rollen und Verantwortlichkeiten in Bezug auf Prozesse und Aktivitäten darzustellen. RACI ist ein Akronym für die vier wichtigsten Rollen:

- **Zuständig (engl. responsible)** Die Person, die für die Durchführung des Auftrags zuständig ist
- **Verantwortlich (engl. accountable)** Nur eine Person kann letztlich für einzelne Aktivitäten verantwortlich sein
- **Konsultiert (engl. consulted)** Die Personen, die beratend hinzugezogen werden und deren Meinung gefragt ist
- **Informiert (engl. informed)** Die Personen, die über den Fortschritt auf dem Laufenden gehalten werden.

Das RACI-Beispieldiagramm (Tabelle 2.2) zeigt die Struktur von RACI-Modellen mit den Aktivitäten links, einschließlich der zu ergreifenden Maßnahmen und der zu treffenden Entscheidungen. Oben listet das Diagramm waagerecht die funktionalen Rollen auf, die für die Durchführung zuständig oder an der Entscheidungsfindung beteiligt sind.

2.2.4 Prozessverantwortlicher (Process Owner)

Ein Prozessverantwortlicher stellt sicher, dass der Prozess in Übereinstimmung mit dem vereinbarten und dokumentierten Prozess durchgeführt wird und die Zielvorgaben der Prozessdefinition erfüllt.

Tabelle 2.2 Beispiel für eine RACI-Matrix

	Service Manager	Service Level Manager	Problem Manager	Security Manager	Procurement Manager
Aktivität 1	AR	C	I	I	C
Aktivität 2	A	R	C	C	C
Aktivität 3	I	A	R	I	C
Aktivität 4	I	A	R	I	
Aktivität 5	I	I	A	C	I

Die Verantwortung für einen Prozess umfasst Zuständigkeiten wie:

- Definieren der Prozessstrategie
- Definieren geeigneter Richtlinien und Standards, die im gesamten Prozess angewendet werden sollen
- Mitwirken beim Prozessdesign und letztendliche Verantwortung für dieses Design
- Dokumentieren und Veröffentlichen des Prozesses
- Definieren und Überprüfen der Key Performance Indicators (KPIs), um die Effektivität und Effizienz des Prozesses zu bewerten, und ggf. erforderliche Korrektur-Maßnahmen initiieren.
- Steigern der Effektivität und Effizienz des Prozesses
- Kommunizieren von Prozessinformationen oder Changes, soweit dies erforderlich ist, um das Bewusstsein für den Prozess sicherzustellen
- Liefern von Input für den laufenden Serviceverbesserungsplan
- Adressieren aller offenen Punkte, die die Umsetzung des Prozesses betreffen
- Sicherstellen, dass alle relevanten Mitarbeiter die erforderliche Ausbildung für den Prozess durchlaufen haben und sich ihrer Rolle im Prozess bewusst sind
- Sicherstellen, dass der Prozess, die Rollen, die Verantwortlichkeiten und die Dokumentation regelmäßig überprüft werden und Audits durchlaufen
- Abstimmen mit dem Linienmanagement, um zu gewährleisten, dass der Prozess die benötigten Personalressourcen erhält.

2.2.5 Service Owner

Der Service Owner ist für einen bestimmten Service in einer Organisation verantwortlich, gleichgültig wo sich die unterstützenden technischen Komponenten, Prozesse oder beruflichen Fähigkeiten befinden.

Die Verantwortung für einen Service ist ebenso wichtig für das Service Management wie die Festlegung der Verantwortung für Prozesse, die mehrere vertikale Silos oder Abteilungen durchlaufen.

Der Service Owner:

- Repräsentiert den Service in der gesamten Organisation
- Versteht den Service (Komponenten usw.)
- Dient Kunden als primärer Ansprechpartner für alle servicebezogenen Anfragen und Probleme
- Stellt sicher, dass die aktuelle Erbringung des Service und der Support die vereinbarten Kundenanforderungen erfüllen
- Identifiziert Möglichkeiten für Serviceverbesserungen, erörtert diese mit dem Kunden und meldet gegebenenfalls einen Request for Change (RFC) zur Bewertung an
- Ist an der Aushandlung von Service Level Agreements (SLAs) und Operating Level Agreements (OLAs) beteiligt
- Repräsentiert den Service in Meetings des Change Advisory Boards (CAB)
- Arbeitet im gesamten Service Management-Lebenszyklus mit den entsprechenden Prozessverantwortlichen zusammen
- Ist an internen Meetings für Service-Reviews im IT-Bereich und an externen Meetings für Service-Reviews mit dem Unternehmen beteiligt
- Ist für die Erbringung des Service verantwortlich.

2.3 GOOD PRACTICE

Organisationen unterziehen sich häufig einem Benchmarking im Vergleich zu externen Referenzen und sind bestrebt, Lücken in Bezug auf ihre Fähigkeiten zu schließen. Eine Möglichkeit, solche Lücken zu schließen, besteht darin, Good Practices zu übernehmen.

Eine Practice steht für eine Arbeitsmethode bzw. eine Art und Weise, in der Arbeiten durchgeführt werden müssen. Practices können Aktivitäten, Prozesse, Funktionen, Standards und Leitlinien umfassen.

Mit Good Practice oder Best Practice meinen wir bewährte Aktivitäten oder Prozesse, die von vielen Organisationen erfolgreich eingesetzt wurden.

Es gibt verschiedene Quellen für Good Practices, darunter öffentlich zugängliche Referenzmodelle, Standards sowie eigene Kenntnisse der Organisationen und Einzelpersonen:

- Standards
- Branchen-Practices
- Akademische Forschung
- Aus- und Weiterbildung
- Interne Erfahrung.

ITIL ist ein Beispiel für Good Practice. Sie wird von Organisationen auf der ganzen Welt eingesetzt, um Fähigkeiten im Service Management zu schaffen und zu verbessern.

ISO/IEC 20000 liefert einen formalen und universellen Standard für Organisationen, die bestrebt sind, ihre Fähigkeiten im Service Management über ein Audit überprüfen und zertifizieren zu lassen.

2.4 AUSGEWÄHLTE FRAGEN

1 'Warranty für einen Service' bedeutet:

a Der Service ist zweckmäßig.

b Es wird keine Ausfälle der Anwendungen oder Infrastruktur geben, die mit dem Service in Verbindung stehen.

c Alle servicebezogenen Probleme werden für eine bestimmte Zeitspanne unentgeltlich behoben.

d Kunden wird ein bestimmter Grad an Verfügbarkeit, Kapazität, Kontinuität und Sicherheit zugesichert.

2 Welche der folgenden Aussagen ist die BESTE Definition einer Funktion?

a Sie darauf ausgerichtet, nur eine Aufgabe als eigenständige Einheit zu erfüllen.

b Sie ist in sich geschlossen und besitzt Fähigkeiten und Ressourcen, die für ihre Leistung erforderlich sind.

c Sie ist wiederholbar und wird kontrollierbar.

d Sie ist leistungsorientiert und muss gemessen werden können.

3 Ein Service Level Manager wurde in einer RACI-Matrix mit einem 'C' gekennzeichnet. Welche der folgenden Aktivität wird von ihm erwartet?

a Er bildet den Kundenkontakt.

b Er muss seinen Service konfigurieren.

c Er muss beteiligt werden.

d Es muss mit ihm kommuniziert werden.

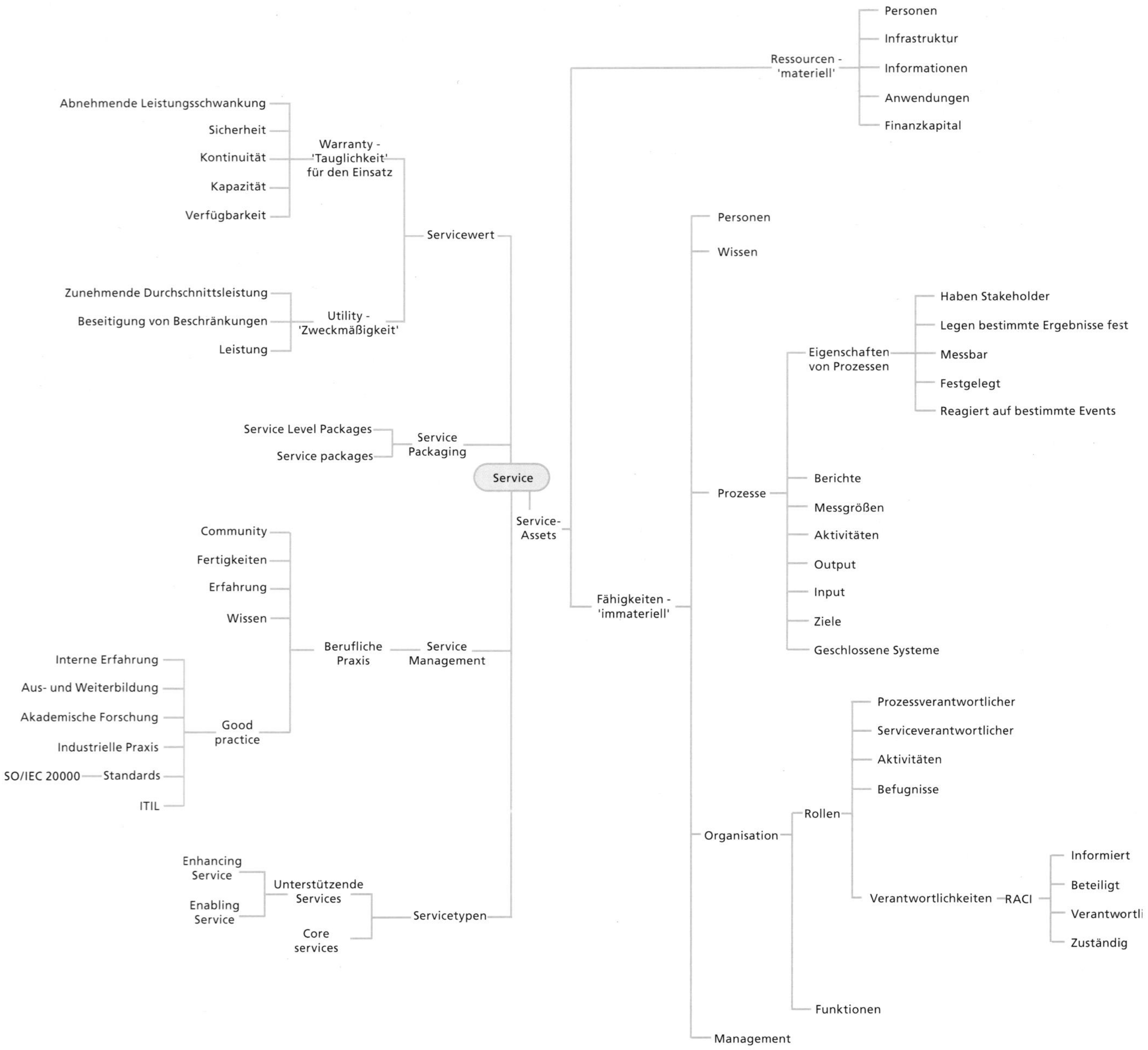

Abbildung 2.8 Überblick über Kapitel 2 (Einführung in das Service Management)

4 Für welche der folgenden Aktivitäten ist ein Prozessverantwortlicher zuständig?

1 Dokumentation und Veröffentlichung des Prozesses

2 Teilnahme an der Aushandlung der Service Level Agreements

3 Definition der Key Performance Indicators (KPIs)

4 Lieferung von Input für das laufende Programm zur Serviceverbesserung (Service Improvement Programme).

a Nur 1

b Nur 2 und 3

c Nur 1, 3 und 4

d Alle der oben genannten Optionen.

5 Für welche der folgenden Aktivitäten ist ein Serviceverantwortlicher verantwortlich:

a Durchführung der operativen Aktivitäten zur Unterstützung des Service

b Verantwortung für einen Service ungeachtet der zugrunde liegenden Servicekomponenten

c Verantwortung für einen Service hinsichtlich sämtlicher intern verwalteter Komponenten dieses Service

d Gewährleistung, dass die in einem Service Level Agreement enthaltenen Ziele erfüllt werden.

3 ITIL und der Servicelebenszyklus

3 ITIL und der Servicelebenszyklus

Der Servicelebenszyklus ist iterativ und mehrdimensional. Er gewährleistet, dass Organisationen so aufgestellt sind, dass Fähigkeiten in einem Bereich zum Lernen und in anderen Bereichen für Verbesserungen genutzt werden.

3.1 DIE ITIL SERVICE MANAGEMENT PRACTICES

Das Ziel des ITIL Frameworks der Service Management Practices besteht in der Erbringung von Services für Business-Kunden, die zweckmäßig, stabil und so zuverlässig sind, dass das Business sie als vertrauenswürdiges Utility betrachtet.

ITIL wird seit mehr als 20 Jahren auf der ganzen Welt erfolgreich in die Praxis umgesetzt. In diesem Zeitraum hat das Framework sich von einem spezialisierten Satz von Service Management-Themen mit dem Schwerpunkt auf Funktionen zu einem prozessbasierten Framework bis hin zu einem umfangreichen Satz fähigkeitsbasierter Methoden, der einen holistischen Servicelebenszyklus bietet, entwickelt.

Das ITIL Framework der Service Management Practices enthält die folgenden Bestandteile:

- **ITIL-Kernanleitung** Anleitung für Best Practices, die auf alle Organisationsformen anwendbar sind, die Services für ein Business erbringen
- **ITIL-Complementary Guidance (ergänzende ITIL-Veröffentlichungen)** Eine ergänzender Satz an Publikationen mit Leitlinien für bestimmte Branchen, Organisationstypen, Betriebsmodelle und Technologiearchitekturen (die vorliegende Publikation ist ein Beispiel für eine Zusatzanleitung)
- **Services zur Unterstützung im Web** Interaktive Onlineservices, die nach und nach ausgebaut werden und Elemente wie das Glossar der Begriffe und Definitionen, das interaktive Servicemodell, Abonnenten-Onlineservices, Fallstudien und Vorlagen enthalten.

Die ITIL-Anleitung sollte übernommen und auf den Einsatz in verschiedenen Business-Umgebungen und Organisationsstrategien angepasst werden.

Die Complementary Guidance bietet die Flexibilität, um den Kerninhalt an bzw. in den verschiedensten Umgebungen anzupassen. Praktische Anwender können die Complementary Guidance bei Bedarf einsetzen, um den Kernbereich in einem bestimmten Business-Kontext voranzutreiben, ähnlich wie Autoreifen für spezielle Fahrzeugtypen, Einsatzbereiche und Straßenverhältnisse ausgewählt werden.

3.2 DER SERVICELEBENSZYKLUS

Die Struktur des ITIL-Kerns basiert auf dem Servicelebenszyklus. Dieser ist iterativ und mehrdimensional. Er gewährleistet, dass Organisationen so aufgestellt sind, dass Fähigkeiten in einem Bereich zum Lernen und in anderen Bereichen für Verbesserungen genutzt werden. Im Servicelebenszyklus wird durch einen Satz von fünf Kernpublikationen beschrieben (Abbildung 3.1). Service Design, Service Transition und Service Operation sind progressive Phasen des

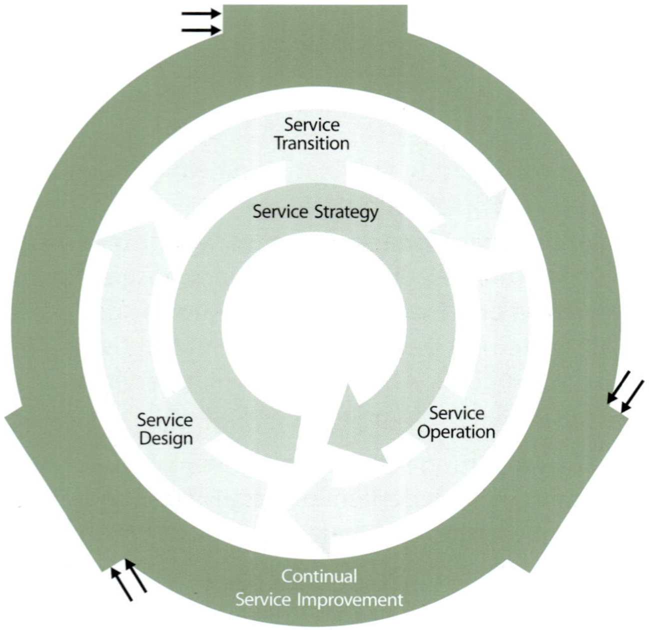

Abbildung 3.1 Der ITIL-Servicelebenszyklus

Lebenszyklus und repräsentieren Veränderungen und Transformationen. Service Strategy stellt Richtlinien und Ziele dar. Continual Service Improvement (CSI) beschreibt das Lernen und Verbesserungen.

Service Strategy ist die Achse, um die der Lebenszyklus sich dreht. Service Design, Service Transition und Service Operation setzen die Strategie um. CSI trägt dazu bei, Verbesserungen auf Basis strategischer Ziele einzubringen.

Jede Publikation spricht Fähigkeiten an, die einen direkten Einfluss auf die Leistung eines Service Providers besitzen.

3.2.1 Service Strategy

Der Band Service Strategy bietet Leitlinien für das Design, die Entwicklung und die Implementierung des Service Management und zwar nicht nur als organisatorische Fähigkeit, sondern auch als strategisches Asset.

Die Leitlinien aus der Service Strategy unterstützen die Bereiche Service Design, Service Transition, Service Operation und Continual Service Improvement.

Die im Band Service Strategy behandelten Themen umfassen die Entwicklung interner und externer Märkte, der Service-Assets, den Servicekatalog und die Umsetzung der Strategie während des gesamten Servicelebenszyklus. Das Financial Management, das Service Portfolio Management, die organisatorische Entwicklung und strategische Risiken bilden weitere wichtige Themen.

3.2.2 Service Design

Der Band Service Design bietet eine Anleitung für das Design und die Entwicklung von Services und Prozessen. Er behandelt Designprinzipien und Methoden zur Transformation strategischer Ziele in Serviceportfolio und Service-Assets.

Der Umfang des Bandes Service Design ist nicht auf neue Services beschränkt. Er beinhaltet die Veränderungen und Verbesserungen, die erforderlich sind, um den Nutzen für Kunden während des Servicelebenszyklus, die Kontinuität von Services, das Erreichen der Service-Levels und die Einhaltung von Standards und Vorschriften zu verbessern oder beizubehalten.

3.2.3 Service Transition

Der Band Service Transition bietet eine Anleitung für die Entwicklung und Verbesserung der Fähigkeiten für die Überführung neuer und geänderter Services in den Produktivbetrieb.

Service Transition liefert Leitsätze, wie die Anforderungen der Service Strategy, die im Service

Design kodiert sind, effektiv im Service Operation umgesetzt werden, bei gleichzeitiger Kontrolle der Risiken von Ausfällen und Unterbrechungen. Die Publikation verbindet Practices in Release Management, Programmmanagement und Risikomanagement.

3.2.4 Service Operation

Die Veröffentlichung Service Operation behandelt die Praxis in Bezug auf das Management des Service Operation. Sie bietet Leitlinien, um Effektivität und Effizienz bei der Erbringung und Unterstützung der Services zu erreichen und einen Nutzen für den Kunden und den Service Provider bereitzustellen.

Die strategische Zielerreichung erfolgt letztendlich im Service Operation, der damit zu einer entscheidenden Fähigkeit avanciert. Um die Stabilität im Service Operations beizubehalten, so dass Änderungen am Design, in der Skalierung, am Umfang und an den Service Levels umzusetzen, werden Leitlinien bereitgestellt.

3.2.5 Continual Service Improvement

Der Band Continual Service Improvement (CSI) stellt instrumentelle Leitlinien für die Schaffung und den Erhalt des Nutzens für den Kunden durch ein besseres Design, eine bessere Transition (Überführung) und einen besseren Betrieb von Services bereit. Er kombiniert Grundsätze, die die Praxis und Methoden aus dem Qualitätsmanagement, dem Change Management und der Verbesserung der Fähigkeiten.

Die Anleitung soll Verbesserungsanstrengungen und -ergebnisse mit Service Strategy, -Design und -Transition verknüpfen.

Beim letzten Mal, als Brigitte in dem Hotel war, hat sie ein Gespräch mit dem Hotelmanager geführt. Er freute sich, dass er ihr über die Geschichte des Hotels erzählen durfte. Alles begann vor 10 Jahren, als es eine Reihe von Unternehmensbranchen in diese Gegend zog. Eine ortsansässige Familie sah Chancen für einen 'Bed-and-Breakfast'-Service, aber schon sehr bald wuchs die Nachfrage nach einem Hotel.

Die Familie brauchte einige Zeit, um ihre Strategie zu entwickeln. Dazu gehörte das Identifizieren der Marktanforderungen, das Definieren der Services, die sie erbringen würden, das Aufstellen eines Business Case, das Beschaffen von Mitteln, das Analysieren der Risiken, das Beschaffen der Baugenehmigung und so weiter.

Als die Strategie klar definiert war und die Beschreibungen der Services vorlagen, begann das eigentliche Design des Hotels. In diesem Stadium waren Architekten, Designer, Planer und viele mehr beteiligt.

Nach einem Jahr war die Familie bereit für den Übergang von der Bed-and-Breakfast-Einrichtung zum neuen Hotel. Das Hotel wurde errichtet und Bauaufseher prüften, dass das Hotel die Abnahmekriterien und die gesetzlichen Vorschriften erfüllte. Personal wurde eingestellt und geschult, und danach wurde das Hotel eröffnet.

Seitdem ist das Hotel ständig in Betrieb – durch Wartung (Installateure, Elektriker usw.) und operative Services wie Müllabfuhr, Reinigung der Schmutzwäsche und eine Reihe weiterer Services.

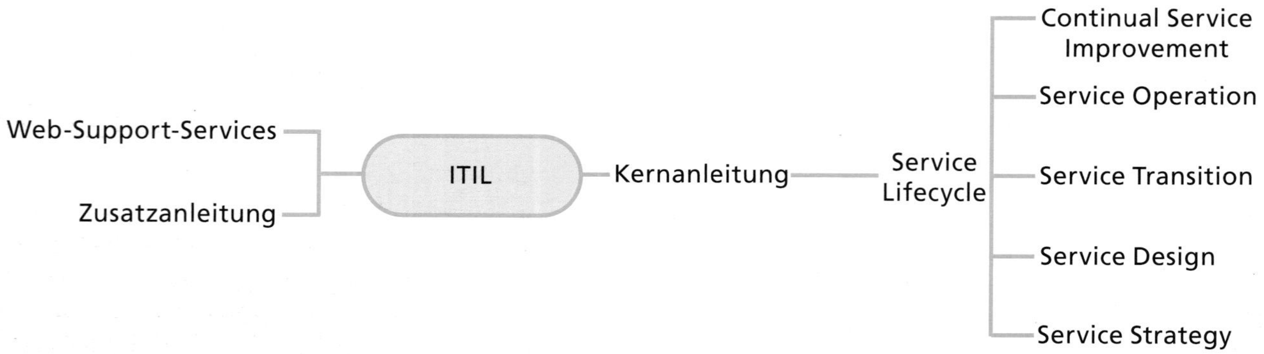

Abbildung 3.2 Überblick über Kapitel 3 (ITIL und der Servicelebenszyklus)

Von Beginn an hat das Hotel seine Services kontinuierlich verbessert. Es wurden häufig kleine operative Changes implementiert, die Ausbildungsprogramme wurden in jedem Jahr verbessert und neue Services wie drahtloser Internetzugang wurden eingeführt, um die sich ändernden Anforderungen der Gäste zu erfüllen.

Vor kurzem hat das Hotel beschlossen, die Service Strategy zu ändern, um mehr als ein Hotel zu sein. In Zukunft wird es ein Konferenz-Center beherbergen. Durch dieses Gespräch erkannte Brigitte, dass es unmöglich ist, über den einen Servicelebenszyklus zu sprechen. Tatsächlich gibt es viele miteinander verflochtene Servicelebenszyklen mit verschiedenen Ausmaßen und Zyklusfrequenzen.

4 Service Strategy

4 Service Strategy

Die Service Strategy begründet eine Gesamtstrategie für Services und Service Management – nicht nur als organisatorische Fähigkeit, sondern als strategisches Asset.

Als das Hotelmanagement vor kurzem die Strategie des Hotels einschließlich der künftigen Serviceportfolio beurteilte, wurde eine Reihe von Alternativen analysiert:

- Bau eines neuen Flügels mit zusätzlichen Räumen
- Umwandlung des Hotels in ein Konferenzzentrum
- Erweiterung des Poolbereichs zu einem kleinen Wasserpark, der auch der Öffentlichkeit zugänglich ist.

Eine Analyse der Wettbewerbssituation des Hotels ergab, dass das nächstgelegene Konferenzzentrum etwa 50 Kilometer entfernt lag. In der Stadt gab es zwar ein öffentliches Schwimmbad, aber weder eine Rutschbahn noch einen Whirlpool.

Um die Entscheidung zu stützen, musste das Management die Alternative identifizieren, die den höchsten Investitionsertrag (ROI) bei minimalem Risiko liefert. Der erste Schritt bestand darin, für jede der drei Alternativen jeweils einen Business Case vorzubereiten.

4.1 ZWECKE UND ZIELE

Es stellte sich heraus, dass die Alternative mit dem Konferenzzentrum die vielversprechendste Investition war. Das Hotelmanagement entwickelte daher einen Plan zur Umgestaltung des Hotels in ein Konferenzzentrum, um das Hotel von anderen Optionen in der Gegend abzugrenzen.

Der Hauptzweck der Service Strategy ist es, Service Provider zu bestärken, zuerst über die Gründe nachzudenken, warum etwas getan werden muss, und sich erst dann darüber Gedanken zu machen, wie es zu tun ist, oder kurz gesagt:

- Strategisch zu denken und zu handeln
- Langfristig und erfolgreich tätig zu sein und zu wachsen
- Die eigenen Service Management-Fähigkeiten in ein strategisches Asset umzuwandeln
- Die Beziehungen zwischen den Services, Prozessen und Systemen sowie die Business-Ziele, die sie unterstützen, zu erkennen und danach zu handeln
- Die mit dem eigenen Serviceportfolio verbundenen Kosten und Risiken zu handhaben.

Die Hauptziele der Service Strategy bestehen darin, Antworten auf Fragen zu finden wie beispielsweise:

- Welche Services sollten wir wem anbieten?
- Wie setzen wir uns von unseren Wettbewerbern ab?

- Wie schaffen wir einen sinnvollen Nutzen für unsere Kunden und Stakeholders?
- Wie können wir einen Business Case für strategische Investitionen aufstellen?
- Wie kann das Financial Management Transparenz und Kontrolle über die Wertschöpfung schaffen?
- Wie definieren wir Servicequalität?
- Wie entscheiden wir uns zwischen verschiedenen Wegen zur Verbesserung der Servicequalität?
- Wie weisen wir Ressourcen über das gesamte Serviceportfolio hinweg effizient zu?
- Wie lösen wir miteinander in Konflikt stehende Anforderungen nach gemeinsam genutzten Ressourcen auf?

4.2 UMFANG

Der Umfang der Service Strategy beinhaltet:

- Die Entwicklung und Umsetzung der Strategie
- Die Entwicklung von internen und externen Märkten und Angeboten
- Service-Assets und Wertschöpfung
- Service Portfolio Management und Servicekatalog Management
- Financial Management
- Demand Management
- Organisatorische Entwicklung und Kultur
- Sourcing-Strategie
- Strategische Risiken.

4.3 WERTSCHÖPFUNG

4.3.1 Wert

Brigittes Blick fällt auf die Informationsbroschüre, die das Hotel auf dem Tisch in ihrem Zimmer ausgelegt hat. Sie enthält eine Reihe von Services wie einen Weckruf, einen Parkplatz, einen Wäscheservice, Speisenangebot und Kinderbetreuung sowie beschreibende Merkmale der Dienste wie die Anzahl der Fernsehkanäle, die Reinigung des Zimmers und die Frühstückszeiten.

Brigitte findet die meisten Services nützlich, auch wenn sie den Kinderbetreuungsservice bei diesem Anlass nicht braucht. Für Brigitte sind die beschriebenen Services jedoch nur ein Teil dessen, was sie als Hotelgast schätzt. Für sie ist es ebenso wichtig, dass das Hotel in der Nähe ihres vorübergehenden Arbeitsplatzes liegt, dass das Personal freundlich und zuvorkommend ist, dass ihr Balkon eine schöne Aussicht auf die Alpen bietet und das Hotel ihre Vorliebe für vegetarische Kost beachtet.

Kunden kaufen keine Services. Sie kaufen die Erfüllung bestimmter Bedürfnisse. Was zählt ist lediglich die Qualität, die von den Kunden wahrgenommen wird. Der Wert eines Service wird demnach durch das bestimmt, was der Kunde will (Präferenzen), was der Kunde wahrnimmt (Wahrnehmungen) und was der Kunde tatsächlich erhält (Business-Ergebnis) (Abbildung 4.1).

Service Provider müssen folglich Business-Ergebnisse nachweisen, Wahrnehmungen beeinflussen und auf Präferenzen reagieren.

Kunden verfügen über Referenzwerte, auf denen ihre Wahrnehmung eines Service basieren.

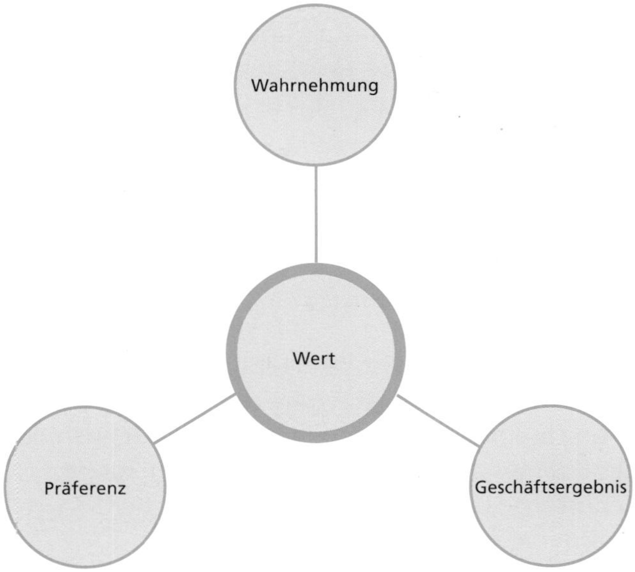

Abbildung 4.1 Wert als Funktion von Präferenzen, Wahrnehmungen und Business-Ergebnis

Der wirtschaftliche Wert des Service lässt sich als Summe dieses Referenzwertes, der Utility (Steigerung möglicher Erträge aus dem Service) und der Warranty (Verringerung möglicher Verluste für den Kunden) des Service definieren.

Was der Kunde wertschätzt, unterscheidet sich häufig von dem, was die IT-Organisation bereitzustellen glaubt. Achten Sie auf diese unterschiedliche Wahrnehmung!

Worin bestehen die Ergebnisse, auf die es ankommt? Wie werden sie identifiziert und hinsichtlich der Wahrnehmungen und Präferenzen des Kunden klassifiziert? Um solche Fragen effektiv beantworten zu können, ist eine Marketing-Denkweise erforderlich. Eine Marketing-Denkweise beginnt mit einfachen Fragen, die nur von Kundenseite beantwortet werden können:

- Worin besteht unser Business?
- Wer ist unser Kunde?
- Was schätzt unser Kunde?
- Wer ist auf unsere Services angewiesen?
- Wie nutzen sie unsere Services?
- Warum sind sie nützlich für sie?

4.3.2 Wertschöpfung

Ressourcen und Fähigkeiten stellen Assettypen dar. Organisationen nutzen sie zur Wertschöpfung in Form von Waren und Services.

Fähigkeiten entwickeln sich im Laufe der Zeit. Die Entwicklung bestimmter Fähigkeiten wird durch einen Erfahrungsschatz erweitert, der durch die Anzahl und Unterschiedlichkeit der Kunden, Markträume, Verträge und Services gewonnen wird. Erfahrung wird durch Problemlösungen, den Umgang mit bestimmten Situationen und Risiken und der Analyse von Fehlern erweitert.

Die Fähigkeiten selbst können ohne entsprechend geeignete Ressourcen keinen Wert schaffen. Die produktive Kapazität eines Service Providers hängt von den Ressourcen ab, die er selbst steuern kann. Die Fähigkeiten werden eingesetzt, um diese produktive Kapazität zu entwickeln, einzusetzen und zu koordinieren.

4.4 SCHLÜSSELPRINZIPIEN

4.4.1 Serviceportfolio

Die Erbringung von Hotelservices erfordert umfassende Kenntnisse über Kunden, Verträge, Services und unterstützende Assets wie Mobiliar und Geräte, Personal, Lieferanten und Prozesse. Um dieses Wissen zu bewältigen, hat das Hotel vor einigen Jahren eine Reihe unterstützender Systeme eingerichtet, darunter:

- Registrierung der Services und ihrer Wechselbeziehungen
- Ein Kundenkatalog zur Darstellung der Services, die von dem Hotel bereitgestellt werde
- Service Level Agreements mit Reisebüros und größeren Unternehmen
- Eine Konfigurationsdatenbank mit Daten der relevanten Betriebsmittel, Personen, Lieferanten und Prozesse, die die bereitgestellten Services unterstützen.

Seitdem hat das Register der Services das Management bei der Entscheidungsfindung hinsichtlich der Fragen unterstützt, welche Services angeboten sollen oder in welche Services investiert werden soll, z. B. Übernachtungsmöglichkeiten, Abendessen oder Konferenzdienstleistungen. Das Register enthält sämtliche Services, die den Kunden angeboten werden, Vorschläge für neue oder geänderte Services sowie unterstützende Services wie die Reinigung von Wäsche, Internetzugang, Reinigung des Pools und Müllabfuhr.

Der Kundenkatalog zielt auf die Kunden und Gäste ab. Als Brigitte ihre Reise in die Schweiz plante, suchte sie im Internet nach dem Hotel. Auf der Homepage des Hotels fand sie Informationen über die angebotenen Services:

- Übernachtung
  - Einzelzimmer, €100 pro Nacht
  - Doppelzimmer, €150 pro Nacht
  - Suite (mit Schreibtisch und kostenlosem Internetzugang), €170 pro Nacht
  - Exekutive-Zimmer (mit getrenntem Schlaf- und Wohnraum), €200 pro Nacht
- Abendessen im Restaurant
  - Zwei Gänge (€30 pro Person)
  - Drei Gänge (€40 pro Person)
- Schwimmbad (€5 pro Stunde – für Hotelgäste kostenlos).

Da Brigitte die Hotelservices ansprechend fand (insbesondere das Restaurant und das Schwimmbad), buchte sie eine Suite.

Das Serviceportfolio ist das wichtigste Management-System, das der Unterstützung aller Prozesse dient. Es beschreibt die Services eines Providers hinsichtlich des Business-Werts, der angesprochenen Business-Bedürfnisse und der Art und Weise, wie der Service Provider auf diese Bedürfnisse reagiert.

Die Herangehensweise mithilfe des Portfolio Managements hilft Managern, Prioritäten für Investitionen zu setzen und die Zuweisung von Ressourcen zu verbessern. Veränderungen an Portfolios werden durch Richtlinien und Verfahren gesteuert.

Definition

Das **Serviceportfolio** bildet die Gesamtheit aller Services, die von einem Service Provider verwaltet werden.

Das Serviceportfolio repräsentiert sämtliche Ressourcen, die derzeit in verschiedenen Phasen des Servicelebenszyklus im Einsatz sind oder freigegeben werden.

Das Serviceportfolio wird verwendet, um den gesamten Lebenszyklus aller Services zu verwalten, und umfasst drei Kategorien:

- Servicepipeline (beantragt oder in der Entwicklung)

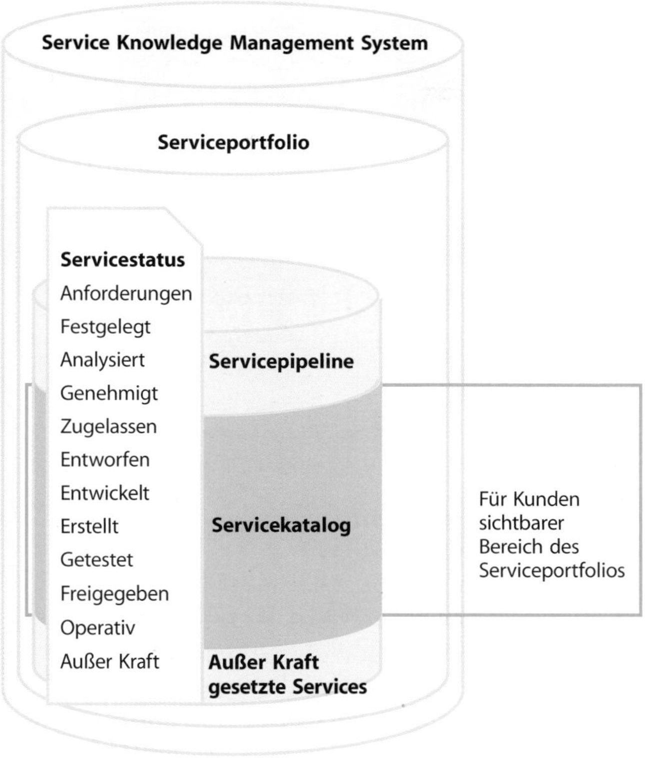

Abbildung 4.2 Das Serviceportfolio und seine Inhalte

- Servicekatalog (aktiv oder bereit zum Deployment)
- Stillgelegte Services.

Das Portfolio umfasst auch Services von Drittparteien, die einen integralen Bestandteil der Serviceangebote für Kunden bilden. Manche Services von Drittparteien sind für die Kunden sichtbar, andere jedoch nicht.

Ein Serviceportfolio fungiert als Grundlage des Entscheidungsrahmens und klärt damit die folgenden strategischen Fragen oder trägt zu deren Klärung bei:

- Warum sollten Kunden diese Services kaufen?
- Warum sollten sie diese Services von uns kaufen?
- Wie sehen die Modelle für Preisgestaltung und Verrechnung aus?
- Welches sind unsere Stärken und Schwächen, Prioritäten und Risiken?
- Wie sollten unsere Ressourcen und Fähigkeiten gebündelt werden?

Das Register von Services sollte das Management des Hotels bei der Beantwortung von Fragen unterstützen, darunter:

- Welchen Nutzen bietet eine Übernachtung in unserem Hotel den Gästen, verglichen mit ähnlichen konkurrierenden Hotels?
- Welche unterstützenden Services, Ressourcen und Fähigkeiten werden benötigt, um die Konferenzdienstleistung bereitzustellen?
- Welche Risiken sind mit einem Dinner-Service verbunden?

Da das Register im Laufe der Zeit anwuchs, ein immer vollständigeres und unzuverlässigeres Bild lieferte, wurde es auch ein immer wichtigeres Mittel, um das Hotelmanagement beim Treffen der richtigen Entscheidungen hinsichtlich des optimalen Einsatzes der verfügbaren Ressourcen und Fähigkeiten zu unterstützen.

Brigitte kann nicht aufhören, über die Praxis des Hotels nachzudenken, ein Register all seiner Services zu führen, die nicht nur die Services umfassen, die für die Gäste bereitgestellt werden, sondern auch die unterstützenden Services wie die Reinigung und das Kochen.

Sie erkennt, dass das Hotel nicht nur das Register der Gästeservices und der unterstützenden Services führen, sondern auch die Beziehungen zwischen den Services identifizieren und pflegen muss. Um eine Übernachtung anzubieten, muss das Hotel für die Reinigung und (auf Wunsch des Gastes) auch für drahtlosen Internetzugang sorgen muss.

4.4.2 Servicekatalog

Kunden und Anwendern sollten nur auf diejenigen Services im Serviceportfolio zugreifen dürfen, die einen Status zwischen 'verfügbar' und 'operativ' (siehe Kasten in Abbildung 4.2) aufweisen, nämlich die im Servicekatalog enthaltenen Services. Der Servicekatalog ist der einzige Bestandteil des Serviceportfolios, der für aktuelle und potenzielle Kunden sichtbar ist. Er wird eingesetzt, um den Verkauf und die Erbringung von Services zu unterstützen.

Der Servicekatalog ist auch der einzige Bestandteil des Portfolios, der die Kosten wieder hereinholt oder Profite erzielt.

Definition

Ein **Servicekatalog** ist eine Datenbank oder ein strukturiertes Dokument mit Informationen über alle aktiven-Services, einschließlich der Services, die abrufbar oder in Betrieb sind.

Der Servicekatalog enthält Informationen über Produkte, Preise, Anlaufstellen sowie Bestell- und Antragsprozesse (Abbildung 4.3).

Im Servicekatalog werden diese Services in ihre Einzelkomponenten zerlegt. Hier werden Assets, Prozesse und Systeme mit Einstiegspunkten und Bedingungen für ihre Nutzung und Bereitstellung

Abbildung 4.3 Elemente eines Serviceportfolios und eines Servicekatalogs

beschrieben. Weil Provider u. U. viele Kunden besitzen oder viele Fachabteilungen bedienen, kann es mehrere Servicekataloge geben, die sich aus dem Serviceportfolio ableiten.

4.4.3 Business Case

Ein Service Provider muss entscheiden, in welche Service Management-Initiativen er investieren möchte. Der Business Case für diese Investitionen ist der Schlüssel für diesen Prozess der Entscheidungsfindung.

Ein Business Case ist ein Werkzeug zur Erleicherung der Entscheidungsfindung und zur Planung. Er beschreibt die Ziele und wahrscheinlichen Ergebnisse einer Business-Entscheidung. Die Ergebnisse können qualitative und quantitative Dimensionen annehmen.

> **Definition**
>
> Ein **Business Case** ist eine Rechtfertigung für einen umfassenden Ausgabenposten. Er umfasst Informationen über Kosten, Nutzen, Optionen, offene Fragen, Risiken und mögliche Probleme.

Der Business Case formuliert die Ziele der Initiative und die speziellen Business-Auswirkungen (Kosten, Risiken und Nutzen), die die Initiative voraussichtlich verursacht (siehe Tabelle 4.1).

Tabelle 4.1 Beispiel für die Struktur eines Business Case

Struktur eines Business Case
A. Einführung Präsentiert die Business-Ziele, die der Service angeht
B. Methoden und Annahmen Definiert die Grenzen des Business Case, z. B. zeitliche Dauer, Kosten und Nutzen
C. Business-Auswirkungen Die finanziellen und nicht finanziellen Resultate des Business Case
D. Risiken und Eventualitäten Die Wahrscheinlichkeit von anderen Ergebnissen
E. Empfehlungen Spezifische Maßnahmenempfehlungen

Die finanzielle Konsequenz einer Entscheidung, normalerweise in Form des Return on Investment (ROI), ist häufig die Kernkomponente eines Business Case.

Ein umfassender Business Case umfasst auch eine Analyse der gewünschten nicht finanziellen Business-Auswirkungen, die mit der Initiative verbunden sind. Diese Analyse schafft klare Verknüpfungen zwischen diesen nicht finanziellen Auswirkungen und einem klar umrissenen Business-Ziel. Diese Analyse kann die Methodik des Investitionswertes (VOI) nutzen.

4.4.4 Risikomanagement

Risikoanalyse und Risikomanagement sollten auf die Servicepipeline und den Servicekatalog angewendet werden, um die Risiken innerhalb des Servicelebenszyklus zu identifizieren und zu entschärfen.

4.4.4.1 Risiko

> **Definition**
>
> **Risiko** ist ein mögliches Ereignis, das zu Schaden oder Verlust führen oder das Erreichen von Zielen beeinträchtigen könnte.

Ein Risiko wird anhand der Wahrscheinlichkeit einer Bedrohung, der Verwundbarkeit des Assets gegenüber dieser Bedrohung und der potenziellen Auswirkungen der Bedrohung gemessen (Abbildung 4.4).

4.4.4.2 Risikoanalyse

Die Risikoanalyse befasst sich mit dem Sammeln von Informationen zu potenziellen Risiken, so dass die Organisation, die die Risikoanalyse vornimmt, angemessene Entscheidungen treffen und ein adäquates Risikomanagement betreiben kann. Die Risikoanalyse umfasst die Identifizierung und Bewertung des Risikograds, der anhand der ermittelten Assetwerte, des Bedrohungsgrades und der Schwachstellen der jeweiligen Assets erhoben wird.

4.4.4.3 Risikomanagement

Das Risikomanagement umfasst etablierte Prozesse zur Überwachung von Risiken, Zugang zu zuverlässigen und aktuellen Informationen über Risiken, das Vorhandensein einer gut ausgewogenen Kontrolle im Umgang mit

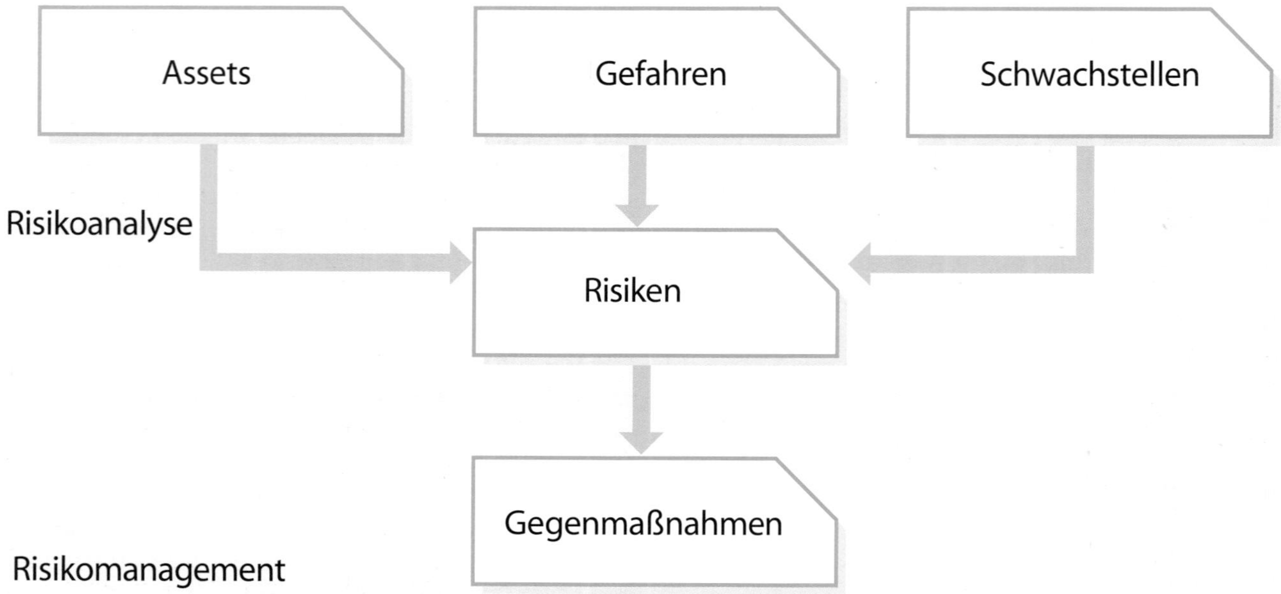

Abbildung 4.4 Risiko, Risikoanalyse und Risikomanagement

den Risiken sowie Entscheidungsprozesse, die von einem Framework aus Risikoanalyse und Risikobewertung gestützt werden.

Das Risikomanagement schließt auch das Identifizieren, Auswählen und Einleiten von Gegenmaßnahmen ein, die aufgrund der erkannten Risiken gerechtfertigt sind.

4.5 PROZESSE

Der ITIL-Foundation-Lehrplan umfasst die folgenden Prozesse der Service Strategy:

- Demand Management
- Financial Management.

Der Band Service Strategy enthält auch die Prozesse Strategiebildung und Service Portfolio Management. Da diese jedoch nicht Bestandteil des ITIL-Foundation-Lehrplans sind, werden sie im Folgenden nicht weiter erörtert.

4.5.1 Demand Management

Brigitte schaut sich den Flyer neben dem Telefon etwas genauer an. Ihr fällt auf, dass das Hotel im August einen Sonderrabatt für Familien anbietet. Unwillkürlich fragt sie sich, warum das Hotel seine Preise in der Feriensaison senkt, in einer Zeit also, in der das Hotel für Touristen in der Region attraktiv sein sollte.

Als sie das nächste Mal an der Rezeption vorbeigeht, beschließt sie, den Empfangsmitarbeiter zu fragen, aus welchem Grund das Hotel im August einen Familienrabatt anbietet. Gesagt, getan. Er erwidert, dass sich in den letzten zwei Jahren nur sehr wenige Touristen dazu entschlossen hatten, in dem Hotel zu logieren. Das Hotelmanagement hat die Situation daher auf Basis dieses Musters erörtert und drei mögliche Lösungen identifiziert:

1 Senken der Preise für Familien, um Touristen anzuziehen

2 Einführen neuer Services, um Touristen anzuziehen (z. B. Erweitern des Poolbereichs zu einem kleinen Wasserpark)

3 Schließen des Hotels für einen Monat.

4.5.1.1 Zwecke und Ziele

- Vermeiden von Überkapazitäten, die Kosten verursachen ohne dass Werte geschaffen werden
- Verhindern unzureichender Kapazitäten, die die Qualität der erbrachten Services beeinträchtigen.

4.5.1.2 Grundlegende Konzepte

Services können nicht im Voraus und im Vorgriff auf ihren zukünftigen Konsum produziert werden. Daher muss der Provider unbedingt eine enge Abstimmung zwischen Lieferkapazität und Servicebedarf umsetzen.

Aktivitätsbasiertes Demand Management

Business-Prozesse sind die primäre Quelle des Servicebedarfs.

Es ist daher besonders wichtig, das Kunden-Business einer Prüfung zu unterziehen, um die Business-Aktivitätsmuster zu identifizieren, zu analysieren und kodifizieren und so eine solide Basis für das Capacity Management zu schaffen. Die Analyse und Nachverfolgung der Aktivitätsmuster im Business-Prozess ermöglicht eine Prognose des Servicebedarfs. Darüber hinaus ist es möglich, den Bedarf der zugrunde liegenden Service Assets zur Unterstützung dieser Services zu prognostizieren.

Business-Aktivitätsmuster

Kunden-Assets wie Mitarbeiter, Prozesse und Anwendungen entwickeln Business-Aktivitätsmuster.

Definition

Ein **Business-Aktivitätsmuster** (PBA) ist ein Auslastungsprofil einer oder mehrerer Business-Aktivitäten. Business-Aktivitätsmuster helfen dem Service Providers, um die verschiedenen Ausprägungen der Business-Aktivität besser verstehen und planen kann.

Das Demand Management umfasst daher die Identifizierung, Analyse, Kodifizierung und Visualisierung der Business-Aktivität und der Pläne des Kunden in Hinblick auf den Bedarf an unterstützenden Services.

Business-Aktivitäten lassen sich durch ein oder mehrere Attribute wie Häufigkeit, Volumen, Standort und Dauer beschreiben. Sie sind mit Anforderungen wie Sicherheit, Datenschutz und Latenzzeiten oder Latenzzeiten verbunden. Dieses Profil der Business-Aktivität kann sich mit der Zeit durch Changes und Verbesserungen in Bezug auf Prozesse, Mitarbeiter, Organisationen, Anwendungen und Infrastruktur ändern.

Anwenderprofile

Definition

Ein **Anwenderprofil** (UP) ist ein Muster, das den Bedarf eines Anwenders an Services wiedergibt. Jedes Anwenderprofil beinhaltet ein oder mehrere Business-Aktivitätsmuster.

Anwenderprofile für Personen basieren auf Rollen und Verantwortlichkeiten in Organisationen, während Anwenderprofile für Prozesse und Anwendungen auf Funktionen und Tätigkeiten basieren. Anwenderprofile werden unter Verwendung eines oder mehrerer vordefinierter Business-Aktivitätsmuster erstellt. Außerdem unterliegen Sie der Change-Steuerung. Anwenderprofile stellen beständige und zusammenhängende Muster dar.

Durch den Musterabgleich von Business-Aktivitätsmustern und Anwenderprofilen wird eine systematische Herangehensweise für das Verständnis und das Management des Kundenbedarfs sichergestellt.

4.5.1.3 Herausforderungen

Demand Management ist ein entscheidender Aspekt des Service Managements. Wegen der ungewissen Nachfrage ist ein schlecht verwalteter Bedarf eine Gefahrenquelle für Service Provider. Zu den typischen Herausforderungen des Demand Managements gehören:

- Überkapazitäten, die Kosten verursachen, ohne einen Wert zu liefern, der eine Basis für die, der eine Kostendeckung liefert. Kunden zahlen ungern für ungenutzte Kapazitäten, es sei denn, sie stellen einen Wert für sie dar.
- Unzureichende Kapazitäten, die die Qualität der erbrachten Services beeinträchtigen und die Entwicklung des Service begrenzen.
- Synchroner Verbrauch und Konsum. Im Gegensatz zu Waren können Services nicht im Voraus produziert und in Erwartung der Nachfrage in einem Lager für Fertigprodukte gestapelt werden.

4.5.2 Financial Management

Neben dem Hotel wurde vor ein paar Monaten ein neues Restaurant eröffnet. Infolge dessen haben die Gästezahlen des Hotelrestaurants sich mehr als halbiert. Der Personalstand im Restaurant wurde entsprechend angepasst. Im wöchentlichen Meeting des Managementteams wird die Situation erörtert. Es ist eine sehr emotionsgeladene Diskussion – sollte das Restaurant geschlossen werden oder nicht? Der Financial Manager wird gebeten, einen finanzielle Bewertung des Restaurants vorzubereiten.

Auf dem nächsten Meeting legt der Financial Manager seine Analyse vor: das Restaurant ist gerade noch profitabel. Das Hotelmanagement beschließt jedoch, das Restaurant zu behalten, da den Gästen ein lückenloserer Service geboten werden kann, wenn das Hotel ein eigenes Restaurant betreibt. Außerdem soll das Hotel in den kommenden Jahren erweitert werden: voraussichtlich werden weitere Zimmer hinzukommen, und ein Konferenzzentrum wird für mehr Kunden im Hotelrestaurant sorgen.

4.5.2.1 Zwecke und Ziele

- Bereitstellen von operativer Transparenz, Einblick und besserer Entscheidungsfindung

- Bereitstellen der finanziellen Quantifizierung des Werts der IT Services für Business und IT und der Wert der Assets, die der Bereitstellung dieser Services dienen, sowie Qualifizierung der betrieblichen Prozesse
- Sicherstellen der angemessenen Finanzierung für die Erbringung und den Verbrauch von Services.

4.5.2.2 Grundlegende Konzepte

Über IT in Hinblick auf Services zu sprechen, ist das Herzstück einer veränderten Wahrnehmung von IT und seinem Wert für das Business. Daher arbeiten weite Teile des Financial Managements mit IT und dem Business Hand in Hand, um dazu beizutragen, den Wert der erhaltenen Services zu ermitteln, zu dokumentieren und darauf abzustimmen sowie die Modellierung und das Management des Servicebedarfs zu ermöglichen.

Servicebewertung

Die Servicebewertung wird im Financial Management eingesetzt, um Folgendes zu ermitteln:

- **Bereitstellungswert** Die Kosten des Service Providers für die Bereitstellung eines bestimmten Service für einen Kunden. Dies umfasst Kosten, die mit Hardware und Software in Verbindung stehen, jährliche Wartungskosten, Kosten für Personal, Ausstattung und Stromverbrauch, Konformitätskosten, Steuern und Zinsen.
- **Servicewertpotenzial** Methoden wie die serviceorientierte Kostenrechnung, die eingesetzt werden, um mit den einzelnen Servicekomponenten mit wahrnehmbarer Wertschöpfung bestimmte Geldwerte zu verknüpfen. Die Summe der wahrgenommenen Werte ist das Servicewertpotenzial, das mit dem Bereitstellungswert addiert wird, um den endgültigen Wert des Service zu ermitteln.

Bedarfsmodellierung

Die Modellierung des Finanzbedarfs konzentriert sich auf die Ermittlung der TCO für den Kunden und auf die Prognose der finanziellen Auswirkungen des zukünftigen Servicebedarfs.

Optimierung der Servicebereitstellung

Das Financial Management liefert wichtige Inputs für die Optimierung der Servicebereitstellung (SPO). SPO prüft die finanziellen Inputs und Restriktionen Servicekomponenten oder Bereitstellungsmodellen um herauszufinden, ob die Bereitstellung eines Service modifiziert werden kann, so dass er im Hinblick auf Kosten und Qualität wettbewerbsfähiger wird.

Planung und Finanzplanung

Die Planung bietet eine Übersetzung und Quantifizierung eines voraussichtlichen zukünftigen Servicebedarfs in finanzielle Größen.

Service-Investitionsanalyse

Das Ziel einer Service-Investitionsanalyse besteht darin, eine Wertangabe für den gesamten Lebenszyklus eines Service abzuleiten, und zwar auf Basis des während des Service-Lebenszyklus erreichten Wertes, sowie der dabei entstandenen Kosten.

Kostenrechnung

Folgende Funktionen und Merkmale der Kostenrechnung sind üblich:

- **Anlegen von Service Records** Die Zuweisung eines Kostenposition zum entsprechenden Service

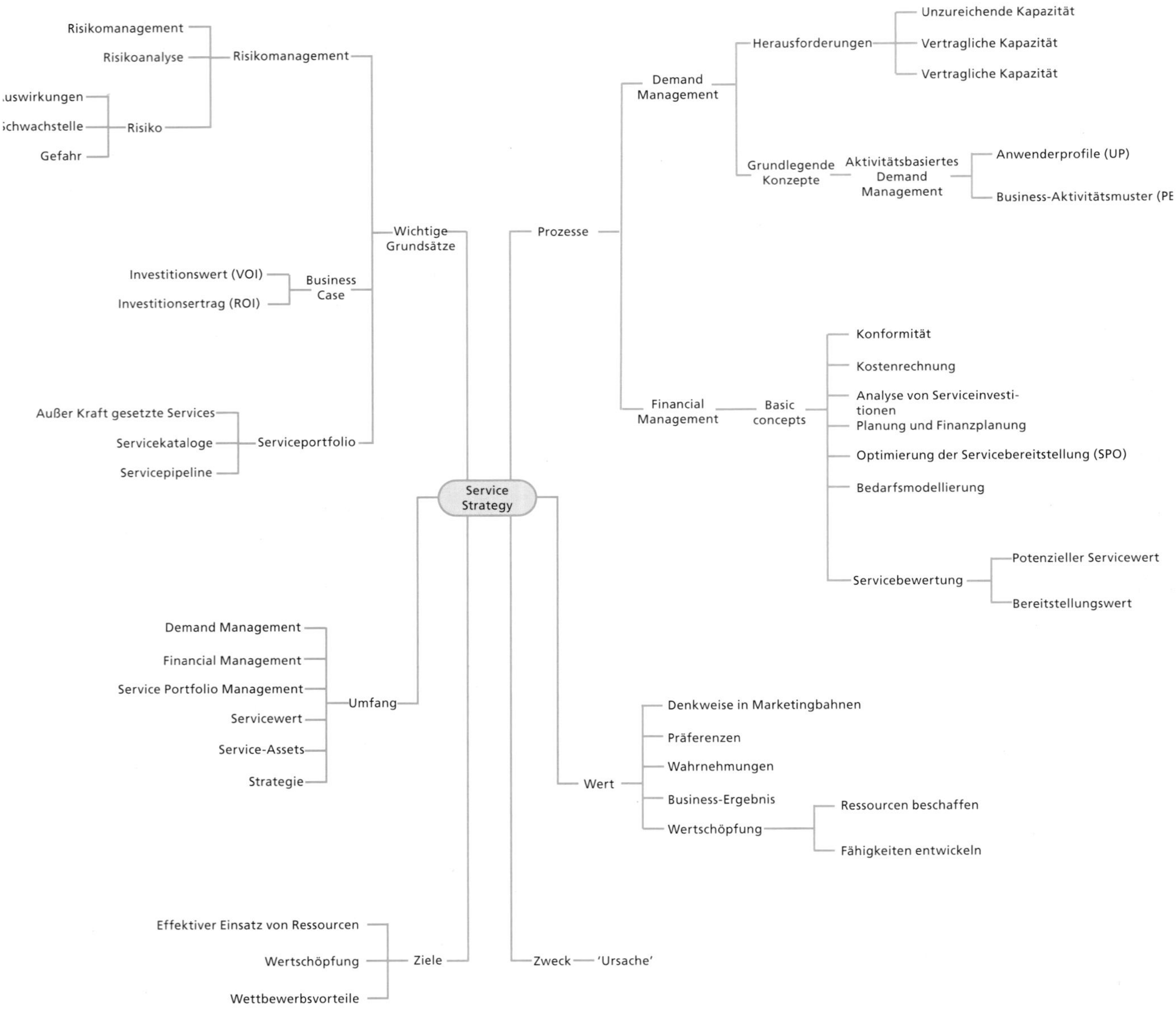

Abbildung 4.5 Überblick über Kapitel 4 (Service Strategy)

- **Kostenarten** Übergeordnete Ausgabenkategorien wie Hardware, Software, Ressource und Administration
- **Kostenklassifizierungen** Klassifizierungen innerhalb von Services, die den letztendlichen Zweck der Kosten kennzeichnen. Dazu gehören Klassifizierungen wie:
  - Kapital/operativ
  - Direkt/indirekt
  - Fix/variabel
  - Kosteneinheiten.

Konformität

Konformität bezieht sich auf die Fähigkeit, zu zeigen, dass für die Kostenrechnung geeignete und konsistente Methoden und/oder Practices angewendet werden.

4.6 AUSGEWÄHLTE FRAGEN

1 Was gilt NICHT als Output der Service Strategy:

a Das Service Design Package

b Richtlinien und Ziele

c Vereinbarungen in Bezug auf die Ressourcenzuweisung

d Das Serviceportfolio.

2 Woran bemisst sich der Wert eines Service?

a Daran, inwieweit der Service seine Leistungszusagen erfüllt

b Daran, ob die entsprechenden Services im Servicekatalog enthalten sind

c Daran, ob der Kunde erkennt, dass seine Präferenzen den gewünschten Business-Ergebnissen entsprechen

d Daran, ob der Service Design in Übereinstimmung mit dem Business Case erstellt wurde.

3 Das Serviceportfolio ist ein entscheidendes Management-System. Was beinhaltet es?

a Details zu allen operativen Live-Services

b Eine vollständige Liste der Business-Projekte und Angaben darüber, wann sie fertig zur Implementierung sind, oder eine vollständige Liste der Business-Projekte und Angaben darüber, wann sie reif zur Implementierung sind

c Details zu allen Services von Drittanbietern

d Die Gesamtheit der Services, die von dem Service Provider verwaltet werden.

4 Ein Business Case sollte Folgendes beinhalten:

1 Business-Auswirkungen

2 Risiken und Eventualitäten

3 Kosten und Nutzen

4 Die Angabe einer Lösung

a Nur 1, 2 und 4

b Nur 3 und 4

c Nur 1, 2 und 3

d Alle der oben genannten Optionen.

5 Service Design

5 Service Design

In der Phase des Service Design werden Business-Anforderungen übernommen und daraus Services, ihre unterstützenden Practices und Management-Tools geschaffen, die den Business-Bedarf an Qualität, Zuverlässigkeit und Flexibilität erfüllen.

Später am Nachmittag bemerkt Brigitte, dass sich in der Lobby des Hotels eine Gruppe ortsansässiger Personen versammelt hat. Sie kann ihre Neugier nicht zügeln und fragt den Ersten, den sie trifft, nach dem Grund für die Versammlung. Es stellt sich heraus, dass das Hotel ein Meeting für die Unternehmen in der Gegend anberaumt hat, um deren Bedürfnis nach örtlichen Konferenzdienstleistungen und -einrichtungen auszuloten.

Später erläutert der Hotelmanager, dass ein örtlicher Architekt ausgewählt wurde, um die Einrichtungen zu entwerfen. Als Grundlage des Entwurfs sollen die Inputs aus dem Meeting sowie die Anforderungen dienen, die in den letzten Monaten mittels einer Umfrage unter den Gästen erfasst wurden.

Er betont außerdem, dass das Konferenzgebäude und die Einrichtungen beim Entwurf der neuen Konferenzdienstleistung wahrscheinlich die geringsten Herausforderungen stellen. Daher wurde vorübergehend ein Projektmanager angestellt, um Prozesse neu zu entwerfen, Mitarbeiter einzustellen, Verantwortlichkeiten zuzuweisen, Verkaufsmaterial zu entwickeln und weitere Aufgaben zu erfüllen.

5.1 ZWECKE UND ZIELE

Der Hauptzweck besteht im Entwurf eines neuen oder geänderten Service zwecks Einführung in die Live-Umgebung.

Die Hauptziele des Service Design umfassen:

- Entwerfen von Services zur Erfüllung von Business-Zielen, die sich einfach und effizient pflegen und weiterentwickeln lassen zur Erfüllung von Business Zielen
- Entwerfen von Prozessen für den Design, die Überführung, den Betrieb und die Verbesserung von IT Services
- Identifizieren und Verwalten von Risiken, damit sie beseitigt oder entschärft werden können
- Entwerfen sicherer und flexibler Technologien, Ressourcen und Fähigkeiten
- Entwickeln von Messmethoden und Messgrößen für die Bewertung der Effektivität und Effizienz von Prozessen
- Erstellen und Pflegen von IT-Plänen, -Prozessen, -Richtlinien, -Standards, -Architekturen, -Frameworks und -Dokumenten für den Entwurf erstklassiger IT-Lösungen
- Entwickeln der IT-Fertigkeiten und der darin zusammengefassten Fähigkeiten.

5.2 UMFANG

Der Umfang des Service Design schließt fünf Aspekte ein, die den Entwurf der folgenden Elemente behandeln:

1 Neue oder geänderte Services

2. Die Service Management-Systeme und -Tools, einschließlich des Serviceportfolios und der Servicekataloge
3. Die technische Architektur und Management-Systeme
4. Die erforderlichen Prozesse, Rollen, Verantwortlichkeiten und Fertigkeiten
5. Messmethoden und Messgrößen.

Der Service Design beginnt mit einem Satz von Business-Anforderungen und endet mit der Entwicklung einer Servicelösung, die so ausgelegt ist, dass sie den dokumentierten Bedürfnissen des Business gerecht wird.

Dieser entwickelte Lösungsentwurf wird dann zusammen mit seinem Service Design Package zur Service Transition weitergereicht, um den neuen oder geänderten Service zu evaluieren, aufzubauen, zu testen und auszurollen. Nach Abschluss dieser Überführungsaktivitäten wird die Steuerung an die Service Operation -Phase des Servicelebenszyklus übertragen.

5.3 WERT FÜR DAS BUSINESS

Mit einem guten Service Design wird es möglich sein, erstklassige und kostengünstige Services zu erbringen und dabei sicherzustellen, dass die Business-Anforderungen erfüllt werden.

Die folgenden Leistungen sind Beispiele für Ergebnisse von Good Practice beim Service Design:

- **Reduzierte Total Cost of Ownership** Die Cost of Ownership kann minimiert werden, wenn sämtliche Aspekte von Service, Prozesse und Technologie sachgerecht entworfen und entsprechend dem Design implementiert werden.
- **Verbesserte Servicequalität und –konsistenz** Servicequalität und Betriebsqualität werden verbessert und der Service Design erfolgt im Rahmen der unternehmensbasierten Strategie, der Architekturen und der Einschränkungen.
- **Mehr Effizienz bei Service Management und Prozessen** Prozesse werden auf optimale Qualität und Wirtschaftlichkeit ausgelegt.
- **Verbesserte Serviceausrichtung** Eine Einbeziehung beginnend bei der Konzeption stellt sicher das neue oder geänderte Services den Business-Bedürfnissen entsprechen, wobei das Servicedesign auf die Service Level-Anforderung abgestimmt ist.

5.4 WICHTIGE GRUNDSÄTZE

5.4.1 Die fünf wichtigsten Aspekte des Design

Für die Design-Aktivitäten sollte ein integrierter Gesamtansatz genutzt werden, der den Design folgender Elemente abdeckt:

1. Die Servicelösungen einschließlich sämtlicher funktionaler Anforderungen, Ressourcen und Fähigkeiten, die notwendig und vereinbart sind
2. Service Management-Systeme und -Tools, insbesondere das Serviceportfolio für das Management von Services während ihres gesamten Lebenszyklus
3. Technologie-Architekturen sowie Management-Systeme und -Tools, die zur Erbringung der Services erforderlich sind
4. Die Prozesse, Rollen und Verantwortlichkeiten, die für den Entwurf, die Überführung, den Betrieb und die Verbesserung der Services benötigt werden

5 Die Messmethoden und Messgrößen für die Services, die Architekturen und ihre Bestandteile und die Prozesse.

Für den Hotelmanager war der wichtigste Beweggrund zur Anstellung eines Interim-Projektmanagers, eine ganzheitliche Herangehensweise an den Entwurf der Konferenzdienstleistungen sicherzustellen. Der Projektmanager war daher dafür verantwortlich, zu gewährleisten, dass alle Design-Aspekte der Services berücksichtigt werden, darunter:

- Entwurf der neuen Konferenzeinrichtungen (Gebäude, Zufahrt, Parkplatz, Personalbedarf usw.)
- Entwurf des gesamten erforderlichen Monitorings, z. B. die Heizung, der Aufzug und der Brandmelder
- Entwurf der Architektur, das Hotel muss z. B. ein homogenes Erscheinungsbild aufweisen, in die Umgebung passen und immer noch leicht zu unterhalten sein
- Redesign relevanter Prozesse, damit z. B. der Buchungsprozess auch Meetingräume und Ausstattung umfasst
- Entwurf von Messgrößen und Messsystemen zur Messung der Belegungsraten für Meetingräume, der Kundenzufriedenheit usw.

5.4.1.1 Servicelösung

Der wichtigste Aspekt ist der Entwurf neuer oder geänderter Servicelösungen, um wechselnden Business-Bedürfnissen gerecht zu werden. Zu den Aufgaben, die durchgeführt werden müssen, gehören:

- Analysieren der Business-Anforderungen
- Erkunden von Möglichkeiten zur Folgenutzung
- Erstellen eines Servicelösungsentwurfs
- Erstellen und Pflegen der Serviceabnahmekriterien (Service Acceptance Criteria, SAC)
- Evaluieren und Kalkulieren alternativer Entwürfe
- Verhandeln der Ausgaben und Budgets
- Erneutes Evaluieren und Bestätigen des Business-Nutzens
- Vereinbaren der bevorzugten Lösung und ihrer Service Level-Anforderungen (SLRs)
- Sicherstellen, dass die Lösung mit Strategien, Richtlinien und der Architektur in Einklang steht, und falls dies nicht der Fall ist, Unterbreiten von Vorschlägen für Changes
- Sicherstellen, dass Firmen- und IT-Governance sowie Steuerungen im Bezug auf die Sicherheit berücksichtigt werden
- Durchführen einer Service Operational Readiness-Bewertung (Test auf Bereitschaft zur Service Operation)
- Identifizieren von Anforderungen für Supplier- und unterstützende Vereinbarungen.

Während der Design-Phase sollte für jeden neuen Service, jeden größeren Change oder jede Servicestilllegung ein Service Design Package zusammengestellt werden, um die Servicelösung zu dokumentieren.

Definition

Ein **Service Design Package** ist ein Dokument, das alle Aspekte eines Service und seine Anforderungen für jede Phase seines Lebenszyklus festlegt.

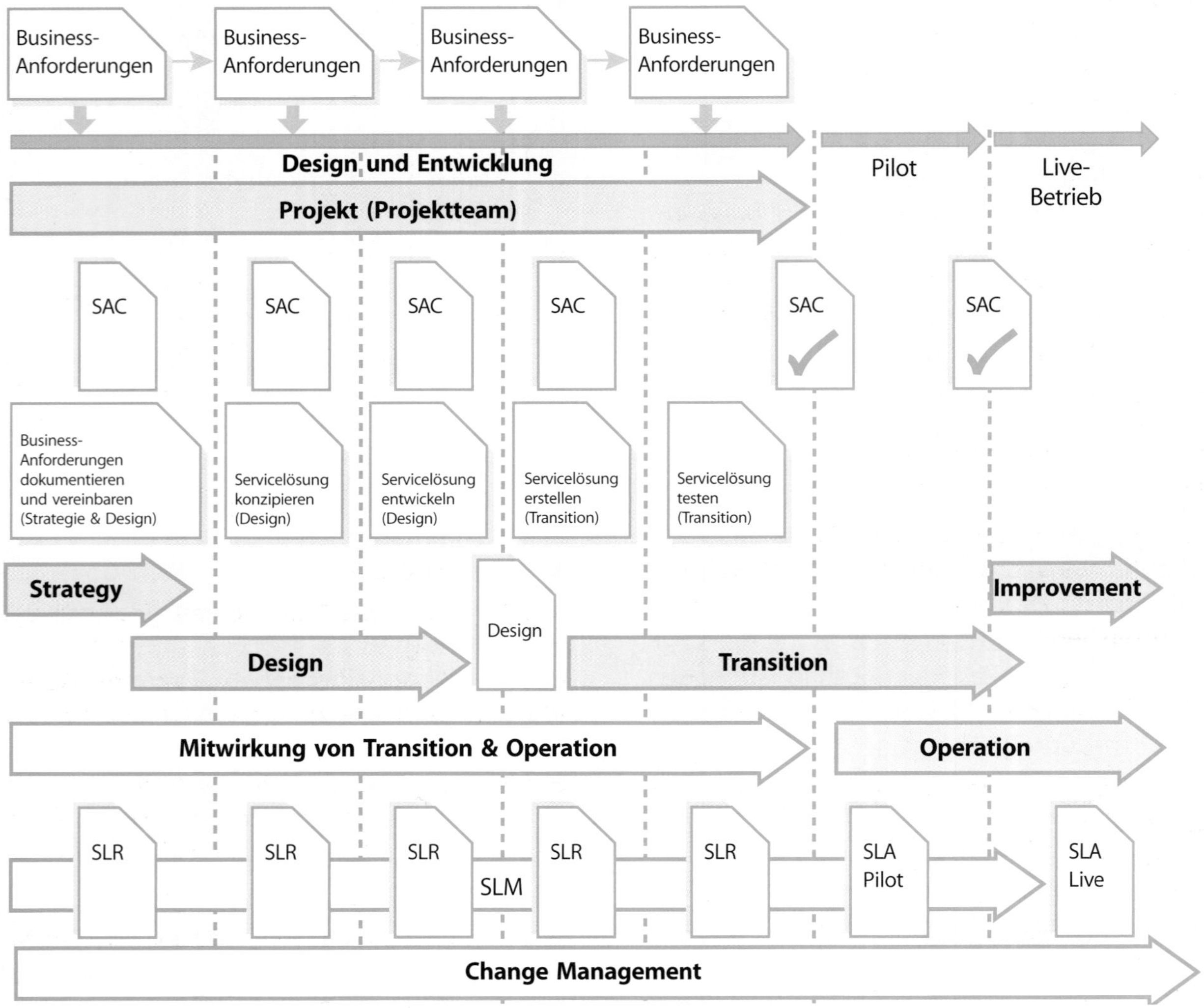

Abbildung 5.1 Ausrichten neuer Services an den Business-Anforderungen

Das Service Design Package muss alles enthalten, das für was nachfolgende Testen, die Einführung und den Betrieb der Lösung oder des Service notwendig ist.

Dieses Package wird dann vom Service Design zur Service Transition weitergereicht. Das Package führt detailliert alle Aspekte des Service und seine Anforderungen für sämtliche nachfolgenden Phasen seines Lebenszyklus auf.

Abbildung 5.1 zeigt den Lebenszyklus eines Service, beginnend mit der ursprünglichen oder geänderten Business-Anforderung über die

Design-, Überführungs- und Betriebsphasen des Lebenszyklus hinweg.

5.4.1.2 Service Management-Systeme und -Tools

Die Service Management-Systeme und -Tools, insbesondere das Serviceportfolio, sollten betrachtet werden, um sicherzustellen, dass ein neuer oder geänderter Service mit allen anderen Services konsistent ist und dass alle anderen Services, die eine Schnittstelle zu dem neuen oder geänderten Service aufweisen, ihn unterstützen oder von ihm abhängig sind, mit dem neuen Service konsistent sind. Ist dies nicht der Fall, muss entweder den Entwurf des neuen Service oder die anderen bestehenden Services angepasst werden.

Die Service Management-Systeme und -Tools sollten darüber hinaus geprüft werden, um sicherzustellen, dass sie diese in der Lage sind, den neuen oder geänderten Service unterstützen.

5.4.1.3 Architektur und Management-Systemesystems

Die technischen Architekturen und Management-Systeme sollten untersucht werden, um sicherzustellen, dass sämtliche Technologie-Architekturen und Management-Systeme mit einem neuen oder geänderten Service konsistent sind und den neuen Service betreiben und verwalten können. Ist dies nicht der Fall, müssen entweder die Architekturen oder Management-Systeme abgeändert oder der neue Service muss überarbeitet werden.

Definition

In diesem Kontext ist eine **Architektur** als die Struktur eines Systems oder Service definiert, einschließlich der wechselseitigen Beziehungen der Komponenten und ihrer Beziehungen zur zugehörigen Umgebung. Eine Architektur umfasst auch die Standards und Leitlinien, an denen sich das Design und Entwicklung des Systems ausrichten.

System wird in dieser Definition nicht notwendigerweise im IT-Sinn verwendet, sondern sehr verallgemeinert als Sammlung von Komponenten, die zusammenwirken, um eine bestimmte Funktion oder eine Reihe von Funktionen zu erfüllen.

5.4.1.4 Prozesse

Alle IT- und Service Management-Prozesse müssen berücksichtigt werden, um sicherzustellen, dass die Prozesse, Rollen, Verantwortlichkeiten und Fertigkeiten in der Lage sind, einen neuen oder geänderten Service zu betreiben, zu unterstützen und aufrechtzuerhalten. Ist dies nicht der Fall, muss entweder der Entwurf des neuen Service überarbeitet oder die vorhandenen Prozessfähigkeiten müssen verbessert werden.

Alle Organisationen sollten eine formalisierte Herangehensweise an den Entwurf und die Implementierung von Service Management-Prozessen wählen.

Das Ziel sollte nicht im Entwurf 'perfekter Prozesse' bestehen, sondern im Entwurf praktischer und zweckmäßiger Prozesse mit 'eingebauten' Verbesserungsmechanismen, damit Effektivität und Effizienz der Prozesse in einer für die Organisationen optimalen Weise verbessert werden.

Mit der Verwendung von Standards, Prozessen und Vorlagen für die Dokumentation sollte sichergestellt werden, dass die Prozesse leicht in der gesamten Organisation eingeführt werden können.

5.4.1.5 Messmethoden und Messgrößen

Die Messmethoden und Messgrößen sollten berücksichtigt werden, um sicherzustellen, dass die vorhandenen Messmethoden die erforderlichen Messgrößen für einen neuen oder geänderten Service liefern können. Ist dies nicht der Fall, müssen die Messmethoden angepasst oder die Messgrößen für den Service überarbeitet werden.

Es gibt vier Arten von Messgrößen, die zur Messung der Fähigkeit und Performance von Prozessen herangezogen werden können:

- **Fortschritt** Meilensteine und Ergebnisse für die Fähigkeit des Prozesses
- **Compliance** Die Compliance des Prozesses hinsichtlich Governance-Anforderungen und gesetzlichen Auflagen sowie Compliance von Personen im Bezug auf den Einsatz des Prozesses
- **Effektivität** Die Genauigkeit und Fehlerfreiheit des Prozesses und seine Fähigkeit, das 'richtige Ergebnis' zu liefern
- **Effizienz** Die Produktivität des Prozesses, seine Geschwindigkeit, sein Durchsatz und seine Ressourcenauslastung.

5.4.2 Personen, Prozesse, Produkte und Partner – die vier 'P's

Als Brigitte aus dem Fenster schaut, bemerkt sie einen Servicetechniker, der das Hotel durch den Hintereingang betritt. Auf seinem Auto ist zu lesen: 'Elektriker – Anruf bei Jacob unter (4) 270435 genügt'. Brigitte fragt sich, ob Jacob ein bevorzugter Lieferant des Hotels oder lediglich ein Elektriker ist, der gerufen wurde, um ein bestimmtes Problem zu beheben.

Sie erkennt, dass das Management entscheiden muss, ob sie Personen (Mitarbeiter) einstellen möchten, damit der Auftrag erledigt wird, oder einen Vertrag mit Partnern wie Jacob abschließen.

Unabhängig davon, ob eigene Mitarbeiter eingestellt oder externe Partner eingesetzt werden, muss das Management entscheiden, wie das Unternehmen geführt werden soll, und die damit verbundenen Prozesse beschreiben.

Ein guter Service Design hängt von der effektiven und effizienten Verwendung der vier 'P's ab (Abbildung 5.2): Personen, Prozesse, Produkte und Partner.

Beim Entwerfen eines neuen oder geänderten Service konzentriert der Service Design sich darauf, sicherzustellen, dass die vier 'P's in jeder Phase des gesamten Servicelebenszyklus berücksichtigt werden. Dies wird über die fünf wichtigsten Design-Aspekte erreicht, die in Abschnitt 5.4.1 beschrieben werden.

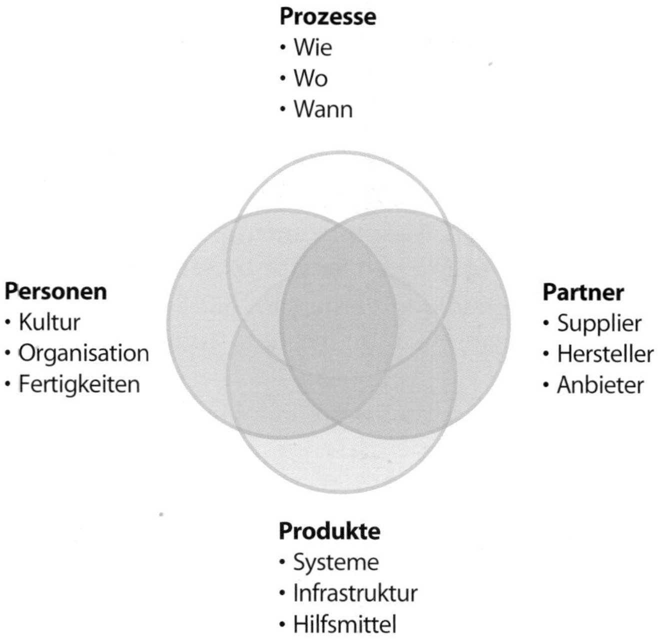

Abbildung 5.2 Die vier 'Ps

5.5 PROZESSE

Der ITIL-Foundation-Lehrplan behandelt die folgenden Prozesse des Service Design:

- Service Catalogue Management
- Service Level Management
- Supplier Management
- Capacity Management
- Availability Management
- Service Continuity Management
- Information Security Management.

5.5.1 Service Catalogue Management

5.5.1.1 Zwecke und Ziele

- Bereitstellen einer konsistenten Informationsquelle für alle vereinbarten Services und Sicherstellen, dass diese Informationsquelle möglichst allen relevanten Personen zur Verfügung steht
- Sicherstellen, dass ein Servicekatalog erstellt und gefüllt wird, der korrekt und aktuell ist.

5.5.1.2 Grundlegende Konzepte

Servicekataloge

Der Servicekatalog besitzt zwei Aspekte (Abbildung 5.3):

- Den Business-Servicekatalog, der Details zu sämtlichen Services enthält, die für den Kunden erbracht werden. Außerdem umfasst dieser Katalog die Beziehungen zu den Geschäftsbereichen und Prozessen, die die Services benötigen. Dies entspricht der Kundenansicht.
- Den technischen Servicekatalog, der Details zu sämtlichen Services enthält, die für den Kunden erbracht werden. Außerdem umfasst dieser Katalog die Beziehungen zu den unterstützenden oder gemeinsam genutzten Services und Configuration Items (CIs), die notwendig sind, um die Bereitstellung der Services für das Business zu unterstützen. Dieser Katalog sollte den Business-Servicekatalog untermauern und keinen Bestandteil der Kundenansicht bilden.

Manche Organisationen unterhalten lediglich einen der beiden Kataloge, entweder den Business-Servicekatalog oder den technischen Servicekatalog. Organisationen mit einem höheren Reifegrad bevorzugen jedoch, dass beide Aspekte in einem einzigen Service Katalog geführt werden, der Bestandteil einer komplett integrierten Service Management-Aktivität und Serviceportfolios ist.

5.5.2 Service Level Management

Beim letzten Mal, als Brigitte aus dem Hotel ausgecheckt hat, wurde sie vom Empfangsmitarbeiter gefragt: 'Hat Der Aufenthalt Ihre Erwartungen erfüllt?'

Brigitte erkannte, dass sie sich nicht bewusst gemacht hatte, was sie eigentlich von dem Aufenthalt erwartete. Sie hatte eine Suite für eine Nacht bestellt. Natürlich hatte sie erwartet, ein sauberes Zimmer ohne unangenehme Gerüche vorzufinden, und ein Bett, das weder zu weich noch zu hart ist. Außerdem hatte sie sich heisse Milch für ihren Morgenkaffee sowie frisches Obst, Käse und Brot für das Frühstück erhofft. Die Homepage des Hotels hatte ihr das Gefühl vermittelt, dass das Personal gegenüber Gästen eine herzliche und freundliche Einstellung zeigt. Glücklicherweise wurde die meisten ihrer Erwartungen erfüllt – mit Ausnahme der heißen Milch.

'Ja, mein Aufenthalt hat meine Erwartungen erfüllt.' Brigitte fiel auf, dass der Empfangsmitarbeiter ihre Antwort in das IT-System eingab.

Vielleicht zeigte Brigitte einen verwunderten Gesichtsausdruck, denn der Empfangsmitarbeiter hatte hinzugefügt: 'Normalerweise treffen wir mit unseren Gästen keine Vereinbarungen, um die gegenseitigen Erwartungen zu dokumentieren. Mit den Reisebüros geschieht dies jedoch häufig. Zurzeit handle ich eine Vereinbarung mit einem Reisebüro aus. Dabei erörtern wir Service Levels wie die Öffnungszeiten des Restaurants und den Zimmerservice.'

5.5.2.1 Zwecke und Ziele

- Sicherstellen, dass für alle Services ein vereinbartes Serviceniveau bereitgestellt wird und dass die Services und ihre Leistung in konsistenter Weise gemessen werden
- Definieren, Dokumentieren, Vereinbaren, Überwachen, Messen, Berichten und Überprüfen der bereitgestellten Service Levels
- Ermöglichen und Verbessern der Beziehung und Kommunikation mit dem Business und den Kunden
- Sicherstellen, dass proaktive Maßnahmen zur Verbesserung der bereitgestellten Servicelevel implementiert werden, so fern kostenmässig vertretbar ist.

5.5.2.2 Grundlegende Konzepte

Service Provider und Supplier

Definition

Ein **Service Provider** ist eine Organisation, die Services für einen oder mehrere interne oder externe Kunden zur Verfügung stellt.

Es ist notwendig, eine Unterscheidung zwischen verschiedenen Arten von Service Providern zu treffen. Es gibt drei Archetypen von Service Providern:

- **Typ I** Interner Service Provider: existiert in einer Organisation ausschließlich zu dem Zweck, Services für einen bestimmten Geschäftsbereich bereitzustellen
- **Typ II** Gemeinsam genutzter Servicebereich: versorgt mehrere Geschäftsbereiche in derselben Organisation mit Services
- **Typ III** Externer Service Provider: agiert von außerhalb der Organisation und versorgt mehrere Kunden mit Services.

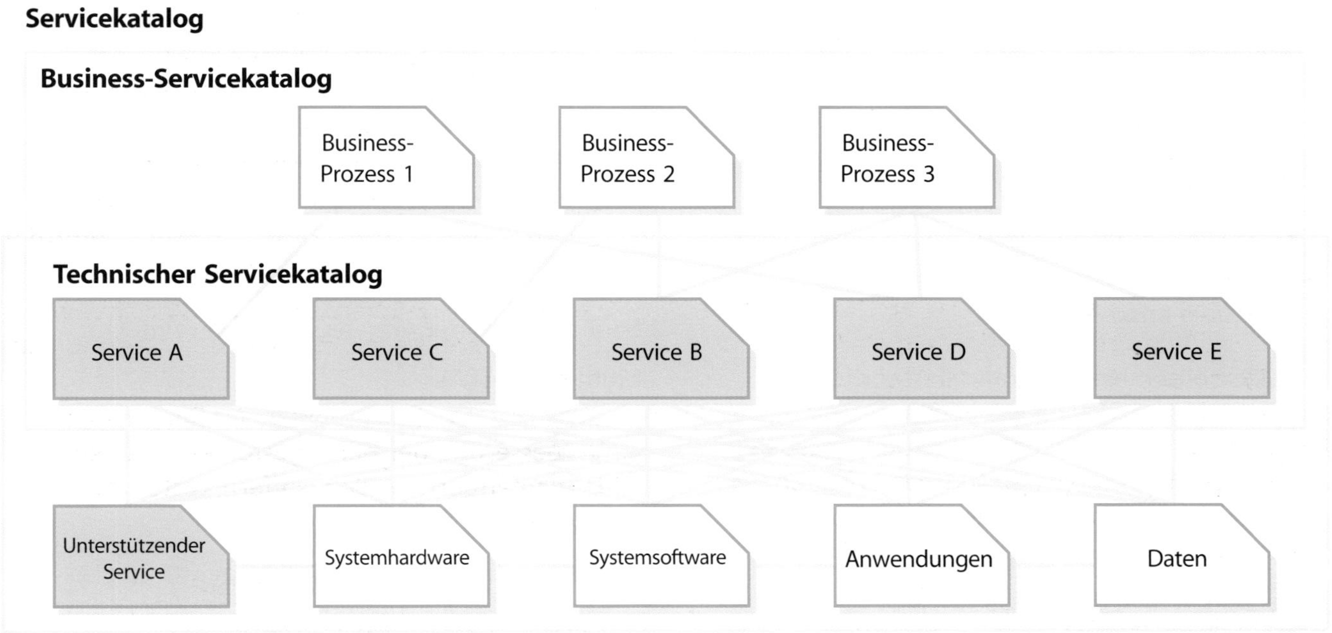

Abbildung 5.3 Der Business-Servicekatalog und der technische Servicekatalog

Definition

Ein **Supplier** ist eine Drittpartei, die für die Bereitstellung von Waren oder Services verantwortlich ist, die für die Erbringung von Services benötigt werden.

Zu den Suppliern zählen u. a. Hardware- und Softwarehersteller, Netzwerk- und Telekommunikationsanbieter sowie Outsourcing-Organisationen.

Service Level Agreement

Service Level Agreements bilden die Basis für das Management der Beziehung zwischen dem Service Provider und dem Kunden.

Definition

Ein **Service Level Agreement** (SLA) ist eine Vereinbarung zwischen einem Service Provider und dem bzw. den Kunden. Das SLA beschreibt den Service, die Service Level-Ziele und legt die Verantwortlichkeiten des Service Providers und des Kunden fest. Ein einzelnes SLA kann mehrere Services oder mehrere Kunden abdecken.

Service Level-Anforderung

Service Level Agreements basieren auf Anforderungen den Kunden. Es ist ratsam, Kunden von Anfang an einzubeziehen. Statt jedoch mit einem leeren Blatt Papier zu beginnen, könnte es besser sein, einen ersten Rahmenentwurf der Leistungsziele sowie der Management- und Betriebsanforderungen als Ausgangspunkt für eine detailliertere und eingehendere Erörterung zu erstellen.

> **Definition**
>
> Eine **Service Level-Anforderung** (SLR) ist eine Kundenanforderung für einen Aspekt eines Service. SLRs basieren auf Business-Zielen und werden eingesetzt, um vereinbarte Service Level-Ziele auszuhandeln.

Die SLRs sollten ein integraler Bestandteil der Service Design-Kriterien sein, zu denen die Funktionsspezifikation gehört. Sie sollten von Anfang an einen Teil der Testkriterien bilden, während der Service die Phasen von Entwurf und Entwicklung oder Beschaffung durchläuft.

Diese SLRs wird schrittweise verfeinert, während der Service die Phasen seines Lebenszyklus durchläuft, bis sie während der Zeitspanne für Early Life Support schließlich zu einem Pilot-SLA wird.

SLA-Framework

Unter zur Hilfenahme des Servicekatalogs muss das Service Level Management die geeignetste SLA-Struktur entwerfen, um sicherzustellen, dass alle Services und alle Kunden bestmöglich abgedeckt sind um den Bedürfnissen der Organisation zu entsprechen:

Servicebasiertes SLA

Hierbei deckt ein SLA einen Service für alle Kunden dieses Service ab ein SLA kann z. B. für den E-Mail-Service einer Organisation festgelegt werden und sämtliche Kunden dieses Service umfassen.

Kundenbasiertes SLA

Hierbei handelt es sich um eine Vereinbarung mit einer einzelnen Kundengruppe, die sämtliche Services abdeckt. Es können z. B. Vereinbarungen mit der Finanzabteilung einer Organisation getroffen werden, die das Finanzsystem, das Buchhaltungssystem, das Abrechnungssystem, das Fakturierungssystem, das Beschaffungssystem und alle anderen eingesetzten IT-Systeme abdecken. Kunden bevorzugen häufig eine solche Vereinbarung, weil ihre gesamten Anforderungen in einem einzigen Dokument abgedeckt sind. Normalerweise wird nur ein Unterzeichner benötigt, was die Angelegenheit vereinfacht.

Multi-Level-SLAs

Manche Organisationen haben sich entschieden, eine Struktur aus Multi-Level-SLAs einzuführen. Eine Struktur aus drei Schichten ist z. B. folgendermaßen aufgebaut:

- **Unternehmens-Level** Deckt sämtliche SLM-Aspekte ab die alle Kunden in der Organisation betreffen. Diese Aspekte werden sich relativ selten ändern, sodass Aktualisierungen seltener notwendig sind.
- **Kunden-Level** Deckt alle SLM-Fragen ab, die für die jeweilige Kundengruppe oder Geschäftseinheit relevant sind, gleichgültig welcher Service genutzt wird
- **Service-Level** Deckt alle SLM-Fragen ab, die für den jeweiligen Service in Bezug auf eine bestimmte Kundengruppe (eine Ebene für jeden im SLA abgedeckten Service) relevant sind.

Operational Level Agreements und Underpinning Contracts

Die SLAs werden durch Operational Level Agreements (OLAs) und Underpinning Contracts untermauert (Abbildung 5.4).

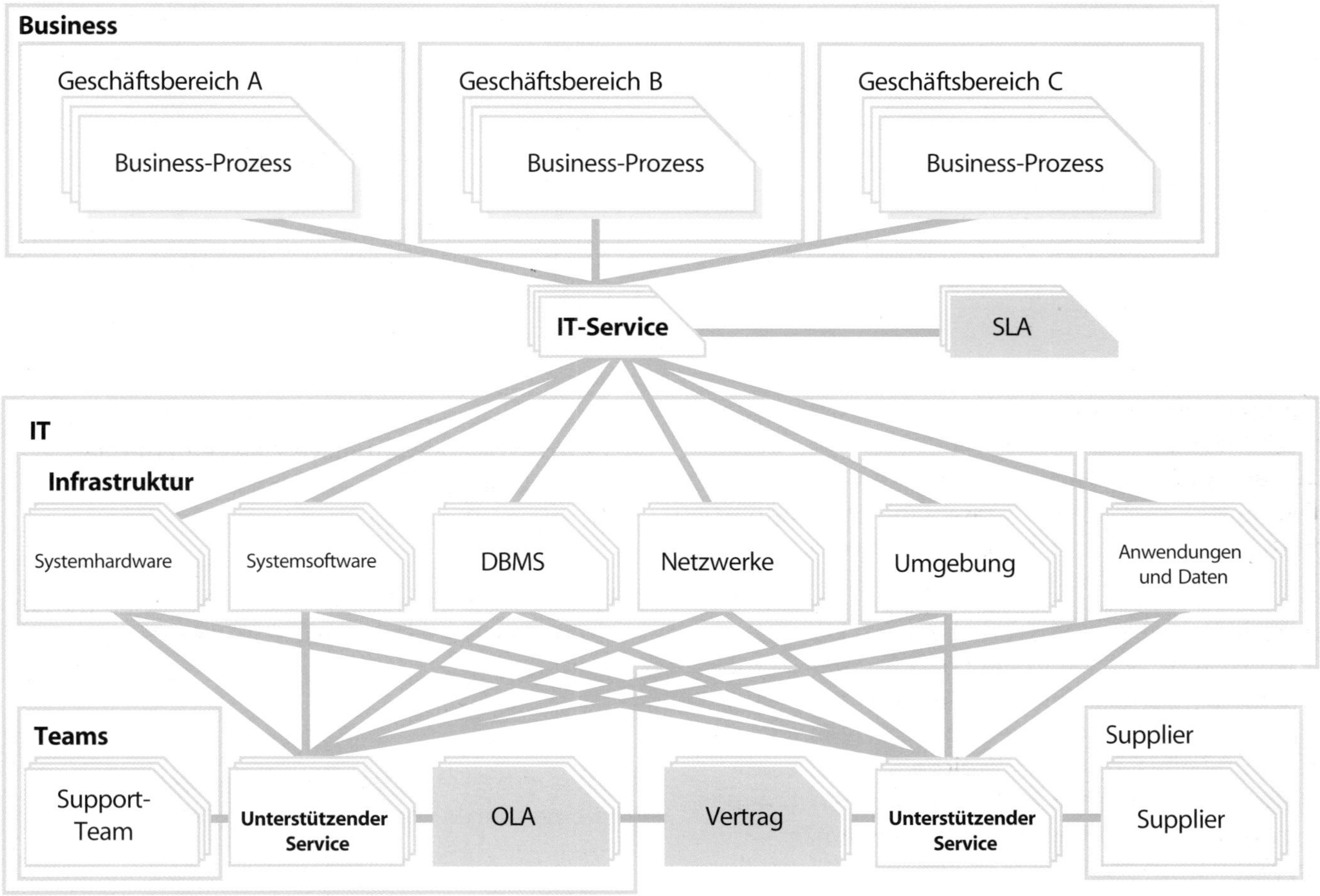

Abbildung 5.4 Service Level Agreements (SLAs), Operational Level Agreements (OLAs) und Underpinning Contracts

Definition

Ein **Operational Level Agreement** (OLA) ist eine unterstützende Vereinbarung zwischen einem Service Provider und einem anderen Teil derselben Organisation, der bei der Bereitstellung von Services zuliefert. Das OLA definiert die zu liefernden Waren oder Services und die Verantwortlichkeiten der beiden Parteien.

Ein OLA könnte z. B. bestehen zwischen:

- dem Service Provider und einer Einkaufsabteilung, um Hardware innerhalb vereinbarter Lieferfristen zu erhalten
- dem Service Desk und einer Support-Gruppe, um innerhalb einer definierten Zeitspanne eine Incident-Lösung zu erreichen.

> **Definition**
>
> Ein **Underpinning Contract** (UC) ist eine rechtsverbindliche Vereinbarung zwischen einem Service Provider und einer Drittpartei, dem Supplier. Der Underpinning Contract definiert Ziele und Verantwortlichkeiten, die benötigt werden, um die in einem SLA vereinbarten Service Level-Ziele zu erreichen.

Serviceberichte

Service Level-Berichte müssen in regelmäßigen Abständen erstellt und an Kunden und zuständige IT-Manager weitergeleitet werden. Die regelmäßigen Berichte sollten Details zur Performance im Vergleich zu allen SLA-Zielen enthalten, sowie Details zu allen Trends oder speziellen Maßnahmen, die ergriffen werden, um die Servicequalität zu verbessern, erhalten.

Die Verwendung eines SLA Monitoring (SLAM)-Diagramms auf der Vorderseite eines Serviceberichts ist eine hilfreiche Methode, um sofort einen schnellen Überblick darüber zu geben, inwieweit die Ergebnisse den Zielen gerecht werden.

> **Definition**
>
> Ein **Service Level Agreement Monitoring** (SLAM)-Diagramm wird verwendet, um das Monitoring und die Berichterstattung für Ergebnisse in Bezug auf Service Level-Ziele zu unterstützen. SLAM-Diagramme sind normalerweise farbkodiert (rot, gelb und grün, daher manchmal als RAG (red, amber, green) -Diagramme bezeichnet), um zu zeigen, ob in jedem der vergangenen 12 Monate die einzelnen vereinbarten Service Level-Ziel erreicht, verfehlt oder beinahe verfehlt wurden.

Serviceverbesserungspläne und Service-Reviews

Es sollten mit Kunden (oder ihren Vertretern) regelmäßige Review-Meetings abgehalten werden, um das erreichte Serviceergebnis im vergangenen Zeitraum zu überprüfen und alle Fragen im Bezug auf mögliche Schwierigkeiten für den kommenden Zeitraum zu erörtern. Normalerweise werden derartige Meetings monatlich oder wenigstens quartalsweise abgehalten.

Kunden und Provider müssen gegebenenfalls Maßnahmen ergreifen, um schwache Bereiche zu verbessern, in denen Ziele nicht erfüllt werden. Alle Maßnahmen müssen protokolliert werden, und der Fortschritt sollte auf dem nächsten Meeting überprüft werden, um sicherzustellen, dass die einzelnen Maßnahmen weiterverfolgt und ordnungsgemäß implementiert werden.

Dies ist ein wertvoller Input für die Serviceverbesserungspläne (Service Improvement Plans, SIPs), um alle Service- und Prozessverbesserungen verwalten, planen und implementieren zu können.

> **Definition**
>
> Ein **Serviceverbesserungsplan** (SIP) ist ein formeller Plan zur Umsetzung von Verbesserungen an einem Prozess oder Service.

Alle Vereinbarungen und unterstützenden Vereinbarungen, einschließlich der SLAs, der Underpinning Contracts und der OLAs, müssen auf dem neuesten Stand gehalten werden. Sie sollten in regelmäßigen Abständen (wenigstens jährlich) überprüft werden, um sicherzustellen, dass sie weiterhin aktuell und alle Bereiche abdecken und immer noch auf die Business-Bedürfnisse und -Strategie ausgerichtet sind.

Diese Reviews sollten gewährleisten, dass die beschriebenen Services und die dafür festgelegten Ziele weiterhin relevant sind und dass keine wesentlichen Änderungen gegeben hat, die die Vereinbarung in irgendeiner Weise unwirksam macht.

5.5.2.3 Prozessaktivitäten

Das Service Level Management umfasst den Prozess der Planung, der Koordinierung, der Erarbeitung, der Vereinbarung, des Monitoring und der Berichterstattung von SLAs und den fortlaufenden Review von Serviceergebnissen, um sicherzustellen, dass die erforderliche und kostenmäßig vertretbare Servicequalität aufrechterhalten und schrittweise verbessert wird.

Die wichtigsten Aktivitäten innerhalb des Service Level Management-Prozesses (Abbildung 5.5) sind:

- Entwerfen von SLA-Frameworks, einschließlich der Bereitstellung und fortlaufenden Aktualisierung von Vorlagen und Standards für Service Level Management-Dokumente

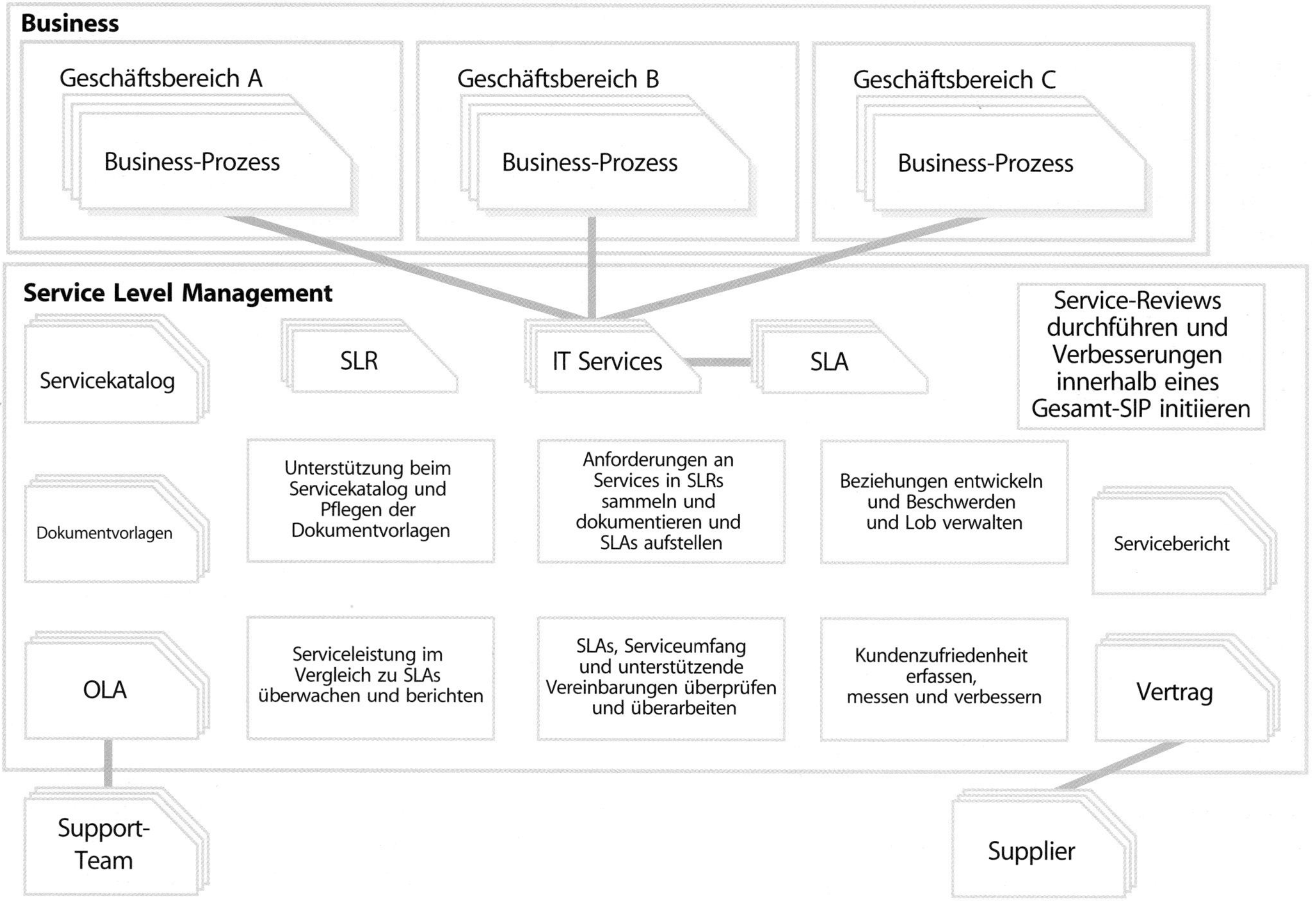

Abbildung 5.5 Der Service Level Management-Prozess

- Bestimmen, Aushandeln, Dokumentieren und Vereinbaren von Anforderungen für neue oder geänderte Services in Service Level-Anforderungen, sowie Verwalten und Überprüfen dieser Anforderungen über den gesamten Lebenszyklus hinweg in SLAs für operative Services
- Überwachen und Messen der Serviceleistungsergebnisse in Bezug auf die Ziele in SLAs
- Zusammenstellen, Messen und Verbessern der Kundenzufriedenheit
- Erstellen von Serviceberichten
- Durchführen von Service-Reviews und Initiieren von Verbesserungen innerhalb eines Gesamt-SIP
- Überprüfen und Überarbeiten von SLAs, des Umfangs von Services, von Operation Level Agreements, von Verträgen und allen anderen unterstützenden Vereinbarungen
- Entwickeln und Dokumentieren von Kontakten und Beziehungen zwischen dem Business, den Kunden und den Stakeholdern sowie Verwalten von Beschwerden und Lob
- Bereitstellen der geeigneten Managementinformationen, um das Performance Management zu unterstützen und das Serviceergebnis zu belegen.

5.5.2.4 Beziehungen

Es gibt eine Reihe von Informationsquellen, die für den Service Level Management-Prozess relevant sind. Dazu gehören Business-Informationen wie die Business-Auswirkungsanalyse und Business-Anforderungen, die Strategien, Richtlinien und Beschränkungen der Service Strategy, das Serviceportfolio und der Servicekatalog, Änderungsinformationen aus dem Change Management-Prozess, Informationen zu den Beziehungen zwischen den Business-Services, den unterstützenden Services und der Technik aus dem Configuration Management System sowie andere Inputs einschließlich Hinweisen, Informationen und Input aus anderen Prozessen (z. B. Incident Management, Capacity Management und Availability Management).

5.5.3 Supplier Management

Brigitte geht aus ihrem Zimmer auf den Flur und stößt auf den Elektriker Jacob, der die Installation von elektronischen Kartenschlössern an sämtlichen Türen der Gästezimmer vorbereitet. Der Hotelmanager kommt hinzu, um einige letzte Anweisungen zu erteilen. Als er Anstalten macht, wieder zu gehen, fragt Brigitte ihn: 'Warum installieren Sie das Kartensystem nicht selbst?' Der Manager antwortet: 'Dieses Hotel ist viel zu klein, um einen eigenen Elektriker einzustellen. In dieser Stadt gibt es nur vier freie Elektriker. Einer dieser Elektriker hat einen sehr schlechten Ruf, sodass wir die drei anderen Elektriker getestet haben. Dabei hatten wir mit Jacob die besten Erfahrungen gemacht. Zu den Dingen, die uns an Jacob gefallen, gehört, dass er uns immer über den Fortschritt seiner Arbeit sowie über alle drohenden Verzögerungen informiert. Er übernimmt Verantwortung für seine Arbeit und ist bestrebt, für das Hotel das beste Ergebnis zu erreichen.'

Aufgrund dieser Bewertung seiner Arbeit hat das Hotel mit Jacob einen Drei-Jahres-Vertrag abgeschlossen. Der Vertrag erlaubt dem Hotel, Jacob zu jeder Tageszeit zu rufen, sobald ein Problem behoben werden muss. Andererseits weiß Jacob, dass er die erste Wahl des Hotels ist, wann immer ein Elektriker benötigt wird.

5.5.3.1 Zwecke und Ziele

- Verwalten von Suppliern und der von ihnen gelieferten Services, um dem Kunden gegenüber eine lückenlose und preiswerte Qualität zu liefern
- Sicherstellen, dass Underpinning Contracts und Vereinbarungen mit Suppliern an Business-Bedürfnissen ausgerichtet sind und über ihren gesamten Lebenszyklus hinweg verwaltet werden
- Verwalten der Beziehungen mit Suppliern
- Unterhalten einer Supplier-Richtlinie und einer unterstützenden Supplier- und Vertragsdatenbank.

5.5.3.2 Grundlegende Konzepte

Supplier- und Vertragsdatenbank

Um bei der Umsetzung der Richtlinie Konsistenz und Effektivität zu erreichen, sollte eine Supplier- und Vertragsdatenbank (SCD) mit klar definierten Rollen und Verantwortlichkeiten angelegt werden.

> **Definition**
>
> Eine **Supplier- und Vertragsdatenbank** (SCD) ist eine Datenbank oder ein strukturiertes Dokument für die Verwaltung von Supplier-Verträgen während ihres gesamten Lebenszyklus. Die SCD enthält die wichtigsten Attribute aller Lieferantenverträgen und sollte Bestandteil des Service Knowledge Management Systems (SMKS) sein.

Idealerweise sollte die SCD ein integrales Element eines umfassenden Configuration Management Systems (CMS) und eines SKMS sein. In der SCD sollten alle Details zu Suppliern und Verträgen sowie Details zu den Service- oder Produktarten, die von den einzelnen Suppliern bereitgestellt werden, und alle anderen Informationen und Beziehungen dargestellt werden.

Die von Suppliern bereitgestellten Services werden auch einen wichtigen Teil des Serviceportfolios und des Servicekatalogs bilden. Die Beziehungen zwischen den unterstützenden Services und den von ihnen unterstützten IT- und Business-Services sind der Schlüssel zur Erbringung erstklassiger IT-Services.

Der Supplier Management-Prozess

Alle Supplier Management-Prozessaktivitäten sollte von einer Supplier-Strategie und -Richtlinie aus der Service Strategy gesteuert werden (Abbildung 5.6).

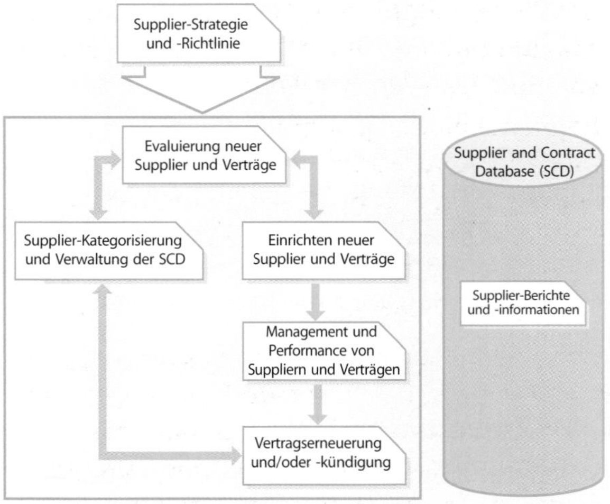

Abbildung 5.6 Der Supplier Management-Prozess

5.5.4 Capacity Management

Brigitte beschließt, spazieren zu gehen, und tritt an die Hotelrezeption, um ihren Schlüssel abzugeben. Vor ihr fragt ein Mann ohne Reservierung nach einem Zimmer für eine Nacht. Leider kann der Empfangsmitarbeiter keine freien Zimmer anbieten.

Weil Brigitte plant, im nächsten Monat wieder in die Schweiz zu kommen, möchte sie sicherstellen, dass sie in dem Hotel wohnen kann. Daher fragt sie den Empfangsmitarbeiter, ob es Probleme geben könnte. Der Empfangsmitarbeiter erwidert: 'Wenn Sie ein paar Tage vorher eine Reservierung vornehmen, gibt es normalerweise kein Problem. Nur während weniger Wochen im Jahr müssen wir Kunden abweisen.'

'Warum erweitern Sie das Hotel dann nicht?'

'Weil die Belegungsrate des Hotels bis jetzt nicht hoch genug war, um diese Investition zu rechtfertigen. Das Hotel hat jetzt aber basierend auf den Trends der letzten fünf Jahre und den städtischen Plänen für eine Erweiterung des nahegelegenen Industriegebiets einen neuen Flügel mit Zimmern geplant, der in zwei Jahren fertig sein soll. Der Bau wird in ein paar Monaten beginnen.'

5.5.4.1 Zwecke und Ziele

- Sicherstellen, dass in allen Bereichen der IT stets zeitnah eine kosteneffektive IT-Kapazität verfügbar ist, die auf die vereinbarten aktuellen und zukünftigen Business-Bedürfnisse abgestimmt ist
- Aufstellen und Pflegen eines geeigneten und aktuellen Capacity Plans, der die aktuellen und zukünftigen Bedürfnisse des Business widerspiegelt
- Sicherstellen, dass die Ergebnisse der Serviceleistung sämtliche vereinbarten Leistungsziele erfüllen oder übertreffen
- Unterstützen der Diagnose und Lösung kapazitätsbezogener Incidents und Probleme sowie Bewerten der Auswirkung aller Änderungen in Hinblick auf Kapazität und Ressourcen.

5.5.4.2 Grundlegende Konzepte

Halten der Balance

Capacity Management ist im Wesentlichen ein Balanceakt:

- Gleichgewicht zwischen Kosten und benötigten Ressourcen
- Gleichgewicht und Angebot und Nachfrage.

Capacity-Plan

Eine der Schlüsselaktivitäten das Capacity Managements ist die Ausarbeitung eines Plans, in dem die aktuelle Ressourcenauslastung und Serviceperformance dokumentiert und die zukünftigen Anforderungen für neue Ressourcen prognostiziert, um die IT-Services zu unterstützen, die den Business-Aktivitäten zugrunde liegen. Der Plan sollte deutlich auf etwaige Annahmen hinweisen. Er sollte auch alle Empfehlungen umfassen, die in Hinblick auf benötigte Ressourcen, Kosten, Nutzen, Auswirkungen usw. quantifiziert sind

> **Definition**
>
> Ein **Capacity-Plan** wird verwendet, um die für die Erbringung von Services erforderlichen Ressourcen zu verwalten. Der Plan enthält Szenarien mit verschiedenen Prognosen des Business-Bedarfs und durchkalkulierte Optionen für die Erreichung der Service-Level-Ziele.

Die Aufstellung und Pflege eines Capacity-Plans sollte in vorher festgelegten Intervallen erfolgen. Er ist im Wesentlichen ein Investitionsplan und sollte daher jährlich veröffentlicht werden, mit dem Business- oder Budgetlebenszyklus in Einklang stehen und vor dem Beginn von Verhandlungen über zukünftige Budgets fertiggestellt werden.

Business, Service und Component Capacity Management

Der gesamte Capacity Management-Prozess (Abbildung 5.7) versucht kontinuierlich, Ressourcen und Kapazität kostenmäßig vertretbar auf die ständig wechselnden Bedürfnissen und Anforderungen des Business abzustimmen. Dies erfordert eine Feinabstimmung und Optimierung der aktuellen Ressourcen und eine effektive Abschätzung und Planung der zukünftigen Ressourcen.

Der Capacity Management-Prozess besteht aus drei Teilprozessen:

- Der Teilprozess Business Capacity Management überträgt Business-Bedürfnisse und -Pläne in Anforderungen für Service und IT-Infrastruktur.
- Der Teilprozess Service Capacity Management konzentriert sich auf die Verwaltung, Steuerung und Prognose der durchgehenden Leistung und Kapazität der operativen IT-Dienste und ihrer jeweiligen Auslastung.

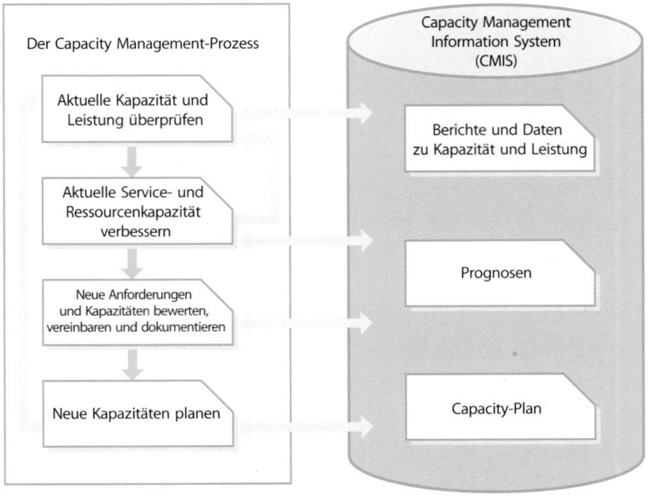

Abbildung 5.7 Der Capacity Management-Prozess

- Der Teilprozess Component Capacity Management konzentriert sich auf die Verwaltung, Steuerung und Prognose der Leistung, Nutzung und Kapazität einzelner Komponenten.

5.5.5 Availability Management

5.5.5.1 Zwecke und Ziele

- Sicherstellen, dass das Verfügbarkeitsniveau aller Services die aktuell und zukünftig vereinbarten Business-Bedürfnisse auf kostengünstige Weise erfüllt oder übertrifft.
- Erstellen und pflegen eines aktuell zu haltenden Availability-Plans, der die Bedürfnisse des Business widerspiegelt
- Unterstützen der Diagnose und Lösung verfügbarkeitsbezogener Incidents und Probleme sowie Bewerten der Auswirkung aller Änderungen in Hinblick auf die Verfügbarkeit
- Sicherstellen, dass proaktive Verbesserungen der Serviceverfügbarkeit umgesetzt werden, wo immer dies möglich ist.

5.5.5.2 Grundlegende Konzepte

Verfügbarkeit

> Definition
>
> **Verfügbarkeit** ist die Fähigkeit eines Service, einer Komponente oder eines CI, bei Bedarf die dafür vereinbarte Funktion auszuführen.

Die Verfügbarkeit wird in der Regel als Prozentsatz berechnet. Diese Berechnung basiert häufig auf der vereinbarten Servicezeit und Ausfallzeit. Gemäß der Best Practice wird die Verfügbarkeit mithilfe von Messgrößen des Business-Ergebnisses des IT-Service berechnet. Sie wird häufig als Mean Time between Failures (Durchschnittliche Zeit zwischen zwei Ausfällen, MTBF) gemessen und berichtet.

Zuverlässigkeit

> Definition
>
> **Zuverlässigkeit** ist ein Richtwert, der wiedergibt, wie lange ein Service, eine Komponente oder ein Configuration Item (CI) seine vereinbarte Funktion ohne Unterbrechung ausführen kann.

Die Zuverlässigkeit des Service kann verbessert werden, indem die Zuverlässigkeit einzelner Komponenten oder die Ausfallsicherheit des Service bei einzelnen Komponentenausfällen erhöht wird (Steigern der Redundanz von Komponenten, z. B. unter Verwendung von Lastausgleichsmethoden).

Sie wird häufig als Mean Time Between Service Incidents (Durchschnittliche Zeit zwischen zwei Service-Incidents, MTBSI) gemessen und berichtet.

Wartbarkeit

> Definition
>
> **Wartbarkeit** ist ein Maß dafür, wie schnell und effektiv ein Service, eine Komponente oder ein Configuration Item (CI) nach einem Ausfall wiederhergestellt werden kann.

Die Wartbarkeit wird als Mean Time to Restore Service (Durchschnittliche Zeit bis zur Wiederherstellung des Service, MTRS) gemessen und berichtet.

Servicefähigkeit

> Definition
>
> **Servicefähigkeit** ist die Fähigkeit eines Drittanbieters, die Bedingungen seines Vertrags einzuhalten. Dieser Vertrag umfasst häufig die vereinbarten Level der Verfügbarkeit, der Zuverlässigkeit und/oder der Wartbarkeit für einen unterstützenden Service oder eine unterstützende Komponente.

Der erweiterte Incident-'Lebenszyklus'

Eine guter Ansatz zur Unterstützung der technischen Analyse von Incidents, die die Verfügbarkeit von IT-Services und Komponenten beeinträchtigen, ist ein Blick auf den Incident-'Lebenszyklus'.

Jeder Incident durchläuft verschiedene Hauptphasen die zeitlich begrenzt und gemessen werden können. Die Zeiten, die er zum Durchlaufen einer Phase benötigt, können stark voneinander abweichen.

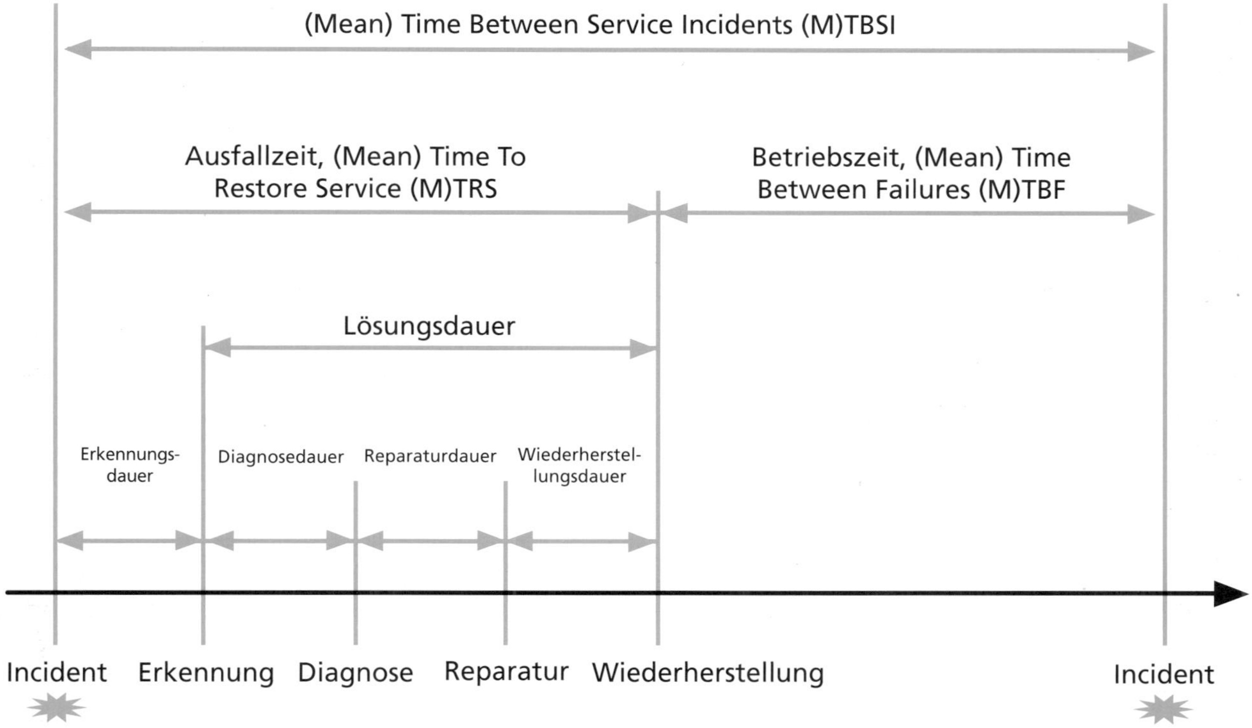

Abbildung 5.8 Der erweiterte Incident-Lebenszyklus

Service- und Komponentenverfügbarkeit

Das Availability Management wird auf zwei ineinandergreifenden Ebenen abgeschlossen:

- Serviceverfügbarkeit: umfasst alle Aspekte der Verfügbarkeit und Nichtverfügbarkeit von Services sowie die Auswirkungen der Verfügbarkeit von Komponenten oder die potentiellen Auswirkungen der Nichtverfügbarkeit von Komponenten auf die Serviceverfügbarkeit
- Komponentenverfügbarkeit: umfasst alle Aspekte der Verfügbarkeit und Nichtverfügbarkeit von Komponenten.

Der Availability Management-Prozess

Das Availability Management sollte sowohl reaktive als auch proaktive Aktivitäten umsetzen (Abbildung 5.9).

Die reaktiven Aktivitäten des Availability Managements umfassen das Überwachen, Messen, Analysieren, Berichten und Überprüfen aller Aspekte der Service- und Komponentenverfügbarkeit.

Mit den proaktiven Aktivitäten gehört das Erstellen von Empfehlungen, Plänen und Dokumenten zu Entwurfsleitlinien und -kriterien für neue und geänderte Services sowie die kontinuierliche Verbesserung des Service und die Verringerung von Risiken in bestehender Services, wo immer

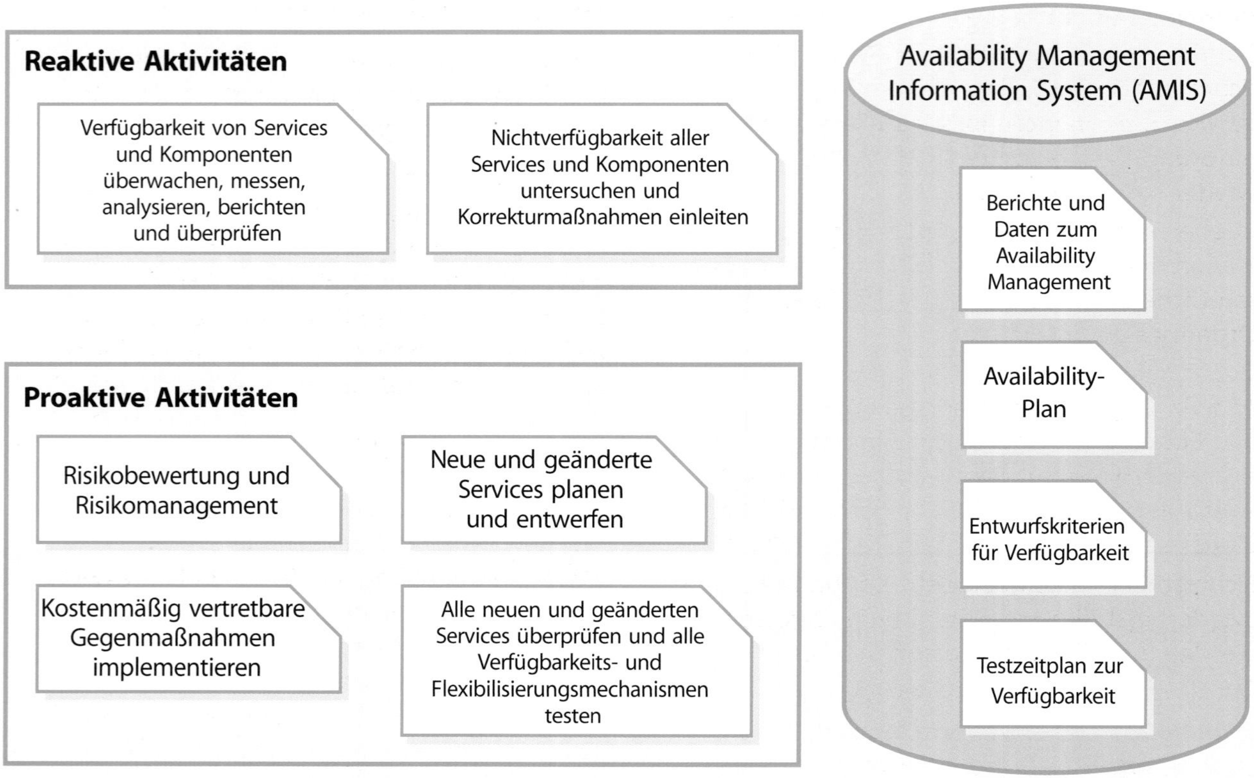

Abbildung 5.9 Der Availability Management-Prozess

dies kostenmäßig vertretbar ist. Dies sind Schlüsselaspekte, die bei den Aktivitäten für den Service Design berücksichtigt werden müssen.

5.5.6 Service Continuity Management

Brigitte fällt auf, dass der Empfangsmitarbeiter traurig aussieht, und fragt ihn, ob alles in Ordnung ist. Er zögert, bevor er antwortet. Aber dann erzählt er ihr, dass einer seiner guten Freunde, ein Kellner in einem anderen Hotel, gerade seinen Arbeitsplatz verloren hat.

Das Hotel war von einer Katastrophe getroffen worden – eine Lawine hatte den größten Teil des Hotels zerstört. Das Unglück war schlecht gehandhabt worden und niemand schien auf eine derartige Situation vorbereitet zu sein. Es lag zum Beispiel keinerlei Plan für ein Umquartieren der Gäste vor. Die Kunden hatten daher das Vertrauen in das Hotel verloren, und nach kurzer Zeit ging das Hotel bankrott, obwohl die Versicherung den Neuaufbau des Hotels getragen hatte.

5.5.6.1 *Zwecke und Ziele*

- Unterstützen des übergeordneten Business Continuity Management Processes, indem sichergestellt wird, dass alle benötigten Servicekomponenten innerhalb des betrieblich geforderten und vereinbarten Zeitrahmens wieder einsatzfähig sind
- Pflegen eines Satzes von IT Service Continuity-Plänen und IT-Wiederherstellungsplänen, die sämtliche Business Continuity-Pläne einer Organisation unterstützen
- Durch eine regelmäßige Business-Auswirkungsanalyse sicherstellen, dass alle Continuity-Pläne im Einklang mit sich ändernden Business-Auswirkungen, -Anforderungen und -Risiken fortgeschrieben werden
- Sicherstellen, dass geeignete Kontinuitäts- und Wiederherstellungsmechanismen angewendet werden, um die vereinbarten Business Continuity-Ziele zu erreichen.

5.5.6.2 *Grundlegende Konzepte*

Business Continuity Management und Business Continuity-Pläne

Business Continuity Management ist der Business-Prozess, der für den Umgang mit Risiken verantwortlich ist, die zu schwerwiegenden Auswirkungen auf das Business führen könnten. Das Business Continuity Management sichert die Interessen der wichtigsten Stakeholder, das Ansehen, die Marke und wertschöpfende Aktivitäten. Im Falle einer Unterbrechung der Geschäftsabläufe umfasst der Business Continuity Management-Prozess die Reduzierung der Risiken auf ein akzeptables Maß und die Planung für die Wiederherstellung von Business-Prozessen. Das Business Continuity Management legt die Ziele, den Umfang und die Anforderungen für das IT Service Continuity Management fest.

Abbildung 5.10 zeigt die Rolle, die das Business Continuity Management innerhalb des Service Continuity Management erfüllt.

Das Service Continuity Management ist ein zyklischer Prozess, der den gesamten Lebenszyklus durchläuft und sicherstellt, dass die Service Continuity Pläne und Service-Wiederherstellungspläne nach ihrer Erarbeitung weiterhin an den Business Continuity Plänen und Business-Prioritäten ausgerichtet bleiben.

> **Definition**
>
> Ein **Business Continuity-Plan** ist ein Plan, der die Schritte definiert, die für die Wiederherstellung von Business-Prozessen nach einer Unterbrechung erforderlich sind. Der Plan identifiziert darüber hinaus die Bedingungen für das Auslösen des Plans, die darin zu berücksichtigenden Mitarbeiter, Kommunikationsmittel usw. IT Service Continuity-Pläne sind ein wesentlicher Bestandteil von Business Continuity-Plänen.

Business-Auswirkungsanalyse

Der Zweck einer Business-Auswirkungsanalyse (Business Impact Analysis, BIA) besteht in der Quantifizierung der Auswirkungen für das Business, die der Verlust eines Service hätte. Bei diesen Auswirkungen könnte es sich um 'harte' Auswirkungen handeln, die sich wie ein finanzieller Verlust genau identifizieren lassen oder um 'weiche' Auswirkungen, z. B. öffentliches Ansehen, Moral, Gesund, Sicherheit oder der Verlust eines Wettbewerbsvorteils. Die BIA identifiziert die für die Organisation wichtigsten Services und stellt daher einen wichtigen Input für die Strategie dar.

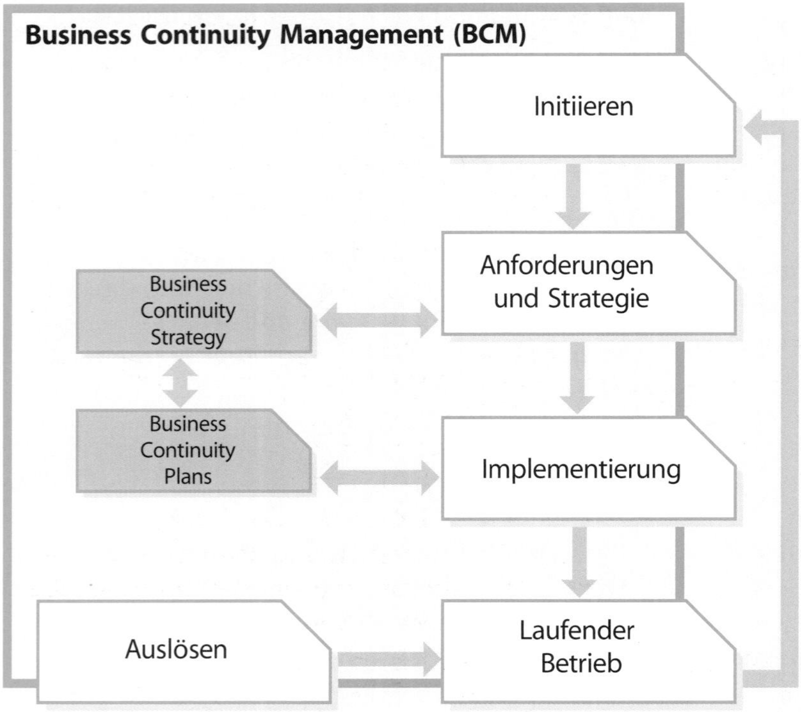

Wichtige Aktivitäten

Festlegung der Richtlinien
Umfang
Ein Projekt initiieren

Business-Auswirkungsanalyse
Risikobewertung
IT Service Continuity Strategy

IT Service Continuity Plans entwickeln
IT-Pläne, Wiederherstellungspläne und -verfahren entwickeln
Organisationsplanung
Strategietests

Ausbildung, Sensibilisierung und Schulung
Review und Audit
Tests
Change Management

Abbildung 5.10 Der Service Continuity Management-Prozess

> **Definition**
>
> Die **Business-Auswirkungsanalyse** (BIA) ist die Aktivität im Business Continuity Management, die die Vital Business Functions und deren Abhängigkeiten identifiziert. Diese Abhängigkeiten können zwischen Suppliern, Mitarbeitern, anderen Business-Prozessen, IT-Services usw. bestehen.

Die BIA definiert die Wiederherstellungsanforderungen für IT-Services. Zu diesen Anforderungen gehören Ziele für die Wiederherstellungszeit, die Ziele für den tolerierten Datenverlust nach einem Ausfall und die Service Level-Minimalziele für die jeweiligen IT-Services.

Risikoanalyse

Der zweite Einflussfaktor für die Anforderungen des IT Service Continuity Managements ist die Wahrscheinlichkeit, dass tatsächlich eine Katastrophe geschieht oder eine andere schwerwiegende Unterbrechung eintritt. Dies ist eine Bewertung des Bedrohungsgrades und des Ausmaßes, in dem eine Organisation gegenüber dieser Bedrohung verwundbar ist. Die Risikoanalyse kann auch bei der Bewertung und Reduzierung der Wahrscheinlichkeit normaler operativer Incidents eingesetzt werden. Sie wird vom Availability Management als Methode genutzt, um sicherzustellen, dass die erforderlichen Verfügbarkeits- und Zuverlässigkeits-Level aufrechterhalten werden können.

Definition

Risikoanalyse befasst sich mit der Bewertung der Risiken, die zu einer Serviceunterbrechung oder Sicherheitsverletzung führen können.

Das Risikomanagement befasst sich mit der Identifizierung geeigneter Reaktionen auf die Risiken oder kostenmäßig vertretbare Gegenmaßnahmen zur Bekämpfung dieser Risiken. Zur Bewertung und Verwaltung der Risiken in einer Organisation sollte eine Standardmethodik wie das Management of Risk (MoR) eingesetzt werden.

5.5.7 Information Security Management

Brigitte trifft den Hotelmanager in der Lobby und sie nehmen ihr kurzes Gespräch über die Installation des elektronischen Kartenschlüsselsystems wieder auf. Sie möchte gerne wissen, warum ein friedliches kleines Hotel in den Alpen ein Kartenschlüsselsystem einbauen lässt.

Er atmet tief durch, bevor er antwortet, aber als sie ihm verspricht, es für sich zu behalten, fährt er fort: 'Im Hotel gab es eine Reihe von Diebstählen, hauptsächlich Zigaretten aus dem Restaurant, aber auch andere Gegenstände. Infolge dessen hat das Management die gesamte Hotelsicherheit bewertet und einen Plan für Verbesserungen erstellt. Auf Grundlage des Plans wurde eine Sicherheitsrichtlinie entwickelt und das Managementteam verpflichtete sich, die Umsetzung der Richtlinie innerhalb eines vernünftigen Zeitrahmens sicherzustellen. Ein Teil dieser Umsetzung bestand darin, den physischen Zutritt zum Hotel zu beschränken.'

Der Manager drückte seine Hoffnung aus, dass die Diebstähle durch die größere physische Sicherheit und einige andere Maßnahmen in der Sicherheitsrichtlinie unterbunden werden. Er freut sich daher, in sechs Monaten die Ergebnisse der Initiativen auswerten zu können.

5.5.7.1 Zwecke und Ziele

- Ausrichten der Informationssicherheit an der Business-Sicherheit und Sicherstellen eines effektiven Umgangs mit der Informationssicherheit bei allen Service Management-Aktivitäten
- Sicherstellen, dass die Risiken für die Informationssicherheit angemessen verwaltet und Informationsressourcen des Unternehmens in verantwortlicher Weise genutzt werden
- Schützen der Interessen derjenigen Personen, die auf Informationen sowie auf die Systeme und Kommunikationsmittel angewiesen sind, die die Informationen liefern. Und diese Personen vor Nachteilen bewahren, die aus dem Fehlen von Verfügbarkeit, Vertraulichkeit und Unversehrtheit resultieren.

5.5.7.2 Grundlegende Konzepte

Sicherheits-Framework

Der Information Security Management-Prozess und das Framework setzen sich in der Regel folgendermaßen zusammen:

- Einer Information Security Policy und spezielle Sicherheitsrichtlinien, die sich mit allen Aspekten von Strategie, Steuerung und Rechtsvorschriften befassen. Die Richtlinien sollten praktisch allen Kunden und Anwendern zur Verfügung stehen.

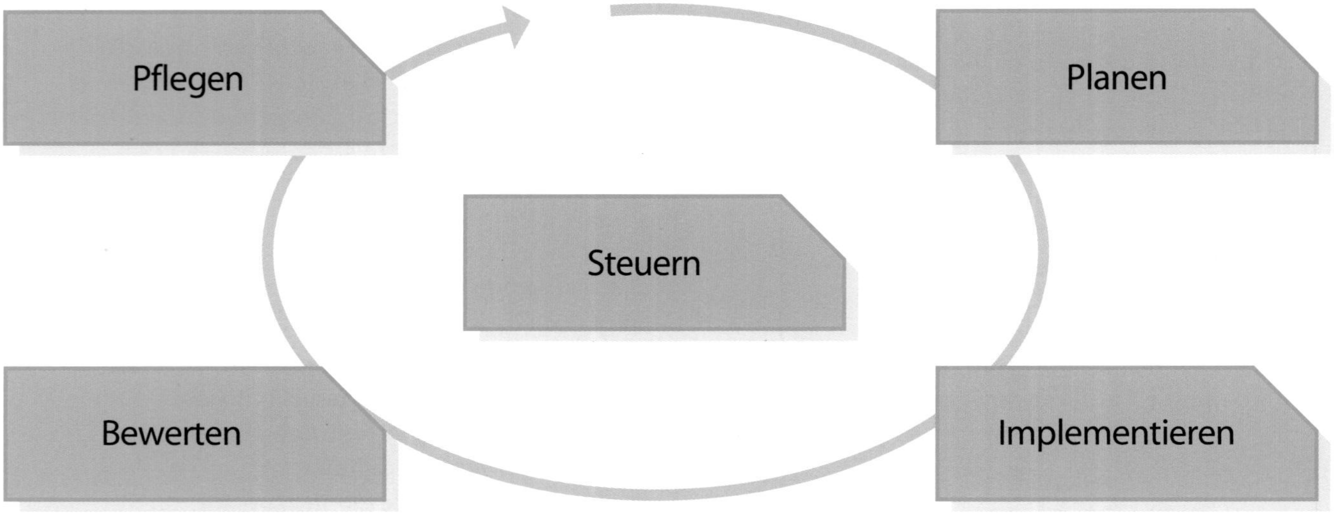

Abbildung 5.11 Framework für die Verwaltung der Informationssicherheit

- Ein Information Security Management System (ISMS), das die Standards, Managementverfahren und -leitlinien zur Unterstützung der Richtlinien enthält
- Eine umfassende Sicherheitsstrategie, die eng mit den Business-Zielen, -Strategien und -Plänen verknüpft ist
- Eine effektive organisatorische Sicherheitsstruktur
- Eine Reihe von Steuerungsmechanismen zur Unterstützung der Richtlinie zur Informationssicherheit
- Das Management von Sicherheitsrisiken
- Ein Monitoring der Prozesse, um Konformität und Effektivität sicherzustellen
- Eine Kommunikations-, Ausbildungs- und Sensibilisierungsstrategie und einen Plan für die Sicherheit.

Information Security Management System

Das Framework des Information Security Management Systems (ISMS) bietet im Gegenzug eine Basis für die Entwicklung eines wirtschaftlichen Programms zur Informationssicherheit, das die Business-Ziele unterstützt.

Definition

Das **Information Security Management System** (ISMS) ist ein Framework, um Informationssicherheitsprozesse systematisch und in einer Organisation durchgängig zu entwerfen, zu implementieren, zu verwalten, aufrechtzuerhalten und durchzusetzen.

Das ISMS-Framework in Abbildung 5.11 zeigt einen Ansatz, der weit verbreitet ist und auf den Hinweisen und Anleitungen basiert, die in ISO/IEC 27001 beschrieben sind.

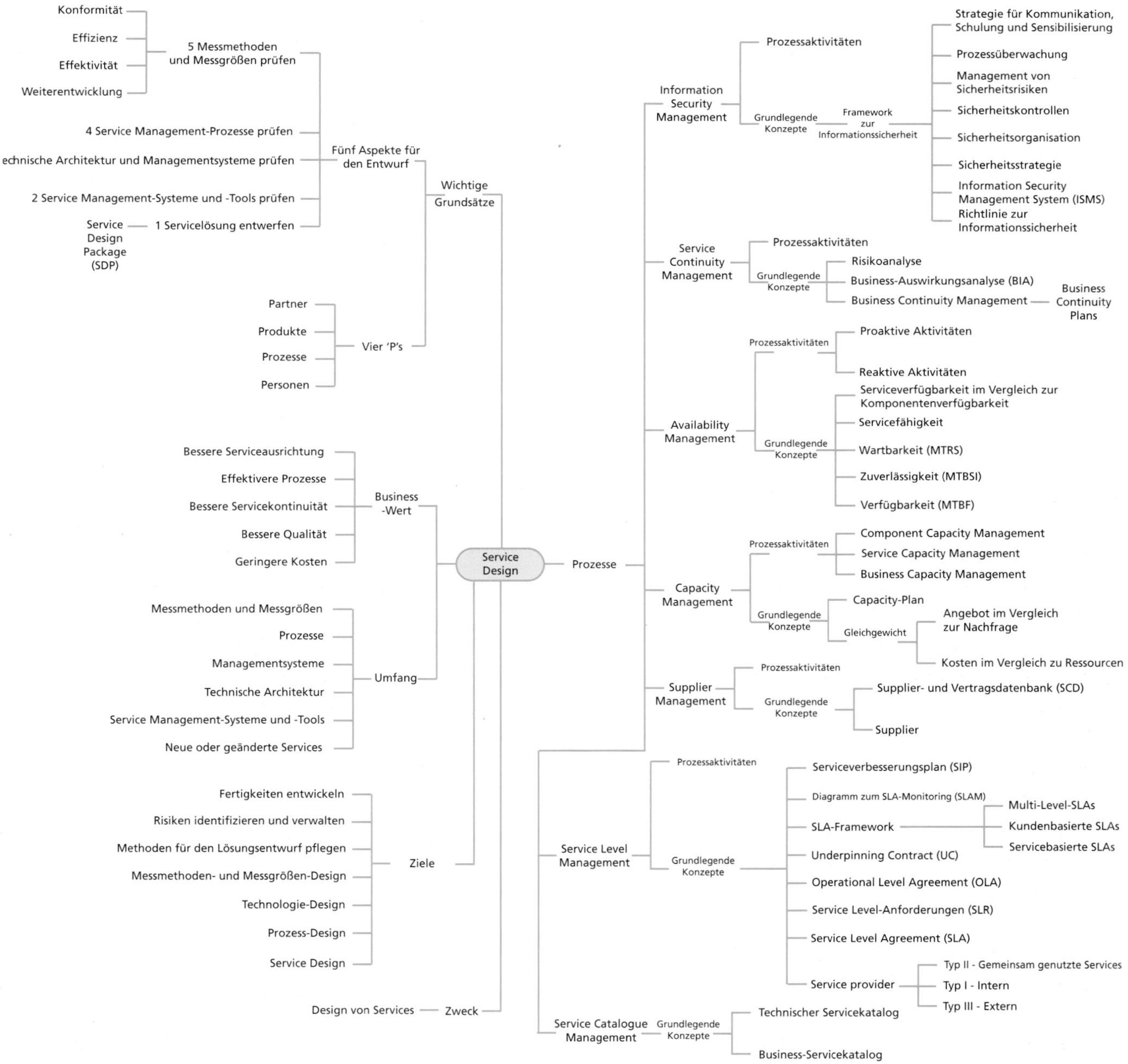

Abbildung 5.12 Überblick über Kapitel 5 (Service Design)

Richtlinie zur Informationssicherheit

Information Security Management-Aktivitäten sollten den Schwerpunkt und die Motivation auf eine übergreifende Richtlinie zur Informationssicherheit und einen Satz unterstützender spezifischer Sicherheitsrichtlinien legen. Die Richtlinie sollte alle Bereiche der Sicherheit abdecken, zweckdienlich sein und die Bedürfnisse des Business erfüllen.

Die Sicherheitsrichtlinien sollten praktisch allen Kunden und Anwendern zur Verfügung stehen. Ihre Einhaltung sollte in alle Service Level-Anforderungen, SLAs, Verträge und Vereinbarungen aufgenommen werden. Die Richtlinien sollten von den obersten Führungskräften aus Business und IT autorisiert werden und ihre Einhaltung sollte in regelmäßigen Abständen kontrolliert werden. Alle Sicherheitsrichtlinien sollten mindestens einmal jährlich einem Review unterzogen und gegebenenfalls überarbeitet werden.

5.6 AUSGEWÄHLTE FRAGEN

1 Welche der folgenden Aussagen beschreibt die vier Ps für den Service Design?

a Ein Prozess für den Entwurf effektiver Services

b Die Planungs-, Perspektiv-, Positions- und Personenaspekte des Service Design

c Fragen, die beim Review von Entwurfsspezifikationen gestellt werden sollten

d Die Personen-, Partner-, Produkt- und Prozesselemente, die bei dem Entwurf von Services berücksichtigt werden müssen.

2 Welche der folgenden Aussagen über das Supplier Management ist FALSCH?

a Das Supplier Management handelt Operational Level Agreements (OLAs) mit internen Gruppen aus, um die Erbringung von Services zu unterstützen.

b Das Supplier Management stellt sicher, dass Supplier die Business-Erwartungen erfüllen.

c Das Supplier Management pflegt Informationen in einer Supplier- und Vertragsdatenbank.

d Das Supplier Management handelt extern Vereinbarungen aus, um die Erbringung von Services zu unterstützen.

3 Die drei Teilprozesse des Capacity Managements sind:

a Business Capacity Management, Service Capacity Management und Component Capacity Management

b Supplier Capacity Management, Service Capacity Management und Component Capacity Management

c Supplier Capacity Management, Service Capacity Management und Technology Capacity Management

d Business Capacity Management, Technology Capacity Management und Component Capacity Management.

4 Welche der folgenden Aussagen ist KEIN Ziel des Service Design?

a Entwerfen von Services, um Business-Ziele zu erfüllen

b Entwerfen der Organisationsstruktur für den Betrieb eines erstklassigen Service

c Entwerfen der Messmethoden und Messgrößen, um die Effektivität des Service Design bewerten zu können

d Entwerfen effizienter und effektiver Prozesse für den Entwurf, die Überführung, den Betrieb und die Verbesserung erstklassiger IT-Services.

5 Die BESTE Beschreibung eines Service Level Agreements lautet:

a Die Organisation, die einen oder mehrere interne oder externe Kunden mit Services versorgt

b Eine Vereinbarung zwischen einem Service Provider und den Kunden des Service, die detailliert die Services, ihre Zielen und die Verantwortlichkeiten beider Parteien aufführt

c Eine unterstützende Vereinbarung zwischen einem IT-Service Provider und einem anderen Teil derselben Organisation, der bei der Erbringung von Services aushilft

d Eine Vereinbarung zwischen einem Service Provider und den Kunden des Service, die detailliert die Services, ihre Ziele und die Verantwortlichkeiten des Service Providers aufführt.

6 Service Transition

6 Service Transition

Die Service Transition bringt Services und Service-Changes in die Produktion. Dies wird erreicht, indem die Service Transition ein neues oder geändertes Service Design Package aus der Service Design phase erhält und es testet, um sicherzustellen, dass es die Anforderungen des Business erfüllt. Anschließend erfolgt das Deployment in die Produktionsumgebung.

Während die Planung und der Entwurf der neuen Konferenzdienstleistungen fortschreitet, hat der Projektmanager begonnen, über die Implementierungsphase nachzudenken. Er hat bereits einige Aktivitäten entworfen, die er voraussichtlich in der Überführungsphase berücksichtigt:

- Planen der Implementierung im Detail
- Montage und Aufbau der entworfenen Einrichtungen
- Ausbilden des Personals in den Einrichtungen und Prozessen
- Überprüfen, dass die Konferenzeinrichtungen wie vorgesehen funktionieren
- Kontrollieren, dass die Einrichtungen den Anforderungen der örtlichen Unternehmen sowie den Vorgaben der örtlichen Behörden entsprechen.

6.1 ZWECKE UND ZIELE

Die Hauptzweck der Service Transition lautet:

- Einführung von Services von und zu der Live-Umgebung, Verwalten der erforderlichen Ressourcen und der Risiken sowie Sicherstellen, dass die vereinbarte Warranty und Utility bereitgestellt werden
- Steuern der Kundenerwartungen im Hinblick darauf, wie durch die Performance und den Einsatz eines neuen oder geänderten Service ein Business-Change ermöglicht werden kann
- Bereitstellen der Möglichkeit für das Business-Change-Projekt oder Kunden ein Release in ihre Business-Prozesse und -Services zu integrieren
- Sicherstellen, dass die Nutzung des Service gemäß den Anforderungen und Einschränkungen möglich ist, die in den Serviceanforderungen spezifiziert sind.

Die Hauptziele der Service Transition lauten:

- Planen und Verwalten der Ressourcen für eine erfolgreiche Einführung eines neuen oder geänderten Service in die Produktion im Rahmen der erstellten Kosten-, Qualitäts- und Zeitprognosen
- Sicherstellen minimaler unvorhergesehener Auswirkungen auf die Produktionsservices, den Betrieb und die Support-Organisation
- Erhöhen der Zufriedenheit von Kunden, Anwendern und den Service Management-Mitarbeitern bezüglich der Practices der Service Transition
- Verbessern der ordnungsgemäßen Nutzung der Services und der zugrunde liegenden Anwendungen und technischen Lösungen
- Bereitstellen klarer und umfassender Pläne, anhand derer Kunden und Business-Change-Projekte ihre Aktivitäten auf die Pläne für die Service Transition abstimmen können.

6.2 UMFANG

Der Umfang der Service Transition (Abbildung 6.1) schließt das Management und die Koordinierung der Ressourcen für Package, Build, Test und Deployment eines Release in die Produktion und zur Einführung eines neuen oder geänderten Service ein, der den Spezifikationen in den Anforderungen von Kunden und Stakeholdern entspricht.

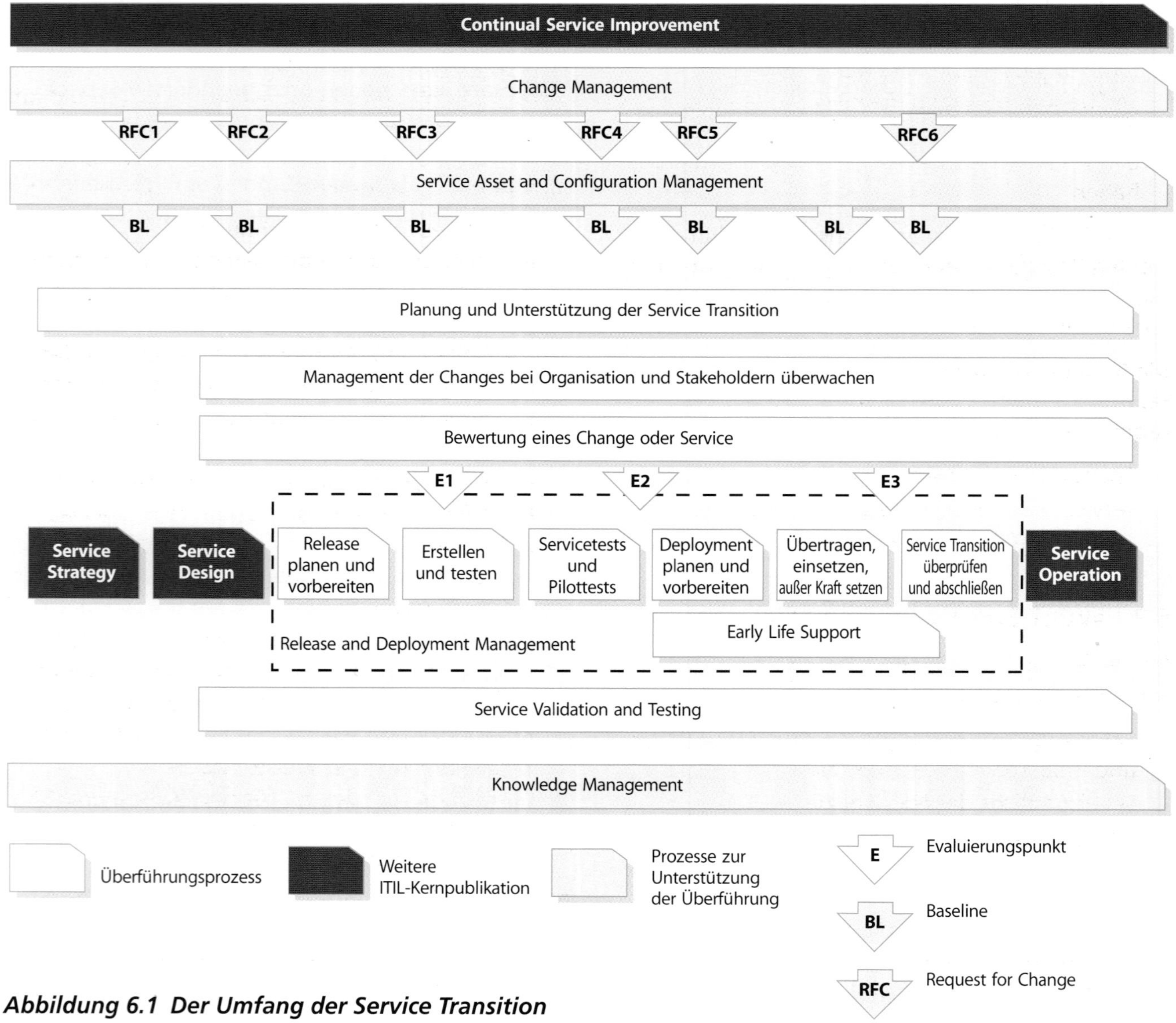

Abbildung 6.1 Der Umfang der Service Transition

Die folgenden Aktivitäten gehören nicht zum Umfang der Best Practices für die Service Transition:

- Geringfügige Änderungen an den Produktionsservices und der Produktionsumgebung, z. B. der Austausch eines defekte PCs oder die Registrierung eines neuen Anwenders
- Fortlaufende Maßnahmen des Continual Service Improvement, die keine signifikanten Auswirkungen auf die Services oder die Fähigkeit eines Service Providers zur Service-Bereitstellung haben.

Die Aktivitäten der Service Transition sind in den weißen Kästchen von Abbildung 6.1 dargestellt. Die dunklen Kästchen stehen für Aktivitäten in den anderen Phasen des Servicelebenszyklus.

Die folgenden Prozesse des Lebenszyklus der Service Transition phase unterstützen alle Lebenszyklusphasen:

- Change Management
- Service Asset and Configuration Management
- Knowledge Management.

6.3 WERT FÜR DAS BUSINESS

Eine effektive Service Transition bietet die folgenden Vorteile:

- Sie ermöglicht eine große Anzahl von Changes und Releases für das Business.
- Sie ermöglicht das Nachvollziehen des Risikograds während und nach einem Change, z.B. Serviceausfall, Unterbrechung eines Service oder Nacharbeiten.
- Sie richtet den neuen oder geänderten Service an den Business-Anforderungen und dem Business-Betrieb des Kunden aus.
- Sie gewährleistet, dass Kunden und Anwender den neuen oder geänderten Service effektiv nutzen können.

6.4 WICHTIGE GRUNDSÄTZE

6.4.1 Richtlinien zur Service Transition

Für die Service Transition sollten formale Richtlinien definiert, dokumentiert und genehmigt werden. Es sollte z. B. eine Release-Richtlinie für einen oder mehrere Services definiert, die unter anderem Folgendes umfasst:

- Die eindeutige Kennzeichnung, die Nummerierung und die Namenskonventionen für verschiedenen Arten von Releases sowie eine Beschreibung
- Die Rollen und Verantwortlichkeiten in jeder Phase des Release and Deployment-Prozesses
- Die erwartete Häufigkeit der einzelnen Arten von Releases
- Die Herangehensweise für die Annahme und Gruppierung von Changes in einem Release, z. B. die Art und Weise, wie Erweiterungen im Bezug auf die Aufnahme in das Release priorisiert werden
- Den Mechanismus zur Automatisierung der Prozesse für Build, Installation und Verteilung von Releases, um Wiederverwendung, Reproduzierbarkeit und Effizienz zu verbessern
- Details zur Art und Weise, wie die Configuration Baseline für das Release erfasst und in Bezug auf den tatsächlichen Release-Inhalt verifiziert wird
- Ausgangs- und Eingangsbedingungen sowie die Befugnis zur Übernahme des Release in die einzelnen Phasen der Service Transition und in die gesteuerten Umgebungen für

Tests, Schulung, Notfallwiederherstellung und Produktion

- Kriterien und Autorisierung zum Abschluss des Early Life Supports und zur Übergabe an den Service Operation.

6.5 PROZESSE

Der ITIL-Grundlagen-Lehrplan behandelt die folgenden Prozesse der Service Transition:

- Service Asset and Configuration Management (SACM)
- Change Management
- Release and Deployment Management
- Knowledge Management.

Darüber hinaus enthält der Band Service Transition die Prozesse Transition Planning and Support, Service Validation and Testing Management und Evaluation Management. Da diese jedoch nicht Bestandteil des ITIL-Foundation-Syllabus sind, werden sie an dieser Stelle nicht weiter behandelt.

6.5.1 Service Asset and Configuration Management

6.5.1.1 Zwecke und Ziele

- Unterstützen effizienter und effektiver Business- und Service Management-Prozesse durch Bereitstellung genauer Konfigurationsinformationen, damit Mitarbeiter zum richtigen Zeitpunkt die richtigen Entscheidungen treffen, z.B. zur Authorisierung von Changes und Releases oder zur schnelleren Behebung von Incidents und Problemen
- Bereitstellen eines logischen Modells der Services, Assets, der verschiedenen Komponenten (physisch, logisch usw.) und ihrer Beziehungen, die zur Serviceerbringung erforderlich sind, um diese Services zu erbringen
- Definieren und Steuern der Servicekomponenten und Infrastruktur sowie die Pflege korrekter Configuration records
- Ermöglichen, dass eine Organisation den unternehmerischen Governance-Anforderungen genügen, ihre Asset-Basis kontrollieren, ihre Kosten optimieren, Changes und Releases effektiv verwalten sowie Incidents und Probleme schneller beheben kann.

6.5.1.2 Grundlegende Konzepte

Configuration Item

> Definition
>
> Ein **Configuration Item** (CI) ist jede Komponente, die verwaltet werden muss, um einen IT-Service bereitstellen zu können.

Informationen zu den einzelnen CIs werden in einem Configuration Record innerhalb des Configuration Management Systems (CMS) aufgezeichnet und vom Configuration Management während des gesamten Lebenszyklus gepflegt. CIs unterliegen der Kontrolle des Change Managements.

CIs können in Bezug auf Komplexität, Umfang und Typ stark variieren. Dies reicht von einem kompletten Service oder System einschließlich der gesamten Hardware, Software, Dokumentation und der Support-Mitarbeiter bis hin zu einem einzelnen Softwaremodul oder einer kleineren Hardwarekomponente.

Es gibt eine Vielzahl unterschiedlicher CIs. Die folgenden Kategorien können zur Identifizierung beitragen:

- **Servicelebenszyklus-CIs** Dazu gehören z. B. der Business Case, Service Management-Pläne, Servicelebenszyklus-Pläne, Service Design Package, Release- und Change-Pläne oder Testpläne.
- **Service-CIs** Dazu gehören z. B. Servicefähigkeits-Assets (Management, Organisation, Prozesse, Wissen, Mitarbeiter), Serviceressourcen-Assets (Finanzkapital, Systeme, Anwendungen, Informationen, Daten, Infrastruktur und Einrichtungen, Mitarbeiter), Servicemodell, Service Package, Release Package oder Serviceabnahmekriterien.
- **Organisations-CIs** Dazu gehören z. B. die Business-Strategie oder andere Richtlinien einer Organisation.
- **Interne CIs** Dazu gehört alles, das von einzelnen Projekten bereitgestellt wird, einschließlich der Assets wie Hardware und Software, die erforderlich sind, um den Service und die Infrastruktur bereitzustellen und aufrechtzuerhalten.
- **Externe CIs** Dazu gehören z. B. Anforderungen externer Kunden und Vereinbarungen mit diesen Kunden, Releases von Suppliern oder Subunternehmern sowie externe Services.

Configuration baseline

Eine Configuration Baseline ist die Konfiguration eines Service, eines Produkts oder einer Infrastruktur, die als Basis für weitere Aktivitäten dient und nur durch formelle Change-Verfahren geändert werden kann. Sie erfasst die Struktur, den Inhalt und Details einer Konfiguration und repräsentiert einen Satz von Configuration Items, die miteinander in Beziehung stehen.

> **Definition**
>
> Eine **Configuration Baseline** ist eine Baseline für eine Konfiguration, die formal vereinbart wurde und über den Change Management-Prozess verwaltet wird. Eine Configuration Baseline dient als Basis für zukünftige Builds, Releases und Changes.

Das Schaffen einer Baseline bietet die folgenden Möglichkeiten:

- Definieren von Meilensteinen bei der Entwicklung eines Service, z. B. der Baseline für den Service Design
- Zusammenstellen einer Servicekomponente aus einem definierten Satz von Inputs
- Ändern oder Rebuild einer speziellen Version zu einem späteren Zeitpunkt
- Zusammenstellen aller relevanten Komponenten als Vorbereitung für einen Change oder ein Release
- Erstellen einer Basis für ein Konfigurations-Audit und -Backout, z. B. nach einem Change.

Konfigurationsmodell

Das Configuration Management bietet ein logisches Modell der Services, der Assets und der Infrastruktur, in dem die Beziehungen der CIs erfasst sind (siehe Abbildung 6.2). Dies ermöglicht anderen Prozessen einen Zugriff auf nützliche Informationen, um Folgendes durchzuführen:

- Bewerten der Auswirkungen und der Ursache von Incidents und Problemen
- Bewerten der Auswirkungen von beantragten Changes
- Planen und Entwerfen neuer oder geänderter Services

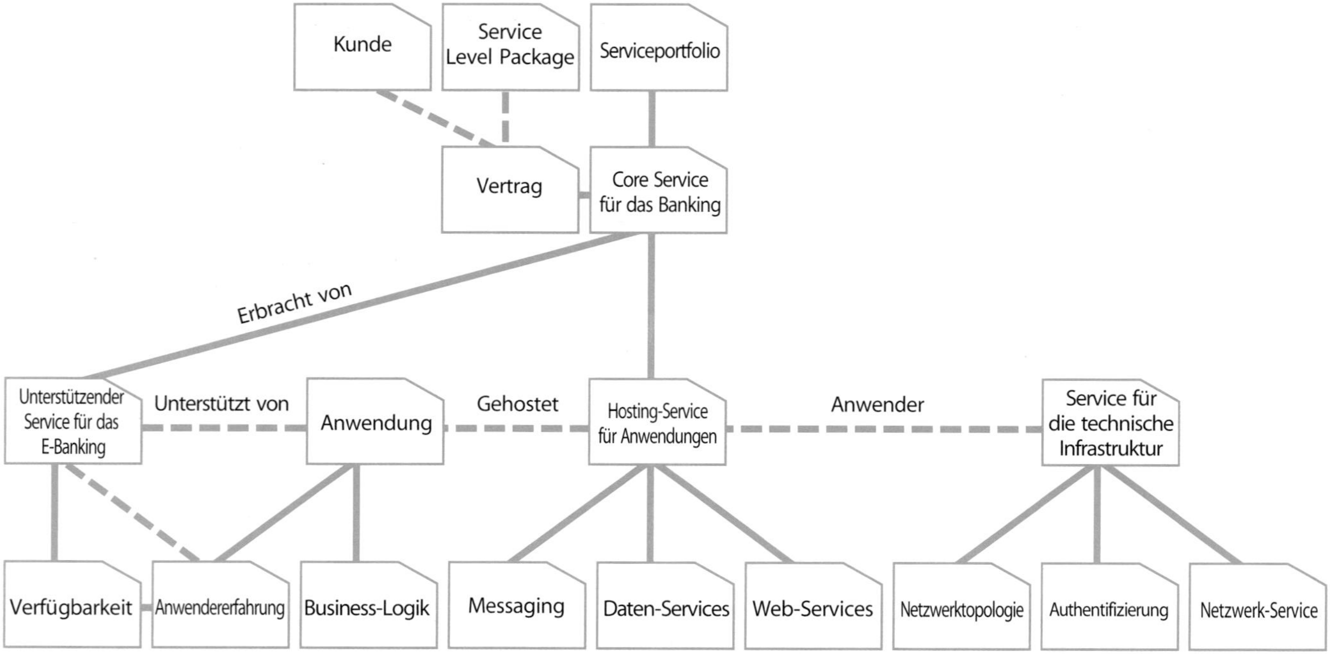

Abbildung 6.2 Beispiel für ein logisches Konfigurationsmodell

- Planen von Technologie-Aktualisierungen und Software-Upgrades
- Planen von Release und Deployment Packages sowie Migrieren von Service-Assets an andere Standorte und Servicezentren
- Optimieren der Assetauslastung und -kosten, z.B. Konsolidierung von Rechenzentren und Reduzierung von Varianten.

Configuration Management System

Definition

Ein **Configuration Management System** (CMS) ist ein Satz an Hilfsmitteln und Datenbanken, der für die Verwaltung der Konfigurationsdaten eines Service Providers verwendet wird.

Das CMS enthält Details zu sämtlichen Komponenten der IT-Infrastruktur sowie die Beziehungen zwischen diesen Komponenten.

Das CMS führt die Beziehungen zwischen allen Servicekomponenten und den dazugehörigen Incidents und Probleme, bekannte Fehler sowie die Change- und Release-Dokumentation. Außerdem kann es Unternehmensdaten zu Angestellten, Suppliern, Standorten und Geschäftsbereichen sowie Kunden und Anwendern enthalten.

Auf der Datenebene kann das CMS Daten aus verschiedenen physischen Configuration Management Databases (CMDBs) aufnehmen, die gemeinsam eine konsolidierte CMDB bilden. Auch andere Datenquellen wie die maßgeblichen Medienbibliotheken (Definitive Media Libraries,

DML) sind mit dem CMS verbunden. Statt Daten zu duplizieren, bietet das CMS Zugriff auf Daten in Asset-Beständen, wo immer dies möglich ist (Abbildung 6.3).

Definition

Eine **Configuration Management Database** (CMDB) ist eine Datenbank, die verwendet wird, um Configuration Records während ihres gesamten Lebenszyklus zu speichern. Das Configuration Management System verwaltet eine oder mehrere CMDBs, und jede CMDB speichert Attribute von CIs sowie Beziehungen zu anderen CIs.

Das CMS enthält normalerweise Konfigurationsdaten und -informationen, die in einem integrierten Satz von Ansichten für verschiedene Stakeholder über den Servicelebenszyklus hinweg zusammengesetzt werden. Daher muss sich das CMS auf geeignete Web-, Berichts- und Datenbanktechnologien stützen können, die flexible und leistungsstarke Tools zur Visualisierung und Zuordnung sowie Abfrage- und Berichtsmöglichkeiten bieten.

Das CMS untersteht der Zuständigkeit des Configuration Managements und wird von allen Service Management-Prozessen verwendet.

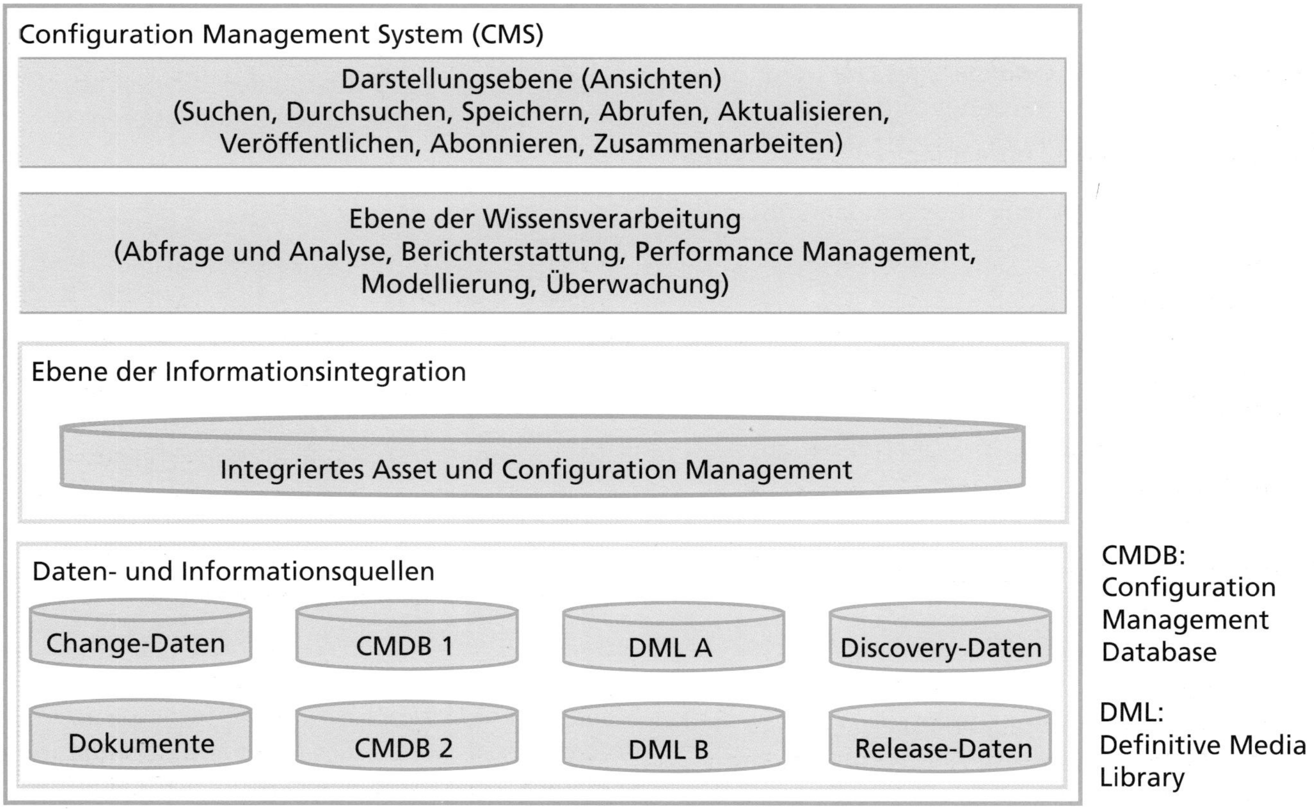

Abbildung 6.3 Beispiel für ein Configuration Management System

Am späteren Abend hört Brigitte im Restaurant zufällig ein Gespräch zwischen dem Hotelmanager und dem Hotelchef mit. Der Manager ist mit der Tatsache unzufrieden, dass der Hotelchef seine administrativen Aufgaben nicht ernst genug nimmt. Es stellt sich heraus, dass das Hotel eine Datenbank der relevanten Ausstattung, Mitarbeiter, Supplier und Prozesse führt, die für die Erbringung der Services eingesetzt werden. Die Mitarbeiter sollen ausgewählte Assets wie Zimmer, Betten und Restauranttische und die Auswirkungen dieser Elemente auf die Services und Kunden jedes Mal in der Datenbank registrieren, wenn sie einen Change an einem Element vornehmen.

Im Laufe der Jahre hat das Hotel viel Erfahrung darüber gesammelt, welche Daten (z. B. Ausstattung, Mitarbeiter, Supplier und Prozesse) unbedingt registriert und gepflegt werden müssen. Zurzeit enthält die Konfigurationsdatenbank Informationen über:

- Gäste
- Mitarbeiter
- Gästezimmer
- Betten
- Konferenzräume
- Konferenzausstattung
- Restauranttische
- Supplier
- IT-Anwendungen
- Prozesse
- Funktionen (Empfang, Küche usw.)
- Zimmerreservierungen (Beziehungen zwischen Zimmern und Gästen) – es ist möglich, die unbelegten und reservierten Zimmer zu identifizieren und zu sehen, welches Zimmer ein Gast bei vorhergehenden Besuchen bewohnt hat
- Tischreservierungen (Beziehungen zwischen Tischen und Gästen)
- Verantwortung und Zuständigkeit (Beziehungen zwischen Mitarbeitern und anderen Elementen)
- Zuteilung von Personal (Beziehungen zwischen Mitarbeitern und Funktionen oder Rollen).

Mit diesen Informationen ist es möglich, die erbrachten Services zu verwalten und die Auswirkungen von Fehlern oder Changes an unterstützenden Elementen zu analysieren.

Grundlegende Konzepte

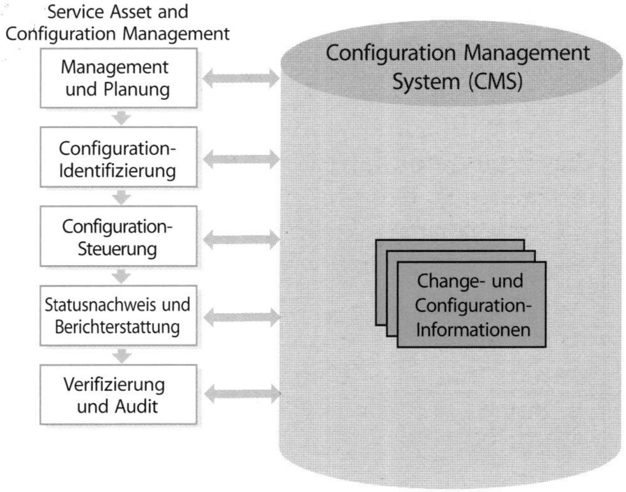

Abbildung 6.4 Der Service Asset and Configuration Management-Prozess

6.5.1.3 *Prozessaktivitäten*

Die übergeordneten Aktivitäten für das Service Asset and Configuration Management sind in Abbildung 6.4 dargestellt.

- **Management und Planung** Entscheiden, welche Ebene des Configuration Managements für einen Service oder ein Change-Projekt erforderlich ist. Dies wird in einem Configuration Management-Plan dokumentiert
- **Configuration-Identifizierung** Bei der Planung der Configuration-Identifizierung ist es wichtig, Folgendes zu definieren:
  - Wie die Klassen und Typen von Assets und Configuration Items anhand geeigneter Merkmale ausgewählt, gruppiert, klassifiziert und gekennzeichnet werden sollen
  - Der Ansatz für die Identifizierung, eindeutige Benennung und Kennzeichnung sämtlicher relevanter Komponenten und deren Beziehungen untereinander
  - Die Rollen und Verantwortlichkeiten des für einen CI-Typ in den einzelnen Phasen seines Lebenszyklus Verantwortlichen oder Verwalters
- **Configuration-Steuerung** Sicherstellen, dass adäquate Steuerungsmechanismen für CIs während der Aufzeichnung von Changes an Cis, Status, Genehmigungen, Standort und Verantwortlichkeit
- **Statusnachweis und Berichterstattung** Jedes CI hat einen oder mehrere Status, die es durchlaufen kann. Die Bedeutung jedes einzelnen Status sollte bezüglich der möglichen Nutzung des CI definiert werden
- **Verifizierung und Audit** Überprüfen, dass die physischen CIs vorhanden sind und die Dokumentation korrekt ist
- **Informationsmanagement** In regelmäßigen Abständen sollten Sicherungskopien des Configuration Management Systems (CMS) erstellt und sicher verwahrt werden.

6.5.1.4 *Beziehungen*

Das Service Asset and Configuration Management bietet aufgrund seiner Natur als einziger virtueller Speicher von Konfigurationsdaten und -informationen für das IT Service Management bis zu einem gewissen Grad alle anderen Prozesse und Aktivitäten Unterstützung und Schnittstellen. Einige der nennenswerteren Schnittstellen sind:

- **Change Management** Identifizieren der Auswirkungen von beauftragten Changes
- **Financial Management** Erfassen wichtiger finanzieller Informationen wie Kosten, Abschreibungsmethoden, Eigentümer und Anwender (für Finanzplanung und Kostenaufteilung), Wartungs- und Reparaturkosten
- **IT Service Continuity Management** Sensibilisierung für Assets, von denen die Business-Services abhängig sind, und Steuerung von wichtigen Ersatzteilen und Software
- **Incident Management und Problem Management** Bereitstellung und Pflege wichtiger Diagnoseinformationen sowie Pflege und Bereitstellung von Daten für den Service Desk
- **Availability Management** Ermitteln von Fehlerstellen.

Die Beziehung zwischen Change, Release und Deployment ist synergistisch, sodass diese Prozesse von einer einzelnen koordinierten Planungsansatz in hohem Maße profitieren. Die Configuration-Steuerung ist gleichbedeutend mit der Change-Steuerung – das Verständnis und die Erfassung Aktualisierungen an Infrastruktur und Services.

6.5.2 Change Management

Als Brigitte zum allerersten Mal in den Hotel wohnte, stand den Gästen kein Internetanschluss zur Verfügung. Brigitte war damals sehr überrascht, weil die meisten Hotelgäste Geschäftsleute wie sie selbst waren. Bei ihrer Abreise hatte sie der Empfangsdame erzählt, dass sie diesen Service vermisst hatte. Daraufhin machte die Mitarbeiterin sich eine Notiz zu ihrer Anfrage und berichtete ihr, dass einer der Kunden, die über ein Reisebüro gebucht hatten, gerade die gleiche Anfrage gestellt hatte.

Völlig überraschend erhielt Brigitte, als sie nach Hause kam, einen Anruf des Hotels. Der Anrufer erzählte ihr, dass er gerade dabei war, ihren Vorschlag für einen Internetanschluss zu beurteilen und auszuwerten. Er hatte schon mit einer Reihe von Personen gesprochen, z. B. mit Technikern, um die möglichen technischen Lösungen abzuschätzen, sowie mit dem Financial Manager, um die Gelder aufzubringen. Jetzt interessiere er sich für den Standpunkt eines potenziellen Kunden. Er stellte ihr einige Fragen über den Grund für ihre Anfrage und fragte sie, ob sie als Gast bereit wäre, für den Service zu bezahlen.

Als sie ein Jahr darauf wieder in das Hotel zurückkehrte, gab es in ihrem Zimmer einen drahtlosen Internetanschluss. Sie musste lediglich am Empfang einen Zugangscode kaufen.

Und als sie nach Hause kam, erhielt sie ein weiteres Mal – erneut überraschend – einen Anruf des Hotels. Diesmal wollten sie wissen, ob der Internetanschluss ihre Erwartungen erfüllt hatte oder ob aus Brigittes Sicht noch etwas geändert werden müsste.

6.5.2.1 Zwecke und Ziele

- Reagieren auf die wechselnden Business-Anforderungen des Kunden und zugleich Maximieren des Nutzens und Reduzieren von Incidents, Unterbrechungen und Nachbesserungen
- Reagieren auf Business- und IT-Requests for Change durch die die Services an die Business-Bedürfnisse angepasst werden
- Sicherstellen, dass Changes kontrolliert erfasst, evaluiert, autorisiert, priorisiert, geplant, getestet, implementiert, dokumentiert und überprüft werden.

6.5.2.2 Grundlegende Konzepte

Change

Definition

Ein **Change** ist das Hinzufügen, Modifizieren oder Entfernen eines Elements, das Auswirkungen auf Services haben könnte. Der Umfang eines Change sollte Services, Configuration Items (CIs), Prozesse, Dokumentationen usw. einschließen.

Change-Typen

Changes lassen sich in drei Arten unterteilen:

1 Normaler Change

Normale Changes durchlaufen die kompletten Bewertungs-, Autorisierungs- und Implementierungsphasen und schließen in der Regel Change Requests wie die folgenden ein:

- RFC für das Serviceportfolio
- RFC für einen Service
- Projekt-Change-Vorschlag
- Antrag auf Anwenderzugriff
- Operative Aktivität.

Für unterschiedliche Change-Typen gibt es häufig spezielle Verfahren, z. B. für die Bewertung von Auswirkungen und die Autorisierung von Changes.

2 Standard-Change

Ein Standard-Change ist ein vorab genehmigter Change von geringem Risiko, der relativ häufig eingesetzt wird, und einem Verfahren oder einer Arbeitsanweisung folgt z.B. das Zurücksetzen eines Passworts oder die Bereitstellung von Standardausstattung für einen neuen Mitarbeiter. RFCs werden zur Implementierung eines Standard-Change nicht immer benötigt. Derartige Changes können mithilfe einer anderen Methode, z. B. einen Service Request, erfasst und nachverfolgt werden. Changes für die operative Wartung von Services sind häufig Standard-Changes.

Zu den entscheidenden Elementen eines Standard-Change gehören:

- Es gibt einen festgelegten Auslöser, der den RFC initiiert.
- Die Aufgaben sind gut bekannt, dokumentiert und erprobt.
- Die Genehmigung wurde im voraus erteilt.
- Die Budgetgenehmigung wird normalerweise vorab eingeholt oder obliegt dem Antragsteller für den Standard-Change.
- Ein Standard-Change mit einem geringen Risiko verbunden, das kalkulierbar ist.

3 Notfall-Change

Ein Notfall-Change ist für besonders kritische Changes vorbehalten, die schnellstmöglich eingeführt werden müssen, z. B. Changes, die erforderlich sind, um fehlende hohe Verfügbarkeit wiederherzustellen, oder Changes, die einen solchen drohenden Ausfall verhindern sollen.

In einer Notfallsituation ist es vielleicht nicht möglich, ein Meeting des kompletten CAB einzuberufen. Wenn eine CAB-Genehmigung erforderlich ist, wird sie von dem Emergency CAB (ECAB) bereitgestellt.

Modelle und Arbeitsabläufe für Change-Prozesse

Für Organisationen ist es hilfreich, Modelle für Change-Prozesse im Voraus festzulegen und sie auf die entsprechenden Changes anzuwenden, sobald diese auftreten. Ein Prozessmodell ist eine Möglichkeit, im Voraus die Schritte festzulegen, die ergriffen werden sollten, um einen bestimmten Change-Typ in der vereinbarten Weise zu handhaben.

Das Modell für Change-Prozesse beinhaltet:

- Die Schritte, die zur Bearbeitung des Change ausgeführt werden, müssen einschließlich des Umgangs mit Problemen und unerwarteten Ereignissen
- Die chronologische Reihenfolge, in der diese Schritte ausgeführt werden sollten, inklusive der definierten Abhängigkeiten oder Vorgaben für eine gemeinsame Verarbeitung
- Verantwortlichkeiten: Welche Personen sollten welche Aktivität durchführen?
- Zeitrahmen und Grenzwerte für den Abschluss der Aktionen
- Eskalationsverfahren: Wer sollte wann kontaktiert werden?

Die sieben "Grundfragen" des Change Management

Die folgenden Fragen müssen für alle Changes beantwortet werden. Ohne diese Informationen kann die Bewertung der Auswirkungen nicht abgeschlossen werden und es wird nicht möglich sein, die Balance zwischen Risiko und Nutzen für den Live-Service nachzuvollziehen:

1. Wer hat den Change **eingebracht**?
2. Was ist der **Grund** für den Change?
3. Welchen **Ertrag** soll der Change bringen?
4. Worin bestehen die mit dem Change verbundenen **Risiken**?
5. Welche **Ressourcen** werden für die Durchführung des Change benötigt?
6. Wer ist für den Build, den Test und die Implementierung des Change **zuständig**?
7. Welche **Beziehung** besteht zwischen diesem Change und anderen Changes?

Planung der Fehlerkorrektur

Änderungen sollten nicht genehmigt werden, ohne sich explizit der Frage zu widmen, was zu tun ist, wenn die Changes nicht erfolgreich sind. Im Idealfall gibt es einen Backout-Plan, durch den der Ausgangszustand wiederhergestellt wird. Dies geschieht häufig durch Neuladen eines Baseline-Satzes von Configuration Items, insbesondere Software und Daten. Nicht alle Changes sind jedoch umkehrbar. In einem solchen Fall ist eine Alternativmethode für die Fehlerkorrektur erforderlich.

Change Advisory Board

Das Change Advisory Board (CAB) ist eine Gruppe von Personen, die den Change Manager bei der Bewertung, der Festlegung von Prioritäten und der zeitlichen Planung von Changes beraten.

Bei der Einberufung eines CAB sollte darauf geachtet werden, dass die Mitglieder in der Lage sind, alle in ihren Zuständigkeitsbereich fallenden Changes aus geschäftlicher und technischer Sicht adäquat zu bewerten.

Um dies zu erreichen, muss das CAB Personen umfassen, die ein klares Verständnis für sämtliche Stakeholder-Bedürfnisse besitzen. Der Change Manager führt in der Regel den Vorsitz über das CAB. Zu den potenziellen Mitgliedern gehören:

- Kunde(n)
- Anwender Manager
- Vertreter von Anwendergruppen
- Anwendungsentwickler/Wartungspersonal
- Spezialisten/technische Berater
- Mitarbeiter für Services und Betrieb, z. B. Service Desk, Testmanagement, IT Service Continuity Management, Security, Capacitymanagement
- Mitarbeiter für Facilities/Büro-Services (wenn Changes sich auf Umzüge/Unterbringung auswirken können und umgekehrt)
- Vertreter von Lieferanten oder Drittparteien, z. B. bei Outsourcing-Situationen
- Andere Parteien je nach den speziellen Umständen (z. B. Polizei, falls Verkehrsstörungen wahrscheinlich sind, oder Marketing, bei öffentlich bekannten Produkten).

Wenn ein Notfallchange durchgeführt werden muss und unter Umständen nicht genügend Zeit zum Einberufen des kompletten CAB bleibt, muss ein kleineres Gremium identifiziert werden, das authorisiert ist, Notfallentscheidungen zu treffen. Dieses Gremium ist das Emergency Change Advisory Board (ECAB). In Change-Verfahren sollte spezifiziert werden, wie die Zusammensetzung des CAB und des ECAB jeweils bestimmt wird.

6.5.2.3 *Prozessaktivitäten*

Die gesamten Aktivitäten des Change Managements umfassen:

- Planen und Steuern von Changes
- Zeitliches Planen von Changes und Releases
- Kommunikation
- Entscheidungsfindung und Autorisierung von Changes
- Sicherstellen, dass Pläne für die Fehlerkorrektur vorliegen
- Messung und Steuerung
- Berichterstattung an das Management
- Verstehen der Auswirkungen von Changes
- Kontinuierliche Verbesserung.

Zu den typischen Aktivitäten beim Verwalten einzelner Changes gehören:

- Erstellen und Aufzeichnen von Changes
- Überprüfen und Filtern von RFCs und dem Change-Vorschlag
- Bewerten und Evaluieren des Change:
  - Einrichten Change-Genehmigungsinstanz
  - Festlegen relevanter (wer sollte in das CAB berufen werden)
  - Bewerten und Evaluieren der Business-Begründung, der Auswirkungen, der Kosten, des Nutzens und des Risikos von Changes
  - Antrag auf eine unabhängige Change-Beurteilung
- Autorisieren des Change:
  - Einholen der Autorisierung/Ablehnung
  - Übermitteln der Entscheidung an alle Stakeholder, insbesondere an den Initiator des RFC
- Planen von Aktualisierungen
- Koordinieren der Implementierung von Changes
- Bewerten und Abschließen der einzelnen Changes.

Siehe Abbildung 6.5.

6.5.2.4 *Beziehungen*

Um klare Grenzen, Abhängigkeiten und Regeln definieren zu können, sollten Change Management und Release Management mit Prozessen für Organisationsprogramme oder -projekte, mit dem Supplier-Management und auch in Prozesse und Verfahren von Lieferanten integriert sein. Es kann vorkommen, dass ein beantragter Change weitreichendere Auswirkungen auf andere Bereiche der Organisation (z. B. Einrichtungen oder Business Operations) hat, oder umgekehrt. Der Service Change-Prozess muss über Schnittstellen zu anderen beteiligten Prozessen verfügen:

- Programm- und Projektmanagement
- Sourcing und Partnerschaften
- Asset Management und Configuration Management
- Problem Management
- IT Service Continuity Management
- Security Management
- Capacity Management und Demand Management.

6.5.3 Release and Deployment Management

Brigitte war froh, als sie bei ihrem zweiten Aufenthalt in dem Hotel feststellte, dass der neue Service des WLAN jetzt zur Verfügung stand. Allerdings fragte sie sich, warum sie das Zimmer mit Internetanschluss vorbestellen musste und warum das Hotel den Service nicht in allen Zimmern umgesetzt hatte.

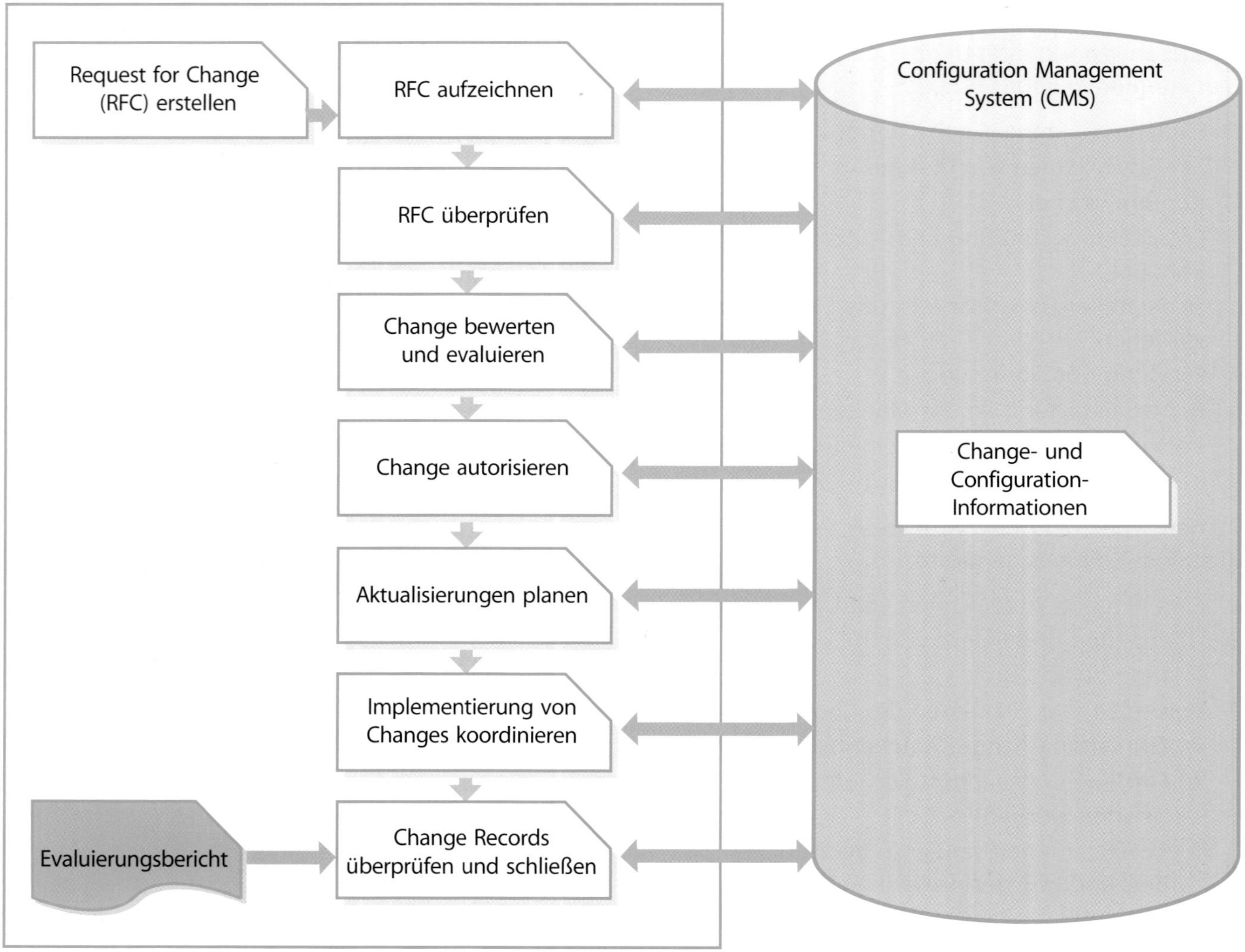

Abbildung 6.5 Beispiel für den Prozessablauf bei einem normalen Change

Jacob, der mit der Implementierung der Internet-Services beauftragt war, erklärte ihr, dass das Hotel die Kontrolle über das Deployment behalten wollte, sodass ein Ansatz mit mehreren Phasen gewählt wurde, um zu gewährleisten, dass eine Phase erfolgreich war, bevor die nächste Phase eingeleitet wird.

Das Hotel hatte eigentlich mit einer sehr kleinen Installation begonnen und einige loyale Kunden gebeten, als Testanwender zu fungieren. In der zweiten Phase wurde der Service allen Gästen zur Verfügung gestellt, die gezielt danach gefragt hatten. Jetzt in der dritten Phase bewarben sie den Service, und es war geplant, den Service auch auf alle übrigen Zimmer auszudehnen. Falls diese Phase gut verläuft, soll in einer vierten Phase auch der Empfangsbereich mit einem Internetanschluss ausgestattet werden.

6.5.3.1 Zwecke und Ziele

- Ausbringen der Releases in die Produktion und Ermöglichen einer effektiven Nutzung des Service, um für den Kunden einen Nutzen zu schaffen.
- Sicherstellen, dass klare und umfassende Release- und Deployment-Pläne vorliegen, damit Kunden und Business-Change-Projekte ihre Aktivitäten an diesen Plänen ausrichten können
- Sicherstellen, dass ein Release Package effizient, erfolgreich und planmäßig zusammengestellt, installiert, getestet und ausgerollt werden kann
- Sicherstellen, dass ein neuer oder geänderter Service und seine systembezogenen, technischen und organisatorischen Voraussetzungen in der Lage sind, die vereinbarten Serviceanforderungen, z. B. Utilities, Warranties und Service Levels, zu erbringen.
- Umsetzen des Wissenstransfers, damit Kunden und Anwender den Service optimal nutzen können.
- Weitergeben von Fertigkeiten von Wissen an das Betriebs- und Support-Personal, damit diese den Service effektiv und effizient bereitstellen, unterstützen und aufrechterhalten.

6.5.3.2 Grundlegende Konzepte

Release und Release Unit

Definition

Ein **Release** ist eine Zusammenstellung von Hardware, Software, Dokumentation, Prozessen oder anderen Komponenten, die für die Implementierung eines oder mehrerer genehmigter Changes in IT-Services erforderlich sind. Die Inhalte eines Release werden als Einheit verwaltet, getestet und eingesetzt.

Definition

Eine **Release Unit** ist eine Zusammenstellung von Komponenten eines IT-Service, die entsprechend der Release-Richtlinie einer Organisation üblicherweise in einem Release zusammengefasst werden.

Eine Release Unit umfasst in der Regel genügend Komponenten, um eine nützliche Funktion auszuführen. Eine Release Unit könnte z. B. ein Desktop-PC mit Hardware, Software, Lizenzen, Dokumentation usw. sein. Eine weitere Release Unit könnte die gesamte Anwendung für die Lohnbuchhaltung sein, einschließlich der IT-Betriebsverfahren und des Anwendertrainings.

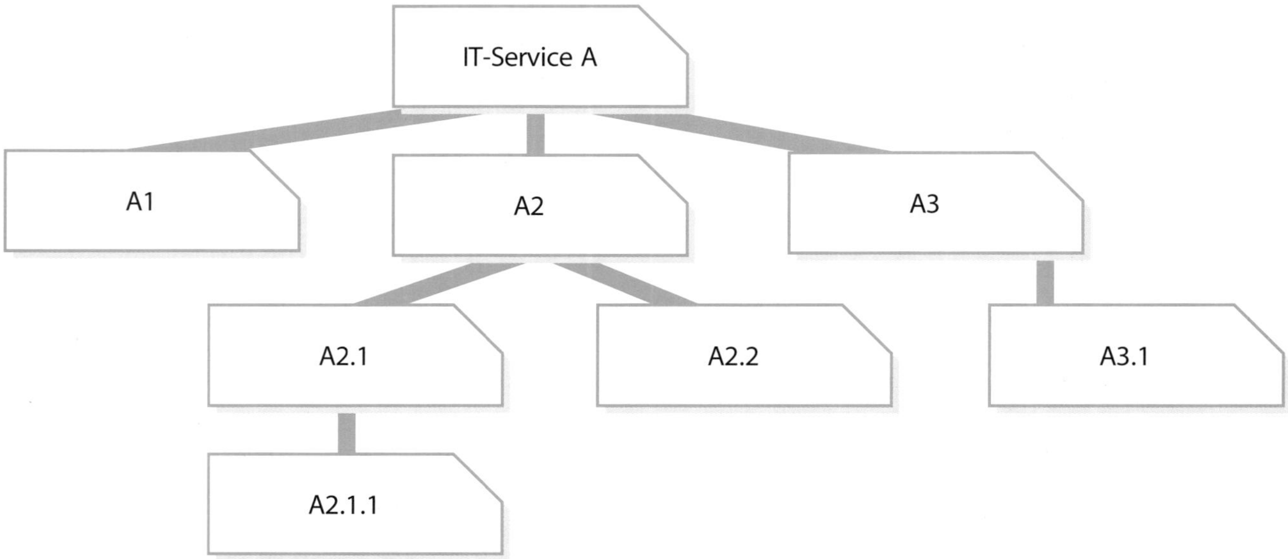

Abbildung 6.6 Vereinfachtes Beispiel von Release Units für einen IT-Service

Die Unit kann abhängig von den Typen oder Elementen der Service-Assets oder Servicekomponenten wie Software und Hardware variieren. Abbildung 6.6 zeigt ein vereinfachtes Beispiel, das einen IT-Service darstellt, der aus Systemen und Service-Assets besteht, die ihrerseits aus Servicekomponenten zusammengesetzt sind

Das allgemeine Ziel besteht darin, für jedes Service-Asset oder jede Komponente diejenige Ebene der Release Unit zu wählen, die am besten geeignet ist. Eine Organisation kann z. B. beschließen, dass die Release Unit für business-kritische Anwendungen aus der kompletten Anwendung besteht, um gewährleisten zu können, dass umfassend getestet wird. Dieselbe Organisation kann entscheiden, dass bei Release Units für Websites die Seitenebene besser geeignet ist.

Ein Release Package kann aus einer einzelnen Release Unit oder aus einem strukturierten Satz von Release Units bestehen.

Definitive Media Library

Definition

Eine **Definitive Media Library** (Maßgebliche Medienbibiliothek, DML) entspricht einem oder mehreren Standorten, in denen die endgültigen und genehmigten Versionen aller Software-CIs sicher gespeichert sind. Die DML kann darüber hinaus auch zugehörige CIs wie Lizenzen oder Dokumentation beinhalten.

Die DML sollte maßgebliche Kopien von erworbener Software (mit Lizenzdokumenten oder -informationen) und von vor Ort entwickelter Software umfassen. In der DML werden zudem Originalkopien der gesteuerten Dokumentation für ein System in elektronischer Form gespeichert.

Die DML umfasst auf einen physischen Aufbewahrungsort für Originalkopien, z. B. einen feuerfesten Safe.

Die gesamte Software in der DML untersteht der Steuerung von Change Management und Release Management und wird im Configuration Management System (Abbildung 6.7) aufgezeichnet, das vom Service Asset and Configuration Management genau kontrolliert wird.

Optionen für das Deployment von Releases

Für das Deployment neuer Releases in mehreren Standorten gibt es mehrere Optionen und Kombinationen:

- **Big Bang** Der neue oder geänderte Service wird in einem Vorgang für alle Anwender bereitgestellt.

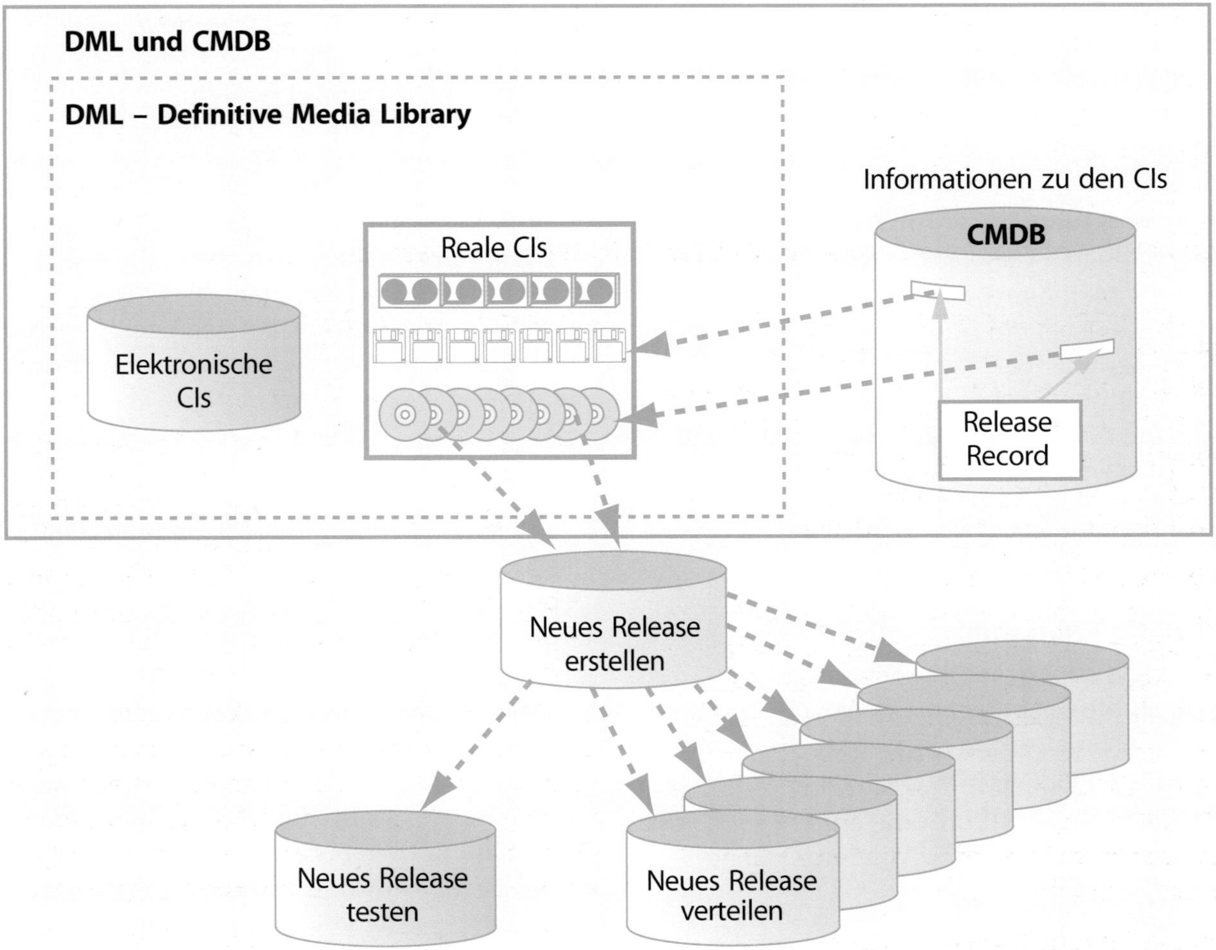

Abbildung 6.7 Beziehung zwischen der Definitive Media Library und der Configuration Management Database

- **Phasenweiser Ansatz** Der Service nur einem Teil der Anwender bereitgestellt. Danach wird dieser Vorgang mit Hilfe eines dafür vorgesehenen Deploymentplans für die übrigen Anwender wiederholt.
- **Ein Push-Ansatz** Die Servicekomponente wird von der Zentrale aus für alle bereitgestellt und auf die Zielstandorte ausgedehnt. Der neue oder geänderte Service wird den Anwendern zu einem Zeitpunkt bereitgestellt, den sie nicht selber wählen können.
- **Ein Pull-Ansatz** Die Software wird zentral zur Verfügung gestellt. Anwender können die Software jedoch zu einem Zeitpunkt ihrer Wahl oder beim Neustart einer Anwender-Workstation herunterladen.
- **Automatisierung** Dieser Ansatz erleichtert die Wiederholbarkeit und Konsistenz.
- **Manuelle Methode** Bei Nutzung dieses Ansatzes müssen die Auswirkungen vieler sich wiederholender manueller Aktivitäten unbedingt überwacht und gemessen werden, weil diese oft ineffizient und fehleranfällig sind. Zu viele manuelle Aktivitäten bremsen das Release-Team und führen zu Ressourcen-/Kapazitätsengpässen, die sich auf die Service Level auswirken können.

Der Release- und Deployment-Prozess

Wichtige neue oder geänderte Services oder Serviceangebote benötigen die Deployment-Phase, um den kompletten Umfang der Elemente zu berücksichtigen, aus denen sich der Service zusammensetzt – Infrastruktur, Hardware, Software, Anwendungen, Dokumentation, Wissen usw. Das bedeutet im Grunde, dass das Deployment Teil-Deployments für die Elemente beinhalten wird, aus denen der Service besteht (siehe Abbildung 6.8). Die Kombination, die Beziehungen und gegenseitigen Abhängigkeiten dieser Komponenten erfordern eine sorgfältige und wohlüberlegte Planung. Wichtige Deployments werden ihrerseits komplexe Projekte darstellen.

6.5.4 Knowledge Management

Brigitte sitzt auf ihrem Balkon, genießt den herrlichen Sonnenuntergang über den Bergen und erinnert sich an das erste Mal, als sie in dieser Suite wohnte. Sie war kurzfristig gebeten worden, die Fabrik zu besuchen, aber sie hoffte, dass das Hotel noch freie Zimmer hatte, als sie das Hotel anrief. Der Empfangsmitarbeiter konnte aus den Eintragungen ersehen, dass Brigitte oft in dem Hotel wohnte, aber sämtliche Zimmer ihrer Wahl belegt waren. Daher bot er ihr einen Rabatt an. Gleichzeitig nahm er im Restaurant eine Reservierung für ihren ersten Abend vor. Letzten Endes wohnte sie in der Suite, die sie seit damals immer wieder bestellt hat, wenn sie verfügbar war.

6.5.4.1 Zwecke und Ziele

- Sicherstellen, dass die richtigen Informationen zum richtigen Zeitpunkt an die richtige Stelle oder an die zuständige Person geliefert werden, um fundierte Entscheidungen zu ermöglichen
- Organisationen befähigen, die Qualität der Entscheidungsfindung im Management zu verbessern, indem sichergestellt wird, dass im gesamten Servicelebenszyklus zuverlässige und sichere Informationen und Daten zur Verfügung stehen
- Den Service Provider in die Lage versetzen, Effizienz zu steigern und Servicequalität zu verbessern, die Zufriedenheit zu erhöhen und die Kosten des Service zu senken

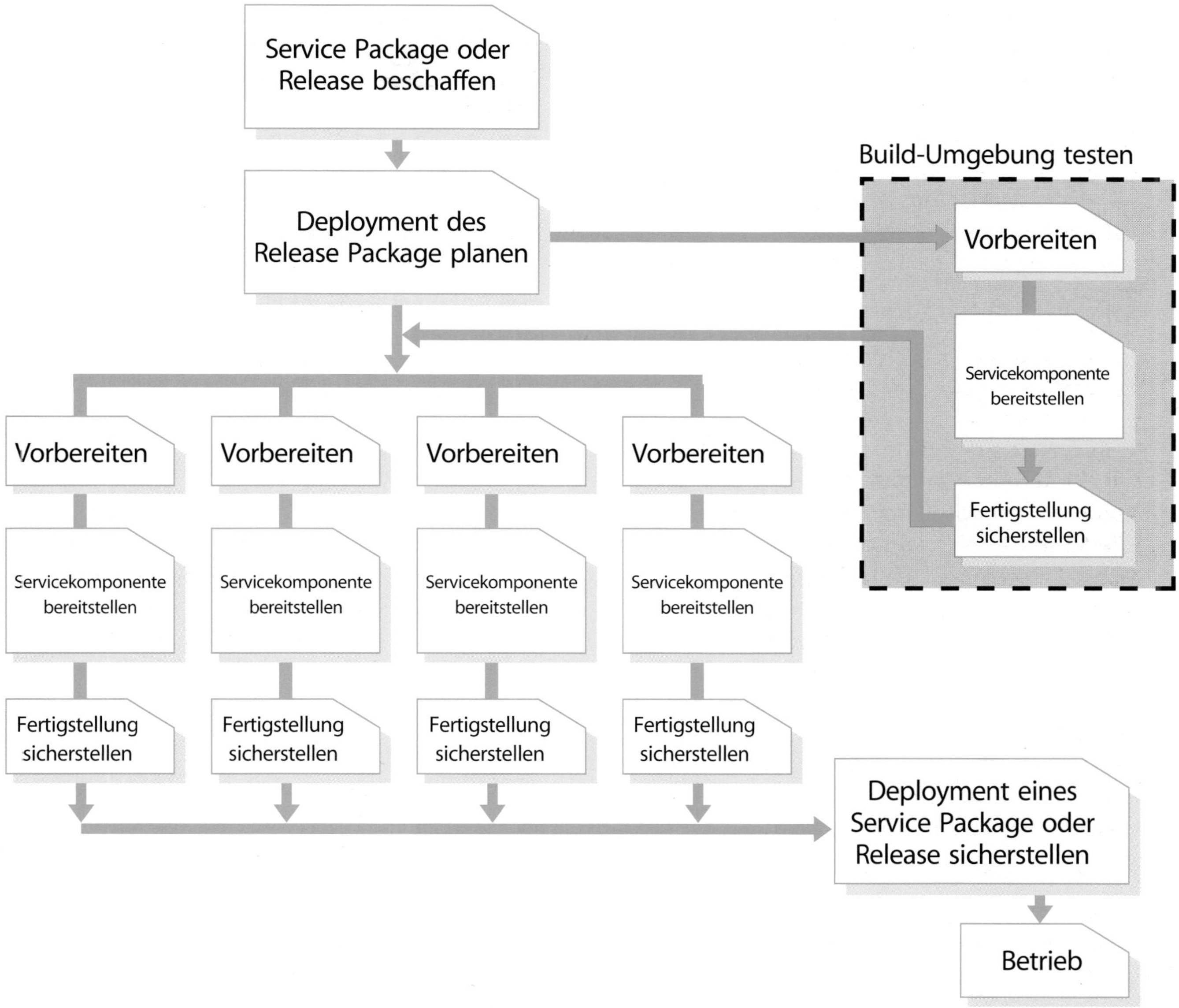

Abbildung 6.8 Der Release- und Deployment-Prozess: Koordination des Deployments von Servicekomponenten

- Sicherstellen, dass die Mitarbeiter ein klares und einheitliches Verständnis für den Wert besitzen, den ihre Services für die Kunden darstellen, sowie für die Art und Weise wie aus der Nutzung dieser Services Nutzen realisiert werden.

6.5.4.2 Grundlegende Konzepte

Von den Daten zur Erfahrung

Knowledge Management wird normalerweise in der DIKW-Struktur (Daten, Informationen, Wissen und Erfahrung) dargestellt (Abbildung 6.9). Die Verwendung dieser Begriffe wird im Folgenden beschrieben:

- **Daten** entsprechen einer Reihe einzelner Fakten zu bestimmten Ereignissen. Die meisten Organisationen erfassen erhebliche Datenmengen in hochstrukturierten Datenbanken wie den Tools/Systemen und Datenbanken für das Service Management und das Configuration Management.
- **Informationen** beziehen sich auf die Bereitstellung des Zusammenhangs in Bezug auf Daten. Informationen werden normalerweise in semistrukturierten Inhalten wie Dokumenten, E-Mails und Multimedia gespeichert.
- **Wissen** setzt sich aus den impliziten Erfahrungen, Ideen, Einsichten, Werten und Urteilen Einzelner zusammen. Menschen erwerben Wissen aus eigenen und aus der Wissenweitergabe von Kollegen sowie aus der

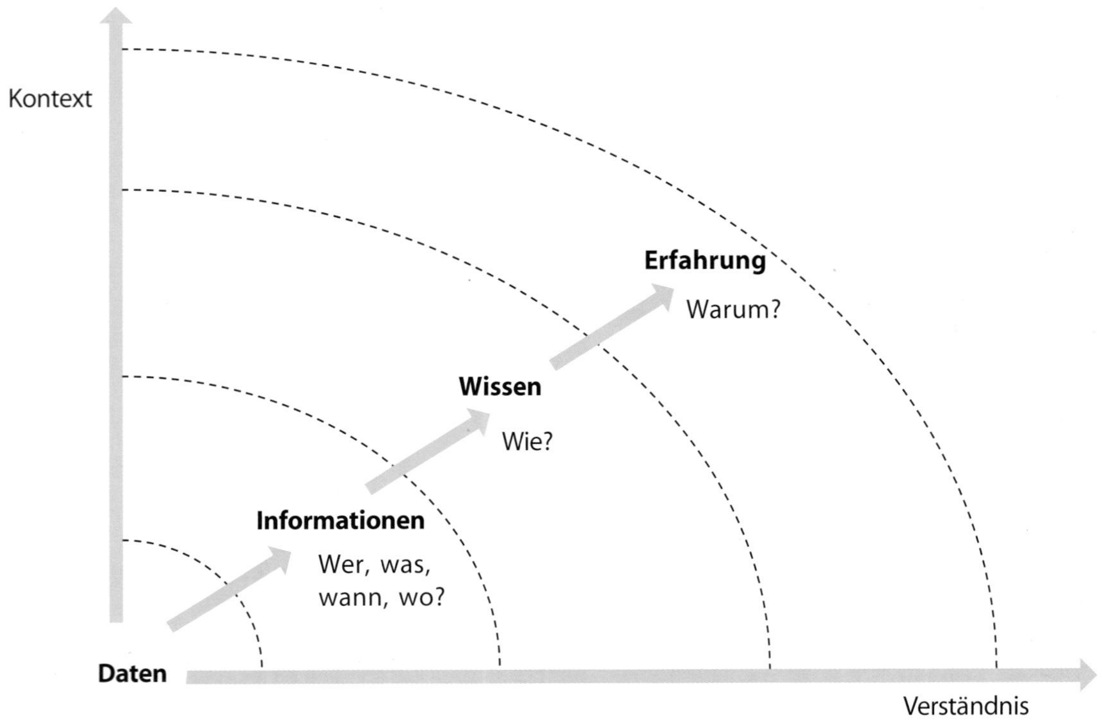

Abbildung 6.9 Das DIKW-Modell (Daten, Informationen, Wissen und Erfahrung)

Analyse von Informationen (und Daten). Die Synthese dieser Elemente schafft neues Wissen.

- **Erfahrung** erlaubt das letztendliche Urteil über das vorliegende Material und bedeutet, dass die Fähigkeit und das Bewusstsein für die Zusammenhänge vorhanden ist, sodass ein solides und vernünftiges Urteil möglich ist.

Service Knowledge Management System

Definition

Ein **Service Knowledge Management System** (SKMS) ist eine Sammlung von Hilfsmitteln und Datenbanken, die zur Verwaltung von Wissen und Informationen verwendet werden. Das SKMS speichert, verwaltet, aktualisiert und präsentiert alle Informationen, die ein Service Provider zur Verwaltung des gesamten Lebenszyklus von Services verwendet.

Das SKMS umfasst das Configuration Management System (CMS) und Configuration Management Databases sowie andere Hilfsmittel und Datenbanken.

Das Service Knowledge Management System stellt jedoch eindeutig ein umfassenderes Konzept dar, das eine viel breitere Wissensbasis abdeckt, darunter:

- Die Erfahrungen der Mitarbeiter
- Aufzeichnungen zu Randinformationen, z. B. Anwenderzahlen oder die Kennzahlen einer Organisation
- Anforderungen, Fähigkeiten und Erwartungen von Suppliern und Partnern
- Typischer und erwarteter Grad an Fertigkeiten des Anwenders

Abbildung 6.10 veranschaulicht das wechselseitige Verhältnis der drei Ebenen, bei dem Daten in der Configuration Management Database (CMDB) gesammelt werden, über das CMS in das Service Knowledge Management System übergeben werden, um so den Prozess einer fundierten Entscheidungsfindung zu unterstützen.

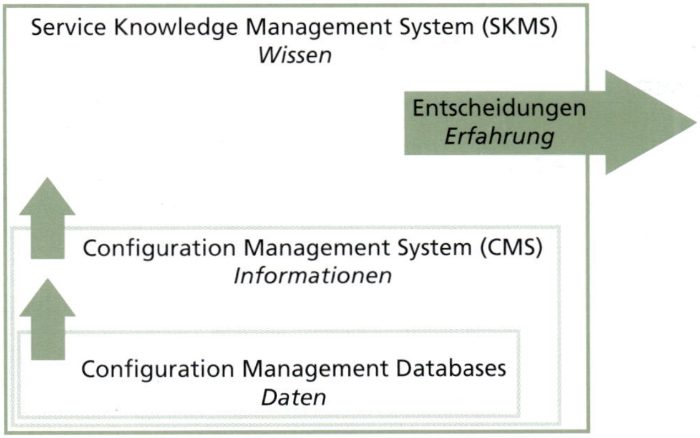

Abbildung 6.10 Beispiel für ein Service Knowledge Management System

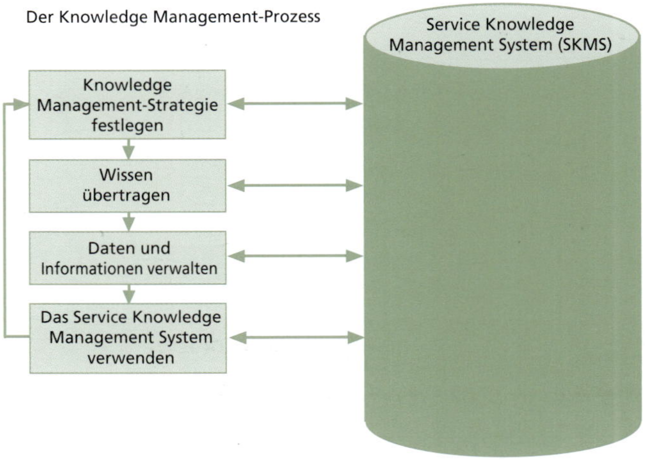

Abbildung 6.11 Der Knowledge Management-Prozess

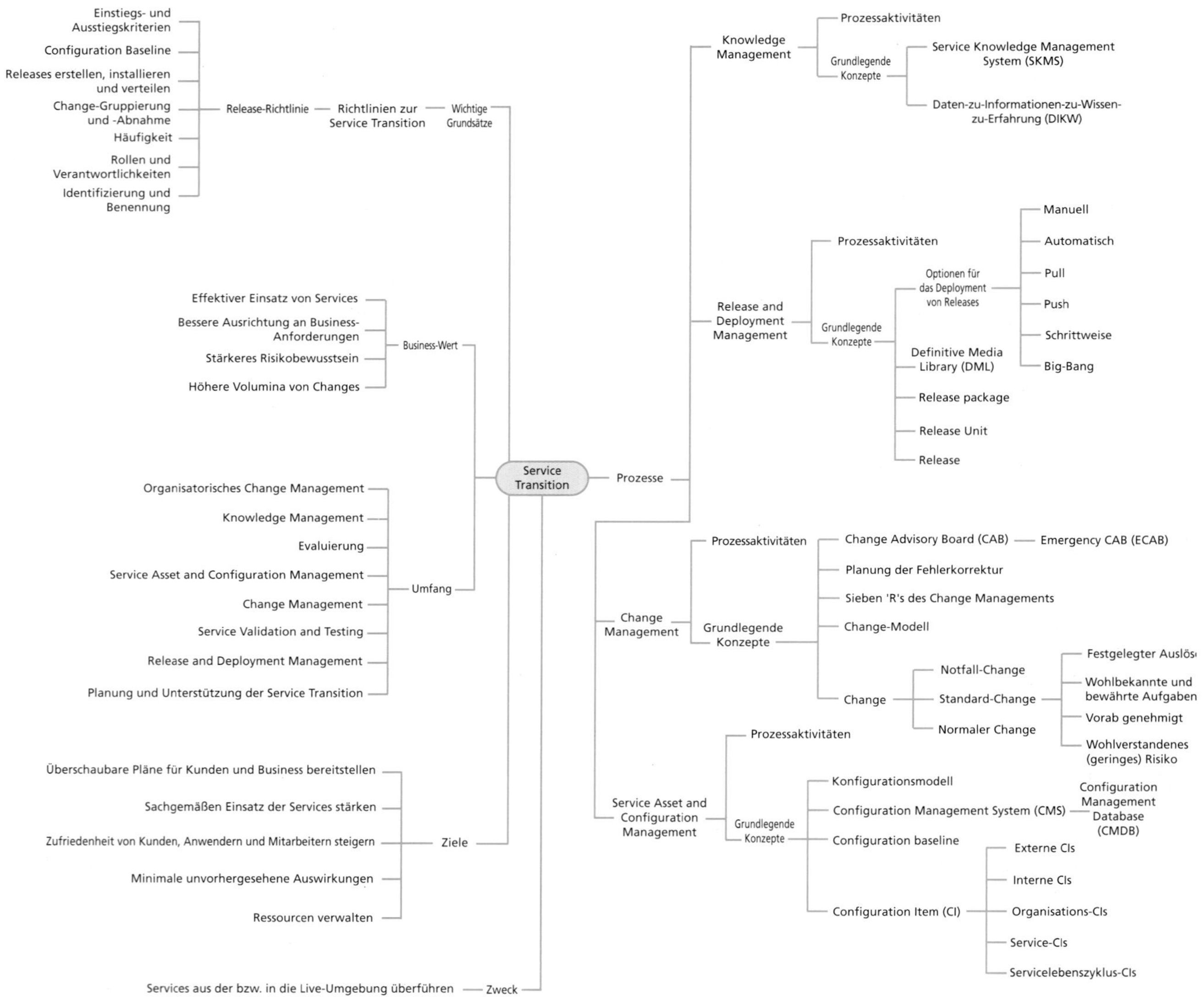

Abbildung 6.12 Überblick über Kapitel 6 (Service Transition)

Der Knowledge Management-Prozess

Die wichtigsten Aktivitäten im Knowledge Management-Prozess (Abbildung 6.11) sollten Folgendes beinhalten:

- **Bestimmen einer Knowledge Management-Strategie** Für das Knowledge Management ist eine Gesamtstrategie erforderlich.
- **Übermitteln von Wissen** Wissen muss zu bestimmten Zeitpunkten im Lebenszyklus an andere Teile der Organisation übermittelt werden.
- **Daten- und Informationsmanagement** Wissen beruht auf dem Management der Informationen und Daten die das Wissen stützen.
- **Nutzen des Service Knowledge Management Systems** Die Bereitstellung von Services für Kunden über mehrere Zeitzonen, Arbeitschichten und Standorte hinweg erfordert eine durchdachte Strategie für die gemeinsame Nutzung von Wissen an allen Standorten und in allen Phasen des Service Operation.

6.6 AUSGEWÄHLTE FRAGEN

1 Welche Aussage über die Beziehung zwischen dem Configuration Management System (CMS) und dem Service Knowledge Management System (SKMS) ist richtig?

a Das SKMS ist ein Teil des CMS.

b Das CMS bildet einen Teil des SKMS.

c Das CMS und das SKMS sind identisch.

d Es gibt keine Beziehung zwischen dem CMS und dem SKMS.

2 Welche der folgenden Beispiele sind Tools, die die Service Transition phase des Lebenszyklus unterstützen können?

1 Ein Tool zum Speichern von endgültigen Softwareversionen

2 Ein Workflow-Tool zur Verwaltung von Changes

3 Ein Tool zur automatischen Softwareverteilung

4 Test- und Validierungs-Tools.

a Nur 1, 3 und 4

b Nur 1, 2 und 3

c Alle genannten Optionen

d Nur 2,3 und 4.

3 Die wichtigsten Zwecke der Service Transition phase im Lebenszyklus sind:

1 Ermöglichen, dass das Business-Change-Projekt oder der Kunde ein Release in seine Business-Prozesse und -Services integrieren kann

2 Reduzieren bekannter Fehler und Minimieren der Risiken für Services bei ihrer Überführung in die Produktion

3 Sicherstellen, dass die Services gemäß den Anforderungen genutzt werden können, die in den Originalanforderungen der Services spezifiziert sind

4 Versorgen des Business mit den Details der sich ändernden Business-Prozesse und Durchführen eines nachfolgenden Trainings dieser operativen Business-Changes.

a Nur 1 und 4

b Nur 2 und 3

c Nur 1, 2 und 3

d Alle genannten Optionen.

4 Es ist entscheidend, dass das Service Knowledge Management System eine beträchtliche Datenmenge enthält. Wie wird der zentrale Speicher für Daten genannt?

a Das Configuration Management System

b Die Definitive Media Library

c Das Service Level Agreement

d Das Selbstbedienungsmenü der Kunden.

5 Was ist die BESTE Beschreibung des Configuration Management Systems?

a Es enthält zutreffende Details aller Komponenten der IT-Infrastruktur und die Beziehung zwischen diesen Komponenten.

b Es repräsentiert alle Komponenten, die verwaltet werden müssen, um einen IT-Service erbringen zu können.

c Es repräsentiert die Hilfsmittel und Datenbanken, die während des gesamten Lebenszyklus zur Verwaltung des Wissens und der Informationen einer Organisation verwendet werden.

d Es ist ein einzelner Speicher, der Details des Servicemodells und die Beziehungen zwischen den verschiedenen Komponenten dieses Service enthält.

6 Welche der folgenden Optionen ist nicht für das Deployment eines neuen Service in die Produktion geeignet, wie es im Release- und Deployment-Prozess beschrieben ist?

a Big Bang

b Pilot

c Schrittweise

d Pull.

7 Service Operation

7 Service Operation

Strategische Ziele werden letztlich über den Service Operation realisiert und erfordern eine effektive und effiziente Erbringung und Unterstützung von Services, damit der Wert für den Kunden und den Service Provider gewährleistet ist.

Nach längerer Zeit ist Brigitte wieder einmal in dem Berghotel. Auch wenn sie glaubt, dass sie zu viel reist, kommt sie gerne in diese schöne Umgebung. Als sie eine kurze Runde um das Hotel macht, fällt ihr auf, dass die Erweiterung mit einem kleinen Wasserpark nahezu abgeschlossen ist und der Bau der Konferenzeinrichtungen Fortschritte macht. Sie ist erstaunt, dass das Hotelpersonal in der Lage ist, zwei größere Projekte zu bewältigen und gleichzeitig das Hotel zu führen. Immerhin wird das Geld noch mit dem Betrieb des alten Hotelteils verdient.

Sobald die neuen Konferenzdienstleistungen umgesetzt worden sind, müssen sie entsprechend der vereinbarten Service Levels abgewickelt werden. Brigitte weiß nicht viel über den Hotelbetrieb, aber sie denkt sich, dass er z. B. folgende Aktivitäten umfassen kann:

- Veranstaltung und Begleitung von Konferenzen
- Überwachung und Verwaltung der Klimatechnik in den Konferenzeinrichtungen
- Reinigung und Wartung der Konferenzeinrichtungen
- Messung und Auswertung der Zufriedenheit der Konferenzteilnehmer
- Ausbildung neuer Mitarbeiter.

7.1 ZWECKE UND ZIELE

Der Hauptzweck ist das Verwirklichen einer effektiven und effizienten Erbringung und Unterstützung von Services und das Aufrechterhalten der Stabilität, während gleichzeitig Changes und Verbesserungen ermöglicht werden sollen.

Die Hauptziele des Service Operation sind:

- Erbringen vereinbarter Service Levels für das Business und die Kunden
- Verwalten der Anwendungen, der Technik und der Infrastruktur, die das Erbringen der Services unterstützen
- Unterstützen der Optimierung von Kosten und Qualität

7.2 UMFANG

Der Service Operation umfasst den Betrieb und die Verwaltung von:

- Allen Aspekten der mit dem Business vereinbarten End-to-End-Services, einschließlich der Aspekte, die von Drittparteien oder den Kunden und Endanwendern selbst übernommen werden
- Service Management-Prozessen, die die Services unterstützen
- Technik und Infrastruktur, die für die Erbringung der Services benötigt werden
- Mitarbeitern, die Technik, Prozesse und Services verwalten.

7.3 WERT FÜR DAS BUSINESS

Der Service Operation ist diejenige Phase im Lebenszyklus, in dem die Pläne, Entwürfe und Optimierungen ausgeführt und gemessen werden. Im Service Operation wird für das Business der tatsächliche Wert erkennbar.

7.4 WICHTIGE GRUNDSÄTZE

7.4.1 Kommunikation

Eine effektive Kommunikation im Service Operation gewährleistet, dass alle Teams und Abteilungen in der Lage sind, die Standardaktivitäten auszuführen, die mit dem Erbringen von Services und dem Verwalten der Infrastruktur verbunden sind. Probleme können durch entsprechende Kommunikation häufig vermieden oder entschärft werden.

Die Arten der Kommunikation umfassen:

- Routinemäßige Kommunikation im Betrieb
- Kommunikation beim Schichtwechsel
- Berichterstattung zur Performance
- Kommunikation in Projekten
- Kommunikation im Zusammenhang mit Changes
- Kommunikation im Zusammenhang mit Ausnahmen und Notfällen
- Schulungen für neue oder angepasste Prozesse und Service Designs
- Kommunikation der Strategie und des Design gegenüber den Teams für den Service Operation.

Es gibt weder ein vorgeschriebenes Kommunikationsmittel, noch einen festen Ort oder eine festgelegte Häufigkeit. In manchen Organisationen muss die Kommunikation in Meetings stattfinden. Andere Organisationen bevorzugen den Einsatz von E-Mail oder die Kommunikation, die in ihre Service Management-Tools integriert ist.

7.5 PROZESSE

The ITIL Foundation syllabus covers the following Service Operation processes:

- Event Management
- Incident Management
- Request Fulfilment
- Problem Management
- Access Management.

Darüber hinaus enthält der Band Service Operation die Functions Application Management, Technical Management und Operations Management. Da diese jedoch nicht Bestandteil des ITIL-Foundation-Syllabus sind, werden sie nicht weiter behandelt.

7.5.1 Event Management

Während der nächsten Jahre kommt Brigitte wieder regelmäßig in das Hotel. Sie kam sogar zur großen Eröffnung des neuen Konferenzzentrums. Zu Beginn präsentierte das Hotelmanagement am alten Empfangsschalter die Bedienerkonsole für die Heizung, die Sonnenkollektoren und die Lichtanlage im neuen Konferenzzentrum.

Plötzlich ertönte ein akustisches Signal und ein Lämpchen auf der Bedienerkonsole wechselte auf Rot. Das Gesicht des Mannes, der die Vorführung abhielt, nahm schnell die Farbe des Lämpchens an. Offenbar hatte er nicht erwartet, dass mitten in seiner Vorführung ein Alarm ausgelöst werden würde. Andererseits bekam er so die Gelegenheit, zu zeigen, wie fortschrittlich das System war. Wie er erläuterte, war das akustische Signal eine Meldung des Systems, dass das Eingreifen einer Person erforderlich war. In diesem Fall war die Temperatur im Vortragssaal plötzlich unerwartet niedrig.

Für diese Schlussfolgerung hatte das System Daten der Temperatursensoren innerhalb des Saals und außerhalb des Gebäudes sowie Daten der Heizungsanlage erfasst. Das System hatte dann sämtliche Daten miteinander in Beziehung gesetzt, das Ergebnis mit den festgelegten Grenzwerten verglichen und das Auslösen eines Alarms veranlasst.

7.5.1.1 Zwecke und Ziele

- Liefern einer soliden Grundlage für operative Überwachung und Steuerung
- Erkennen von Events, Einordnen dieser Events und Festlegen der angemessenen Reaktion
- Fungieren als Basis für die Automatisierung von routinemäßigen Aktivitäten des Operations Managements.

7.5.1.2 Grundlegende Konzepte

Event

Definition

Ein **Event** ist eine Statusänderung, die für das Verwalten der IT-Infrastruktur oder für das Erbringen eines IT-Service von Bedeutung ist.

Events sind in der Regel Benachrichtigungen durch einen Service, ein CI oder ein Monitoring-Tool.

Alarm

Definition

Ein **Alarm** ist eine Warnung, dass ein Grenzwert erreicht wurde, eine Änderung vorgenommen wurde oder ein Ausfall aufgetreten ist.

Alarme werden häufig über System Management-Tools erzeugt und verwaltet. Die Verwaltung erfolgt im Event Management-Prozess.

Arten von Events

Es gibt die folgenden Arten von Events:

- **Informativ** – keine Aktion erforderlich, das Event wird protokolliert. Zum Beispiel:
  - Eine Benachrichtigung, dass eine geplante Auslastung abgeschlossen wurde
  - Ein Benutzer hat sich an einer Anwendung angemeldet.
  - Eine E-Mail hat ihren Empfänger erreicht.
- **Warnung** – wird in der Regel generiert, wenn ein Grenzwert erreicht wurde, damit jemand reagieren kann, bevor etwas schiefgeht. Beispiele für diese Art von Event sind:
  - Die Arbeitsspeicherauslastung eines Servers liegt 5% unterhalb seines höchsten annehmbaren Performance-Levels

- Die Zeit bis zum Abschluss einer Transaktion ist um 10% länger als gewöhnlich.
- **Ausnahme** – ein Service oder ein Gerät arbeitet nicht ordnungsgemäß und es besteht Handlungsbedarf:
  - Ein Anwender versucht, sich mit einem falschen Passwort an einer Anwendung anzumelden.
  - Der Hauptprozessor eines Geräts arbeitet oberhalb der annehmbaren Auslastungsrate.
  - Der Scan eines PCs offenbart die Installation nicht autorisierter Software.

7.5.2 Incident Management

Auf einer ihrer letzten Reisen kehrte Brigitte eines Nachts zum Schlafen in ihr Hotelzimmer. Als sie sich die Zähne putzte, fiel ihr auf, dass der Duschkopf heruntergefallen und beschädigt war.

Nach dem Zähneputzen wählte sie die Nummer der Rezeption. Die Mappe neben dem Telefon enthielt eine Anleitung zur Meldung von Incidents: 'Wenn Sie Hilfe benötigen oder ein Problem melden möchten, rufen Sie bitte die Rezeption an, indem Sie die 1 wählen'. Der Empfangsmitarbeiter stellte Fragen wie: 'Worin besteht Ihr Problem?', 'Ist die Dusche überhaupt nicht mehr verwendbar oder können Sie sie noch benutzen?', 'Muss das Problem unbedingt sofort behoben werden oder kann es noch bis morgen warten?' und 'Wann haben Sie vor, duschen?'

Brigitte brauchte in diesem Moment keine Dusche – aber sie würde am nächsten Morgen duschen müssen, bevor sie um 8 Uhr wieder zur Fabrik gehen würde. Da der Empfangsmitarbeiter jedoch niemanden finden konnte, der die Dusche vor 6 Uhr morgens hätte reparieren können, versuchte er, eine provisorische Lösung anzubieten: 'Brigitte, möchten Sie ein anderes Zimmer (zur Straße hinaus, also ein bisschen lauter) oder einen Schlüssel für den Poolbereich, um dort zu duschen?'

7.5.2.1 Zwecke und Ziele

- Schnellstmögliches Wiederherstellen des normalen Service und Minimieren der Business-Auswirkungen von Incidents
- Sicherstellen, dass die bestmöglichen Levels von Servicequalität und Verfügbarkeit aufrechterhalten werden.

7.5.2.2 Grundlegende Konzepte

Incident und Workaround

Definition

Ein **Incident** ist eine nicht geplante Unterbrechung eines Service oder eine Qualitätsminderung eines Service. Auch der Ausfall eines CI ohne bisherige Auswirkungen auf einen Service ist ein Incident.

In manchen Fällen kann es möglich sein, einen Workaround für einen Incident zu finden, also eine provisorische Möglichkeit, die Schwierigkeiten zu überwinden. Es ist jedoch wichtig, weiter an einer dauerhaften Lösung zu arbeiten, falls dies notwendig ist.

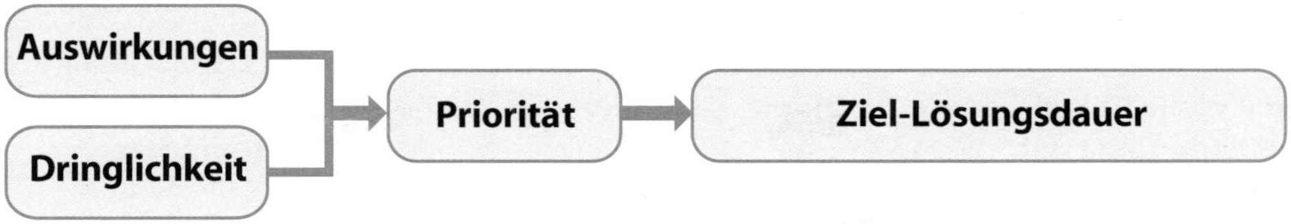

Auswirkungen

Dringlichkeit	Priorität / Lösungsdauer	Hoch	Mittel	Niedrig
	Hoch	1 / < 1 Stunde	2 / < 8 Stunden	3 / < 24 Stunden
	Mittel	2 / < 8 Stunden	3 / < 24 Stunden	4 / < 48 Stunden
	Niedrig	3 / < 24 Stunden	4 / < 48 Stunden	5 / geplant

Abbildung 7.1 Berechnung der Priorität auf Basis von Auswirkungen und Dringlichkeit

Definition

Ein **Workaround** ist eine Methode, die Auswirkungen eines Incidents oder Problems, für das noch keine vollständige Lösung verfügbar ist, zu reduzieren oder zu beseitigen..

Dazu könnte z. B. der Neustart eines ausgefallenen Configuration Items (CI) oder das manuelle Abändern einer Eingabedatei gehören, damit der Ablauf eines Programms erfolgreich beendet werden kann.

Workarounds für Probleme (siehe unten) werden in Known Error Records dokumentiert. Workarounds für Incidents, denen keine Problem Records zugeordnet sind, werden in Incident Records dokumentiert.

Priorisierung

Ein wichtiger Aspekt der Erfassung jedes einzelnen Incident ist das Festlegen und Zuweisen einer geeigneten Priorität. Auf diese Weise wird festgelegt, wie der jeweilige Incident von den Support-Tools und dem Support-Personal gehandhabt werden soll. Die Priorität ist eine Kategorie, mit der die relative Bedeutung eines Incident bestimmt wird.

Die Priorität basiert auf der Dringlichkeit eines Incident (wie schnell das Business eine Lösung benötigt) und dem Ausmaß der Auswirkungen, die er verursacht.

Eine effektive Methode, diese Elemente zu berechnen und eine Gesamtprioritätsstufe für die einzelnen Incidents abzuleiten, ist in Abbildung 7.1 dargestellt.

Als Indiz für die Auswirkungen dient häufig die Anzahl der betroffenen Anwender. In manchen Fällen kann der Verlust eines Service für einen einzelnen Anwender jedoch große Business-Auswirkungen haben, sodass Zahlen allein nicht ausreichen, um die Gesamtpriorität abzuschätzen. Auch andere Faktoren können zur Schwere von Auswirkungen beitragen, darunter:

- Gefahr für Leib und Leben
- Anzahl der betroffenen Services – mehrere Services können betroffen sein
- Höhe der finanziellen Verluste
- Auswirkung auf den Ruf des Organisation
- Verletzungen von Vorschriften oder Gesetzen.

Für alle Phasen der Incident-Handhabung müssen Zeitvorgaben in Abhängigkeit von der Priorität des jeweiligen Incident vereinbart werden, und zwar auf Basis der Gesamtantwort auf Incidents und der Lösungsziele innerhalb von SLAs. Die Zeitvorgaben müssen dann als Ziele in Operational Level Agreements (OLAs) und Underpinning Contracts aufgenommen werden. Allen Support-Gruppen sollten diese Zeitvorgaben vollständig bewusst gemacht werden.

Major Incident

Für Major Incidents muss ein separates Verfahren mit engeren Zeitvorgaben und höherer Dringlichkeit verwendet werden. Es muss ein Definition für Major Incidents vereinbart und im Idealfall dem Gesamtsystem für die Incident-Priorisierung abgestimmt werden, damit im gesamten Prozess für Major Incidents entsprechend verfahren werden kann.

Das Verfahren für Major Incidents sollte gegebenenfalls die schnelle Bildung eines separaten Teams für Major Incidents unter direkter Leitung des Incident Managers beinhalten und so gestaltet sein, dass es sich ausschließlich auf den jeweiligen Incident konzentriert, damit gewährleistet ist, dass geeignete Ressourcen bereitgestellt werden, um eine schnelle Lösung zu finden.

Incident-Modell

Viele Incidents sind nicht neu. Sie betreffen ein in der Vergangenheit aufgetretenes Ereignis, das jederzeit wieder auftreten kann. Aus diesem Grund halten es einige Organisationen für sinnvoll, Incident-Modelle vorab zu definieren

Definition

Ein **Incident-Modell** stellt eine Möglichkeit dar, die Schritte vorab zu definieren, die bei Abwicklung eines Prozesses für bestimmte Arten von Incidents vereinbarungsgemäß ausgeführt werden sollen.

Das Incident-Modell sollte Folgendes beinhalten:

- Die zur Abwicklung eines Incidents erforderlichen Schritte
- Die chronologische Reihenfolge, in der die Schritte ausgeführt werden sollen, mit festgelegten Abhängigkeiten oder Vorgaben für eine gemeinsame Verarbeitung
- Verantwortlichkeiten: Welche Personen sollten welche Aktivität durchführen?
- Zeitrahmen und Grenzen für den Abschluss der Aktionen
- Eskalationsverfahren: Wer sollte wann kontaktiert werden?
- Alle erforderlichen Aktivitäten zur Beweissicherung.

7.5.2.3 Prozessaktivitäten

Zu den wichtigsten Aktivitäten im Incident Management-Prozess gehören (Abbildung 7.2):

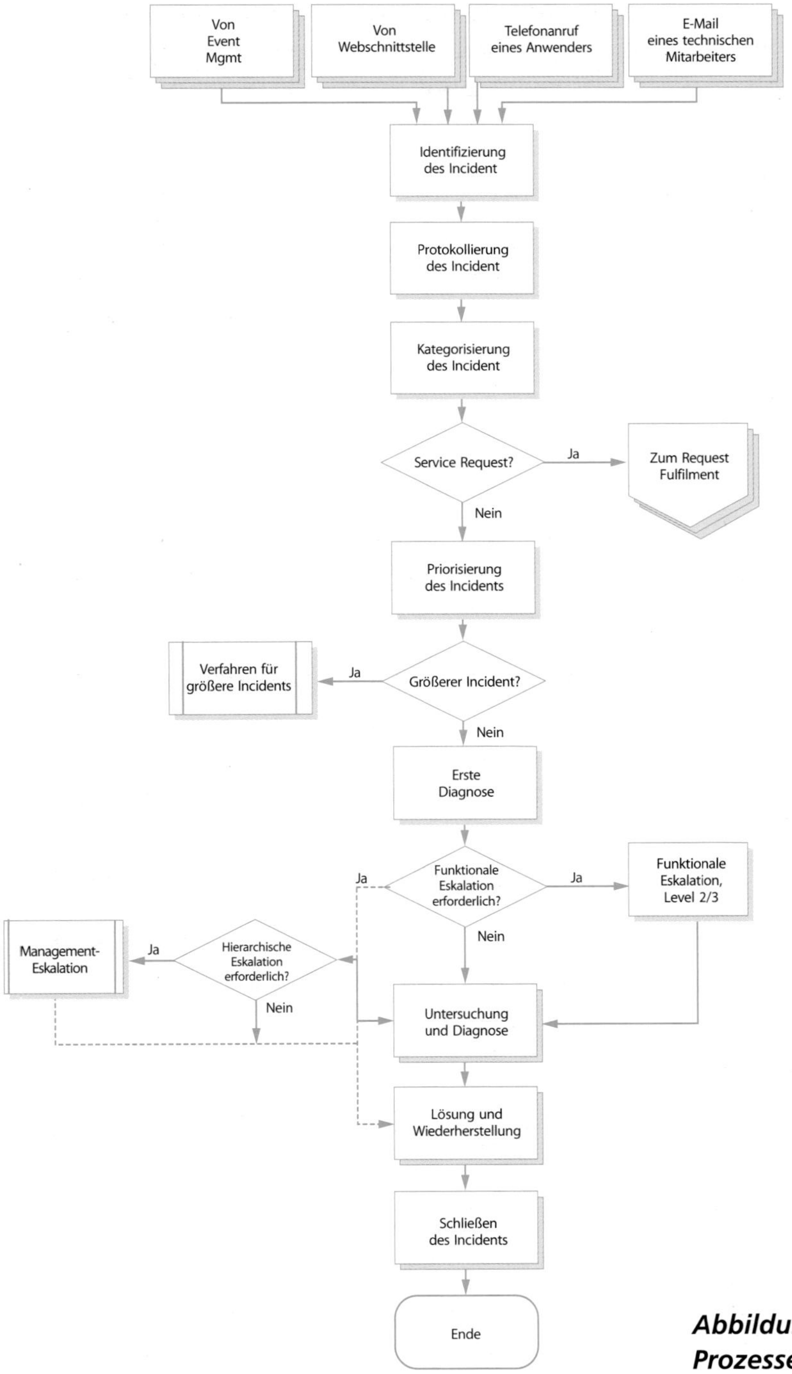

Abbildung 7.2 Ablauf des Incident Management-Prozesses

- **Incident-Identifizierung** Incidents können durch das Event Management, durch Anrufe beim Service Desk, über Internet- oder andere Selbsthilfeschnittstellen oder direkt vom technischen Personal erkannt werden.
- **Incident-Protokollierung** Alle Incidents müssen protokolliert und mit einem Zeitstempel versehen werden, gleichgültig ob sie über einen Anruf beim Service Desk eingegangen sind oder anhand eines Event-Alarms automatisch erkannt wurden. Das Protokoll muss geeignete Daten enthalten, um den jeweiligen Incident bewältigen zu können.
- **Incident-Kategorisierung** Kategorien werden genutzt, um den Typ des Incidents zu bestimmen und Service Requests zu identifizieren, damit sie an den Request Fulfilment-Prozess weitergeleitet werden können.
- **Incident-Priorisierung** Prioritäten werden auf Basis von Auswirkung und Dringlichkeit zugewiesen. Prioritäten sind dynamisch und können sich während der Lebensdauer der Incidents ändern.
- **Erste Diagnose** Der Incident sollte möglichst noch während des Telefonanrufs des Anwenders behoben werden. Manchmal wird der Service Desk Mitarbeiter weiter an dem Incident arbeiten und sich mit dem Anwender in Verbindung setzen, sobald der Incident behoben wurde.
- **Incident-Eskalation**
  - **Funktionale Eskalation** Der Incident wird an ein technisches Team mit höherem Kenntnisstand übergeben.
  - **Hierarchische Eskalation** Bei schwerwiegenden Incidents müssen die zuständigen Manager benachrichtigt werden – zumindest zu Informationszwecken.
- **Untersuchung und Diagnose** Alle an der Incident-Bearbeitung beteiligten Support-Gruppen untersuchen und diagnostizieren, was falsch gelaufen ist.
- **Lösung und Wiederherstellung** Wenn eine mögliche Lösung ermittelt wurde, sollte sie getestet, angewendet und im Incident Record dokumentiert werden.
- **Incident-Abschluss** Der Service Desk sollte sich vergewissern, dass der Incident vollständig und zur Zufriedenheit der Anwender gelöst ist und die Anwender dem Schließen des Incident Records zustimmen.

7.5.2.4 Beziehungen

Das Incident Management besitzt Schnittstellen mit den folgenden Prozessen:

- **Problem Management** Das Incident Management ist ein Bestandteil des Gesamtprozesses für den Umgang mit Problemen in der Organisation. Incidents werden häufig durch tiefer liegende Probleme verursacht, die gelöst werden müssen, um ein erneutes Auftreten der Incidents zu verhindern. Das Incident Management bildet die Anlaufstelle für die Berichte zu diesen Problemen.
- **Configuration Management** Liefert die Daten für das Identifizieren von Incidents und das Verfolgen ihrer Entwicklung.
- **Change Management** Wenn ein Change erforderlich ist, um einen Workaround oder eine Lösung zu implementieren, muss dies als ein RFC protokolliert und durch das Change Management weiterverfolgt werden.
- **Capacity Management** Sobald an einer Stelle ein Performance-Problem vorzuliegen scheint, liefert das Incident Management einen Auslöser für eine Überwachung der Performance.

- **Availability Management** Ermittelt mit Daten des Incident Managements die Verfügbarkeit von IT-Services und sucht nach Punkten, an denen der Incident-Lebenszyklus verbessert werden kann.
- **Service Level Management** Die Fähigkeit, Incidents in einer vorgegebenen Zeit zu lösen, ist ein wesentliche Bestandteil der Erbringung vereinbarter Service Levels.

7.5.3 Erfüllung der Serviceanfragen

Auf einer anderen Reise hatte Brigitte ihren Wecker vergessen, sodass sie eine andere Möglichkeit für einen Weckruf finden musste. Im Hotelzimmer gab es ein interaktives Fernsehgerät mit einer Vielzahl von Servicemenüs. Sie schaltete den Fernseher ein und wechselte in das Selbstbedienungsmenü (1. Weckdienst, 2. Restaurantmenü, 3. Tischreservierung für das Restaurant, 4. Zimmerservice, 5. Öffnungszeiten des Poolbereichs usw.). Sie drückte die '1' und dann '0630', um den Weckruf auf 6:30 Uhr zu setzen.

Das Servicesystem brachte Brigitte zum Nachdenken. Es war ziemlich pfiffig: Die Gäste konnten die meisten der erbrachten Services einsehen, und das System konnte viele dieser Services sogar ohne jegliche menschliche Eingriffe handhaben.

7.5.3.1 Zwecke und Ziele

- Bereitstellen eines Wegs für Anwender, um Standard-Services anzufragen und zu erhalten
- Liefern von Informationen über Services und das Verfahren zum Erhalt dieser Services für Anwender und Kunden
- Beziehen und Liefern der Komponenten für angefragte Standard-Services.

7.5.3.2 Grundlegende Konzepte

Service Request

Definition

Ein **Service Request** ist eine Anfrage eines Anwenders nach Informationen, Beratung, einem Standard-Change oder nach Zugriff auf einen Service.

Der Begriff Service Request dient als übergeordnete Beschreibung für die vielen unterschiedlichen Arten von Bedarf, die von Anwendern an die IT-Abteilung herangetragen werden. Bei vielen dieser Arten von Bedarf handelt es sich eigentlich um kleine Changes – mit geringem Risiko, häufig auftretend, mit geringen Kosten usw. (z. B. eine Anfrage zur Änderung eines Passworts, eine Anfrage zur Installation einer zusätzlichen Softwareanwendung auf einem bestimmten Arbeitsplatzrechner oder eine Anfrage nach Umstellung einiger Geräte auf dem Schreibtisch) – oder betreffen einfach eine Frage nach Informationen.

Request-Modelle

Viele Service Requests wiederholen sich häufig, sodass ein bestimmtes Request-Modell ausgearbeitet werden kann, das die für die Erfüllung der Anfrage erforderlichen Phasen, die involvierten Personen oder Support-Gruppen, die Zeitvorgaben und die Eskalationspfade umfasst.

Der Notwendigkeit für ein Request-Modell kann oft durch Implementierung eines Standard-Change Genüge getan werden. Die Verantwortung für die Service Requests liegt bei dem Service Desk, der die Anfragen der Anwender überwacht, eskaliert, abfertigt und häufig auch erfüllt.

7.5.4 Problem Management

Als Brigitte einmal das Hotel besuchte, war der Duschkopf beschädigt gewesen. Infolgedessen war sie gezwungen gewesen, in den Poolbereich zu gehen, um dort ihre Dusche zu nehmen. Daher überprüfte sie, als sie das nächste Mal in das Hotelzimmer trat, zu allererst, ob die Dusche in Ordnung war. Aber sie war nicht nur in Ordnung. An dem Duschkopf war auch ein Halteband befestigt worden, das verhinderte, dass der Duschkopf auf den Boden fallen konnte.

Brigitte war nicht die Einzige gewesen, die ein Problem mit dem Duschkopf gehabt hatte. Es war eine Reihe von Incidents gemeldet worden, sodass eine Analyse vorgenommen wurde, um die zugrunde liegenden Ursachen des Problems zu bestimmen. Es stellte sich heraus, das die zugrunde liegenden Ursachen in den Schwächen der Duschköpfe verbunden mit menschlichem Verhalten lagen. Bevor das Problem behoben werden konnte, wurde eine Reihe von Lösungen untersucht, darunter der Austausch aller Duschköpfe und die Befestigung eines Haltebands, um zu verhindern, dass Duschköpfe auf den Boden fallen können.

7.5.4.1 Zwecke und Ziele

- Verhindern des Auftretens von Incidents und daraus resultierenden Problemen und das Unterbinden sich wiederholender Incidents
- Minimieren der Auswirkungen von Incidents, die nicht verhindert werden können.

7.5.4.2 Grundlegende Konzepte

Problem, Known Error und Lösung

Definition

Ein **Problem** ist die unbekannte Ursache für einen oder mehrere Incidents.

Zum Zeitpunkt der Erstellung eines Problem Record ist die Ursache in der Regel unbekannt. Für die weitere Untersuchung ist der Problem Management-Prozess verantwortlich.

Definition

Ein **Known Error** ist ein Problem, für das die zugrunde liegende Ursache und ein Workaround dokumentiert wurden.

Sobald die Diagnose abgeschlossen ist, und insbesondere wenn ein Workaround gefunden wurde, muss ein Known Error Record angelegt und in der Known Error-Datenbank (KEDB) abgelegt werden, damit weitere Incidents oder Probleme dieser Art identifiziert werden können und der Service sich schneller wiederherstellen lässt.

In manchen Fällen kann es jedoch von Vorteil sein, schon zu einem früheren Zeitpunkt im Gesamtprozess einen Known Error Record anzulegen, z. B. einfach zu Informationszwecken, auch wenn vielleicht die Diagnose noch nicht abgeschlossen ist oder noch kein Workaround gefunden wurde. Daher ist es nicht ratsam, einen festen Zeitpunkt im Ablauf festzulegen, zu dem ein Known Error Record angelegt werden muss.
Er sollte erst dann angelegt werden, wenn es sinnvoll ist.

> **Definition**
>
> Eine **Lösung** ist eine Maßnahme zur Behebung der zugrunde liegenden Ursache eines Incident oder Problems oder zur Implementierung eines Workaround.

Im Idealfall sollte eine Lösung, sobald sie gefunden wurde, angewendet werden, um das Problem zu beheben. In der Praxis jedoch können Sicherheitsvorkehrungen erforderlich sein, um zu gewährleisten, dass dies nicht zu weiteren Schwierigkeiten führt.

Wenn eine Änderung der Funktionalität erforderlich ist, muss ein Request for Change (RFC) eingereicht und genehmigt werden, bevor die Lösung angewendet werden kann.

Known Error-Datenbank

Um eine schnellere Diagnose und Lösung von Incidents und Problemen zu ermöglichen, sollte das bisherige Wissen über deren Bewältigung in einer Known Error-Datenbank (KEDB) gespeichert werden.

Der Known Error Record sollte exakte Details zu dem Fehler und den aufgetretenen Symptomen sowie präzise Angaben zu allen Workarounds oder Lösungsmaßnahmen enthalten, die ergriffen werden können, um den Service wiederherzustellen und das Problem zu lösen.

Die KEDB bildet wie das Configuration Management System (CMS) einen Bestandteil des größeren Service Knowledge Management Systems (SKMS).

Problemmodell

Viele Probleme sind einzigartig und erfordern eine individuelle Handhabung. Es ist jedoch nachvollziehbar, dass einige Incidents aufgrund ruhender oder zugrunde liegender Probleme wiederholt auftreten können.

Neben dem Anlegen eines Known Error Records in der Known Error-Datenbank zwecks schnellerer Diagnose kann sich die Erstellung eines Problemmodells für die zukünftige Handhabung derartiger Probleme als hilfreich erweisen.

7.5.4.3 Prozessaktivitäten

Das Problem Management besteht aus zwei wichtigen Prozessen:

- Reaktives Problem Management, das in der Regel als Teil des Service Operation ausgeführt wird
- Proaktives Problem Management, das im Service Operation angestoßen wird, aber im Allgemeinen als Teil der Continual Service Improvement weitergeführt wird.

Der reaktive Problem Management-Prozess ist in Abbildung 7.3 dargestellt. Dabei handelt es sich um ein vereinfachtes Diagramm, das den normalen Prozessablauf darstellen soll. In der Realität können einige der Stadien iterativ sein oder Änderungen erforderlich sein, um bestimmte Situationen zu handhaben.

Zu den wichtigsten Aktivitäten im reaktiven Problem Management-Prozess gehören:

- **Erkennung des Problems** Es gibt viele Möglichkeiten, ein Problem zu erkennen, darunter:
  - Wenn dem Service Desk ein Incident gemeldet wird und dessen Ursache unbekannt ist, auch wenn der Incident selbst durch Anwendung eines Workaround gelöst werden konnte
  - Wenn eine technische Support-Gruppe feststellt, dass ein Problem vorliegt

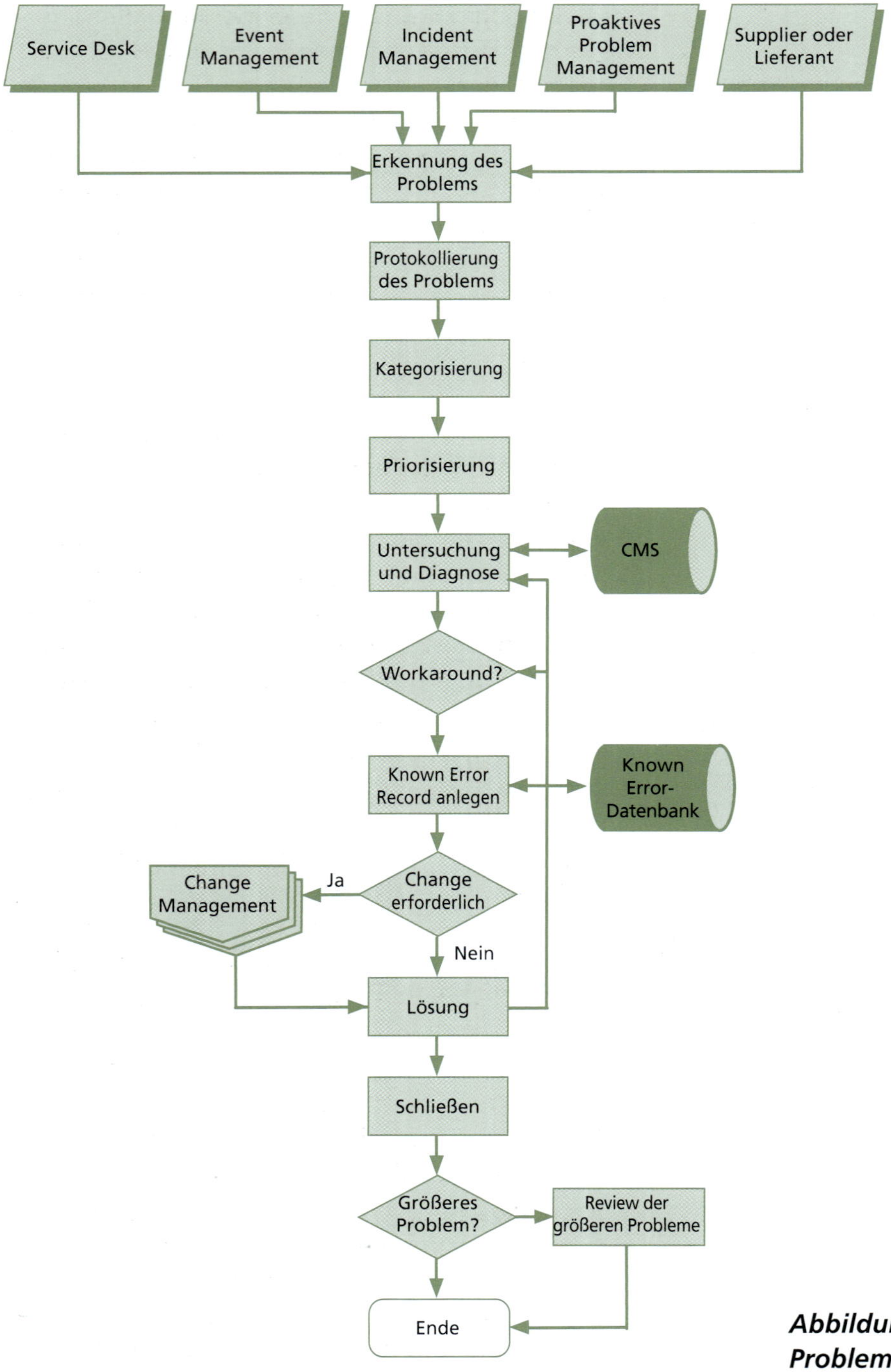

Abbildung 7.3 Ablauf des reaktiven Problem Management-Prozesses

- Wenn Monitoring-Tools einen Fehler in der Infrastruktur erkennen, der zur Identifizierung eines Incidents oder Problems führen könnte
- Durch das proaktive Problem Management

- **Protokollierung des Problems** Alle Probleme müssen protokolliert werden, und die Problem Records müssen sämtliche Details enthalten, die erforderlich sind, um das Problem in seinem gesamten Lebenszyklus zu verwalten, einschließlich von Verknüpfungen zu ähnlichen Incidents.
- **Kategorisierung des Problems** Probleme werden in Kategorien unterteilt, um Analyse und Berichterstattung zu ermöglichen. Es empfiehlt sich, das gleiche Kodierungssystem wie für Incidents zu verwenden.
- **Priorisierung des Problems** Probleme sollten in der gleichen Weise und aus dem gleichen Grund wie Incidents mit Prioritäten versehen werden. Die Priorität eines Problem sollte die Häufigkeit und die Auswirkungen ähnlicher Probleme einbeziehen. Die Priorität eines Problems basiert auch auf der Schwere des Problems, die ein Maß für den Ernst des Problems aus Sicht der Infrastruktur ist, z. B. wie viel Zeit die Behebung des Problems in Anspruch nehmen wird oder welche Kosten auftreten werden.
- **Untersuchung und Diagnose des Problems** Mit einer Untersuchung wird die zugrunde liegende Ursache des Problems diagnostiziert. Die Schnelligkeit und die Art einer Untersuchung sowie die aufgewendeten Ressourcen sollten von den Auswirkungen, der Schwere und der Dringlichkeit des Problems abhängen.
- **Workarounds** Ein Workaround ist eine Methode, die Auswirkungen eines Problems zu reduzieren oder zu beseitigen, ohne jedoch seine Ursache vollständig zu beheben. Falls ein Workaround implementiert wurde, sollte der Problem Record offen bleiben, bis das Problem gelöst worden ist.
- **Anlegen eines Known Error Records** Wenn die Diagnose abgeschlossen ist und insbesondere wenn ein Workaround gefunden wurde, sollte ein Known Error Record angelegt und in der Known Error-Datenbank (KEDB) gespeichert werden, damit weitere Incidents oder Probleme besser identifiziert werden können und der Service schneller wiederhergestellt werden kann. Manchmal kann es jedoch von Vorteil sein, schon zu einem früheren Zeitpunkt im Gesamtprozess einen Known Error Record anzulegen.
- **Lösung des Problems** Die vollständige Lösung eines Problems geht gewöhnlich mit dem Einreichen eines Change Request einher. Wenn das Problem sehr ernst ist, kann es sich dabei auch um einen Notfall-Change Request handeln. Manchmal ist es vielleicht nicht möglich, den Change mit einem Business Case zu rechtfertigen und dann kann die Entscheidung getroffen werden, den Problem Record offen zu lassen und sich auf den Workaround im Known Error Record zu stützen.
- **Abschluss des Problems** Wenn das Problem gelöst wurde, sollten der Problem Record und die zugehörigen Incident Records abgeschlossen werden. Der Record sollte überprüft werden, um sicherzustellen, dass er alle benötigten Informationen enthält. Außerdem sollte der Status der zugehörigen Known Error Records aktualisiert werden.
- **Überprüfung von Major Probleme** Es sollte eine Überprüfung aller Major Probleme vorgenommen werden, um daraus Schlüsse für die Zukunft zu ziehen. Wichtige Probleme werden anhand des Prioritätssystems definiert.

7.5.4.4 Beziehungen

Das Problem Management besitzt Schnittstellen mit den folgenden Prozessen:

- **Incident Management** Das Incident Management ist ein Bestandteil des Gesamtprozesses für den Umgang mit Problemen in der Organisation. Incidents werden häufig durch tiefer liegende Probleme verursacht, die gelöst werden müssen, um ein erneutes Auftreten der Incidents zu verhindern. Das Incident Management bildet die Anlaufstelle für die Berichte zu diesen Problemen.
- **Change Management** Das Problem Management stellt sicher, dass alle Lösungen oder Workarounds, für die ein Change an einem Configuration Item (CI) erforderlich ist, durch das Change Management eingereicht werden.
- **Configuration Management** Das Problem Management verwendet das Configuration Management System (CMS), um fehlerhafte CIs zu identifizieren und zudem die Auswirkungen von Problemen und Lösungen zu bestimmen.
- **Release and Deployment Management** Ist für das Einführen von Problemlösungen in die Live-Umgebung verantwortlich.
- **Availability Management** Befasst sich mit der Bestimmung, wie Ausfallzeiten verkürzt und die Betriebszeiten verlängert werden können.
- **Capacity Management** Einige Probleme machen eine Untersuchung durch Teams und Methoden des Capacity Managements erforderlich, z. B. Performance-Probleme.
- **IT Service Continuity Management** Das Problem Management fungiert als Einstiegspunkt in das IT Service Continuity Management, wenn ein erhebliches Problem nicht gelöst werden kann, bevor es beginnt, größere Auswirkungen auf das Business zu zeigen.
- **Service Level Management** Das Auftreten von Incidents und Problemen beeinflusst den Level der Serviceerbringung, der vom Service Level Management gemessen wird.

7.5.5 Access Management

Brigitte ruft sich den Aufenthalt ins Gedächtnis, bei dem der Duschkopf beschädigt wurde.
Sie war nicht in der Lage, die Dusche in ihrem Zimmer zu benutzen, sondern musste die Duschen im Poolbereich nutzen. Der Poolbereich war jedoch zu dem Zeitpunkt, an dem Brigitte duschen musste, normalerweise geschlossen.

Daher half ihr die Empfangsdame, Zutritt zu dem Bereich zu erhalten:

- Sie überprüfte die Richtlinie (Sicherheitsrichtlinie), um festzustellen, ob es ihr erlaubt war, einem Gast außerhalb der normalen Öffnungszeiten Zutritt zum Poolbereich zu gewähren.
- Dann identifizierte sie in der Datenbank des Hotels Brigittes Kartenschlüssel.
- Mit diesen Informationen konnte sie das Kartenschlüsselsystem verwenden, um Brigitte die Berechtigung zum Betreten des Poolbereichs außerhalb der normalen Öffnungszeiten zu erteilen.
- Zum Schluss legte sie eine Notiz zu ihren Maßnahmen an, um sicherzustellen, dass die Berechtigungen von Brigittes Kartenschlüssel nach der Reparatur des Duschkopfes wieder auf den normalen Stand gebracht werden würden.

7.5.5.1 Zwecke und Ziele

- Gewähren des Rechts, dass Anwender einen Service oder eine Gruppe von Services nutzen können

- Anwenden von Richtlinien und Maßnahmen, die im Security Management und im Availability Management festgelegt werden.

7.5.5.2 Grundlegende Konzepte

Zugang, Identität und Rechte

Das Access Management ist der Prozess, der Anwendern ermöglicht, die im Servicekatalog dokumentierten Services zu nutzen. Es umfasst die folgenden grundlegenden Konzepte.

> Definition
>
> **Zugang** bezieht sich auf den Grad und das Ausmaß, zu dem ein Anwender die Funktionalität eines Service oder Daten nutzen darf.

> Definition
>
> **Identität** bezieht sich auf einen eindeutigen Namen, der für die Identifizierung eines Anwenders, einer Person oder einer Rolle verwendet wird. Die Identität wird genutzt, um diesem Anwender, dieser Person oder Rolle Rechte zu gewähren.

> Definition
>
> **Rechte** (oder auch Berechtigungen) sind die Einstellungen, die einem Anwender ermöglichen, auf einen Service oder eine Gruppe von Services zuzugreifen.

Zu den typischen Rechten oder Zugangsebenen gehören: Lesen, Schreiben, Ausführen, Ändern und Löschen.

Services oder Service-Gruppen

Die meisten Anwender nutzen nicht nur einen einzelnen Service. Außerdem werden Anwender, die einen ähnlichen Satz von Aktivitäten durchführen, einen ähnlichen Satz von Services verwenden. Statt den Zugang zu den einzelnen Services für jeden Anwender separat bereitzustellen, ist es effizienter, den einzelnen Anwendern – oder Anwendergruppen – gleichzeitig Zugang zu dem gesamten Satz der Services zu gewähren, die sie nutzen dürfen.

Directory-Services

Der Begriff Directory-Services bezieht sich auf eine bestimmte Art von Hilfsmittel oder Datenbank, die zur Verwaltung von Zugang und Rechten verwendet wird.

7.6 FUNKTIONEN

7.6.1 Service Desk

7.6.1.1 Rolle

Ein Service Desk ist eine Funktionseinheit, die sich aus einer bestimmten Anzahl von Mitarbeitern zusammensetzt, die für den Umgang mit einer Vielzahl unterschiedlicher Service-Incidents und Events verantwortlich sind, welche häufig über Telefonanrufe oder Internetschnittstellen oder automatisch über Infrastruktur-Events gemeldet werden.

Der Service Desk bietet einen Single Point of Contact für alle Anwender. Ein guter Service Desk kann Defizite an anderer Stelle in der IT-Organisation kompensieren, während ein ineffektiver Service Desk einen schlechten Eindruck von einer ansonsten sehr effektiven IT-Organisation vermitteln kann.

7.6.1.2 Ziele

Das Primärziel des Service Desk besteht in der schnellstmöglichen Wiederherstellung des 'normalen Service' für Anwender. Dies kann das Beheben eines technischen Fehlers, das Erfüllen eines Service Request oder das Beantworten einer

Anfrage beinhalten – alles, was erforderlich ist, um Anwendern die Rückkehr zum normalen Arbeitsablauf zu ermöglichen.

Die speziellen Verantwortlichkeiten des Service Desk sind:

- Protokollieren, Kategorisieren und Priorisieren aller relevanten Incidents und Service Requests
- First-Line-Untersuchung und Diagnose
- Lösen derjenigen Incidents und Service Requests, die er lösen kann
- Eskalieren der Incidents und Service Requests, die er nicht innerhalb vereinbarter Fristen lösen kann
- Unterrichten der Anwender über den Fortschritt
- Schließen aller gelösten Incidents, Service Requests und sonstiger Anrufe
- Durchführen von Rückfragen/Umfragen zur Zufriedenheit der Kunden/Anwender.

7.6.1.3 Organisatorische Strukturen

Es gibt viele Möglichkeiten, Service Desks zu strukturieren und anzusiedeln. Die wichtigsten Optionen sind:

- Lokaler Service Desk
- Zentraler Service Desk
- Virtueller Service Desk
- Follow the sun.

In der Realität muss eine Organisation u. U. eine Struktur implementieren, die eine Reihe dieser Optionen kombiniert, um die Business-Anforderungen vollständig zu erfüllen.

Lokaler Service Desk

Ein solcher Service Desk liegt vor, wenn er innerhalb oder in der Nähe der Anwender-Community angesiedelt, die er bedient (Abbildung 7.4).

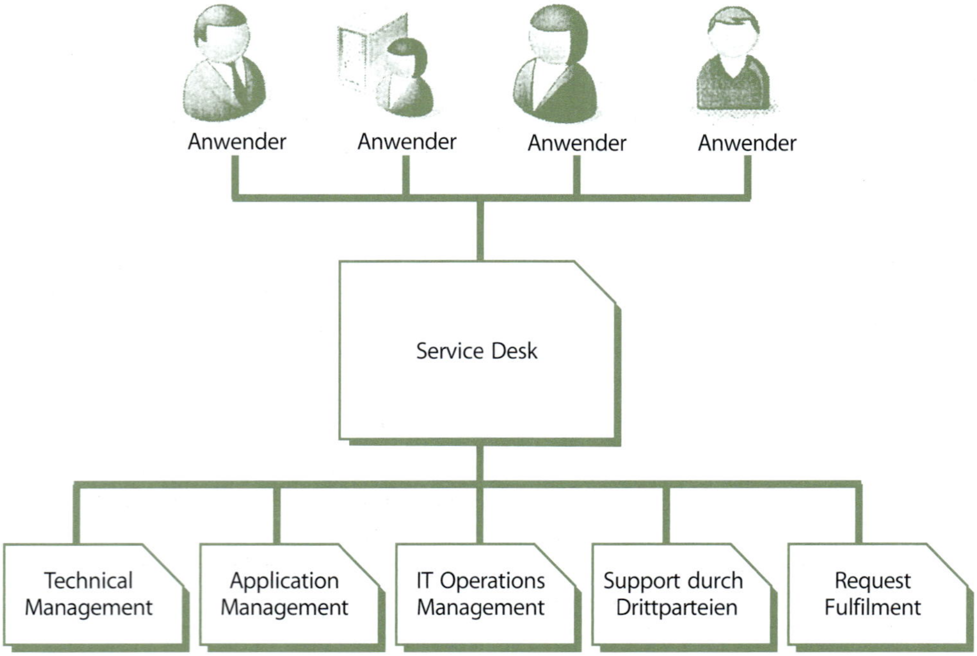

Abbildung 7.4 Lokaler Service Desk

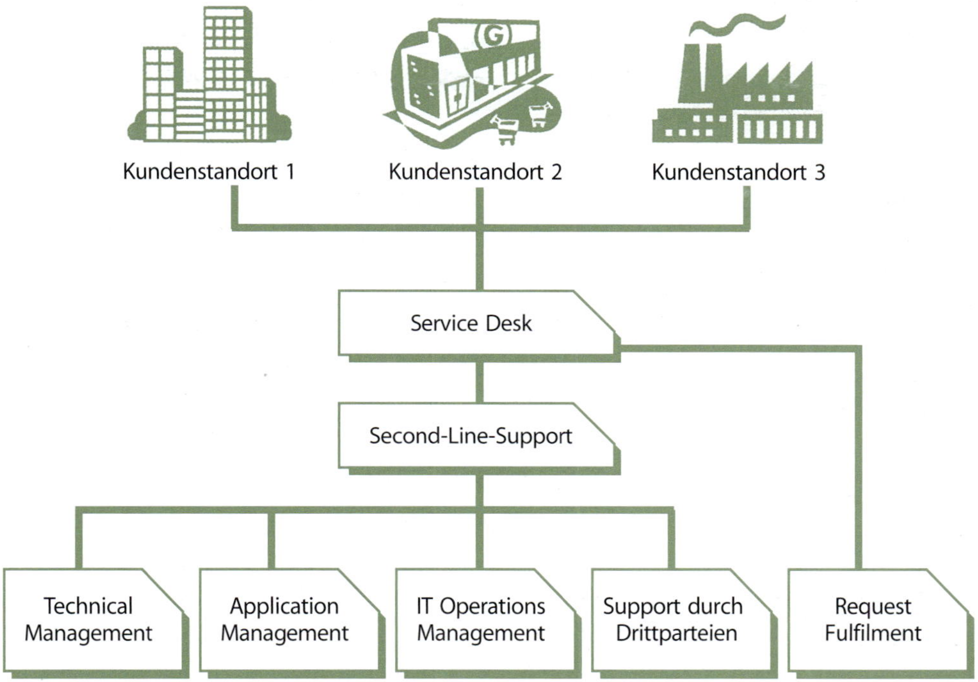

Abbildung 7.5 Zentraler Service Desk

Ein lokaler Service Desk fördert häufig die Kommunikation, vermittelt eine deutlich erkennbare Präsenz und kann die lokale Sprache und kulturelle Eigenheiten unterstützen. Die entsprechende personelle Ausstattung ist jedoch häufig ineffizient und aufwändig, da die erforderliche Mindestausstattung an Personal durch das Volumen und die Ankunftsrate von Anrufen möglicherweise nicht gerechtfertigt wird.

Zentraler Service Desk

Die Anzahl von Service Desks kann durch Zusammenführung an einem einzelnen Standort oder einer kleineren Anzahl von Standorten verringert werden, indem die Mitarbeiter in einer oder mehreren zentralen Service Desk-Strukturen zusammengezogen werden (Abbildung 7.5).

Zentrale Service Desks können effektiver und wirtschaftlicher sein, weil sie es bei geringerer Personalausstattung ermöglichen, ein höheres Anrufvolumen zu bewältigen. Es könnte zwar weiterhin erforderlich sein, eine gewisse 'lokale Präsenz' aufrechtzuerhalten, aber die entsprechenden Mitarbeiter können vom zentralen Desk aus gesteuert und eingesetzt werden.

Virtueller Service Desk

Durch Einsatz von Technik und unternehmensweiten Support-Tools kann der Eindruck eines einzelnen, zentralen Service Desk vermittelt werden, auch wenn das Personal tatsächlich an beliebig vielen oder beliebig gearteten Standorten angesiedelt ist (Abbildung 7.6).

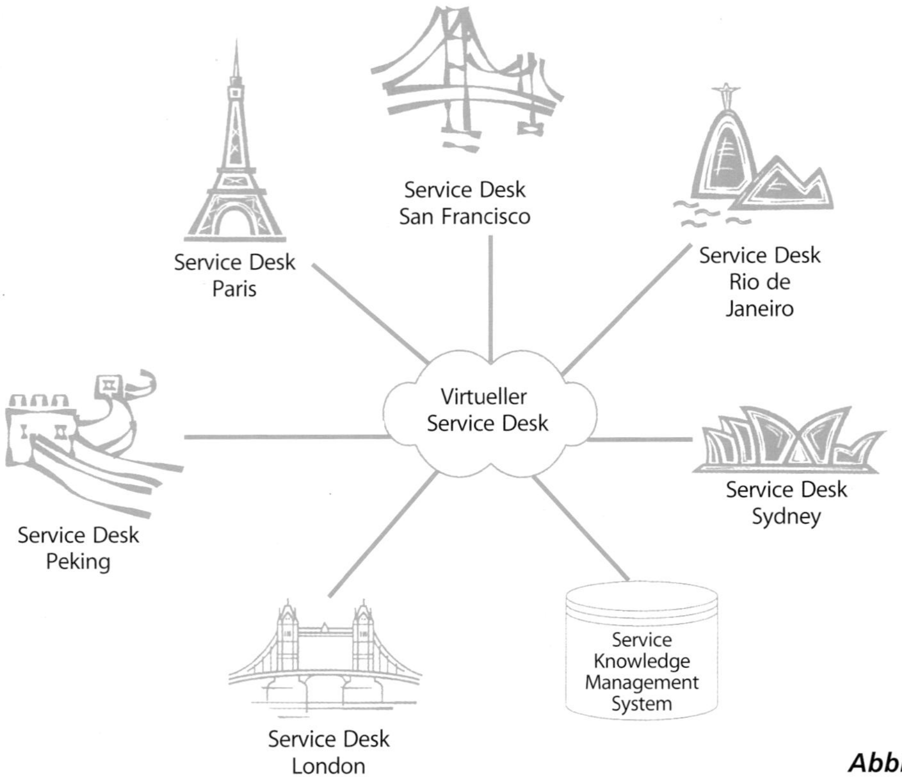

Abbildung 7.6 Virtueller Service Desk

Virtuelle Service Desks bringen die Möglichkeit von 'Heimarbeit', sekundären Support-Gruppen, Standortverlagerung, Auslagerung oder einer jeden Kombination ein, die erforderlich ist, um den Anwenderbedarf zu erfüllen.

Follow the sun

Manche weltweit operierende Organisationen möchten möglicherweise zwei oder mehr ihrer geografisch verteilten Service Desks kombinieren, um einen zeitzonenübergreifenden Service zu erbringen, der rund um die Uhr verfügbar ist. Ein Service Desk im asiatisch-pazifischen Raum kann z. B. während seiner üblichen Geschäftszeiten Anrufe handhaben. Am Ende dieser Geschäftszeiten können die Mitarbeiter dann die Verantwortung für alle ungelösten Incidents an einen Service Desk in Europa übergeben. Diese Art der Ausgestaltung kann für eine 24-Stunden-Abdeckung bei vergleichsweise geringen Kosten sorgen, da kein Desk länger als eine Schicht arbeiten muss. Für den Erfolg eines solchen Arrangements sind jedoch gemeinsame Prozesse und Tools, eine gemeinsam genutzte Informationsdatenbank und robuste Übergabeverfahren erforderlich

7.6.2 Technical Management

7.6.2.1 Rolle

Das Technical Management bezieht sich auf die Personen, die technisches Fachwissen liefern und für das Management der IT-Infrastruktur sorgen.

Das Technical Management übernimmt eine Doppelrolle:

- Es fungiert als Hüter des technischen Wissens und der Fachkompetenz im Zusammenhang mit der Verwaltung der IT-Infrastruktur. In dieser Rolle stellt das Technical Management sicher, dass das Wissen, das für das Entwerfen, Testen, Verwalten und Verbessern von IT-Services erforderlich ist, identifiziert, weiterentwickelt und verfeinert wird.
- Es stellt die eigentlichen Ressourcen zur Unterstützung des Servicelebenszyklus bereit. In dieser Rolle stellt das Technical Management sicher, dass Ressourcen effektiv geschult und eingesetzt werden, um die Technik zu entwerfen, aufzubauen, zu überführen, zu betreiben und zu verbessern, die für die Erbringung und Unterstützung von IT-Services erforderlich ist.

7.6.2.2 Ziele

Die Ziele des Technical Managements bestehen darin, zur Planung, Implementierung und Instandhaltung einer stabilen technischen Infrastruktur beizutragen, um die Business-Prozesse der Organisation durch folgende Elemente zu unterstützen:

- Gut gestaltete und hochflexible, wirtschaftliche technische Topologie
- Einsatz adäquater technischer Fertigkeiten, um den optimalen Zustand der technischen Infrastruktur zu gewährleisten
- Geschickter Einsatz technischer Fertigkeiten, um alle auftretenden technischen Ausfälle schnell zu diagnostizieren und zu beheben.

7.6.2.3 Überschneidungen

Die Funktion des Technical Managements kann sich mit der Funktion des IT Operations Managements überschneiden, weil beide Funktionen eine Rolle im Management und der Instandhaltung der IT-Infrastruktur spielen.

Die Funktion des Technical Managements kann sich auch mit der Funktion des Application Managements überschneiden, weil beide Funktionen eine wichtige Rolle im Entwurf, im Testen und in der Verbesserung von Configuration Items (CIs) spielen, die einen Bestandteil der IT-Services bilden.

7.6.3 IT Operations Management

7.6.3.1 Rolle

Das IT Operations Management ist für die Durchführung der tagtäglichen operativen Aktivitäten verantwortlich, die erforderlich sind, um die IT-Infrastruktur zu verwalten und zu warten sowie die vereinbarten IT-Service Levels für das Business zu liefern.

Die Rolle des IT Operations Management besteht darin, die laufenden Aktivitäten und Verfahren auszuführen, die zur Verwaltung und Wartung der IT-Infrastruktur erforderlich sind. Diese Aktivitäten beinhalten:

- **Betriebssteuerung** Beaufsichtigt die Ausführung und Überwachung der operativen Aktivitäten und Events in der IT-Infrastruktur. Darüber hinaus führt die Betriebssteuerung auch die folgenden spezifischen Aufgaben durch:
  - Konsolenmanagement
  - Aufgabenplanung
  - Backup und Wiederherstellung
  - Druck- und Ausgabemanagement
  - Wartungsaktivitäten

- **Facilities Management** Die Verwaltung der physischen IT-Umgebung, in der Regel ein Rechenzentrum oder Computerräume und Ausweichstandorte samt dem Stromversorgungs- und Kühlungssystem.

Wie bei vielen Prozessen und Funktionen des IT Service Management übernimmt auch das IT Operations Management eine doppelte Rolle:

- Es ist für die Ausführung der Aktivitäten und Leistungsstandards verantwortlich, die im Verlauf des Service Design definiert und im Verlauf der Service Transition getestet werden.
- Gleichzeitig ist es Bestandteil des Prozesses der Wertschöpfung für verschiedene Business-Bereiche und der Unterstützung des Wertschöpfungsnetzwerks.

7.6.3.2 Ziele

- Schaffung von Stabilität für die tagtäglichen Prozesse und Aktivitäten einer Organisation
- Kontinuierliche Verbesserung, um verbesserten Service bei geringeren Kosten zu erreichen und gleichzeitig die Stabilität aufrechtzuerhalten
- Geschickter Einsatz von operativen Fertigkeiten, um alle auftretenden Ausfälle von IT Operations zu diagnostizieren und zu beheben.

7.6.3.3 Überschneidungen

Die Funktion des IT Operations Managements kann sich mit der Funktion des Technical Managements überschneiden, weil beide Funktionen in der Verwaltung und Wartung der IT-Infrastruktur eine Rolle spielen.

Die Funktion des IT Operations Managements kann sich mit der Funktion des Application Managements überschneiden, weil beide Funktionen in der Anwendungsunterstützung eine Rolle spielen.

7.6.4 Application Management

7.6.4.1 Rolle

Das Application Management ist für die Verwaltung von Anwendungen während ihres gesamten Lebenszyklus verantwortlich. Das Application Management spielt auch eine wichtige Rolle im Entwurf, im Testen und in der Verbesserung von Anwendungen, die einen Bestandteil der IT-Services bilden. Das Application Management kann demnach in Entwicklungsprojekte involviert sein, aber normalerweise nicht in derselben Weise wie die Teams für die Entwicklung von Anwendungen. Eine der wichtigsten Entscheidungen, bei denen es mitwirkt, ist die Entscheidung, ob eine Anwendung erworben oder selbst erstellt wird.

Das Application Management erfüllt eine doppelte Rolle:

- Es fungiert als Hüter des technischen Wissens und der Fachkompetenz im Zusammenhang mit der Verwaltung von Anwendungen. In dieser Rolle stellt das Application Management in Zusammenarbeit mit dem Technical Management sicher, dass das Wissen, das für das Entwerfen, Testen, Verwalten und Verbessern erforderlich ist, identifiziert, entwickelt und verfeinert wird.
- Es stellt die eigentlichen Ressourcen zur Unterstützung des Servicelebenszyklus bereit. In dieser Rolle stellt das Application Management sicher, dass Ressourcen effektiv geschult und eingesetzt werden, um die Technik zu entwerfen, aufzubauen, zu überführen, zu betreiben und zu verbessern, die für die Erbringung und Unterstützung von IT-Services erforderlich ist.

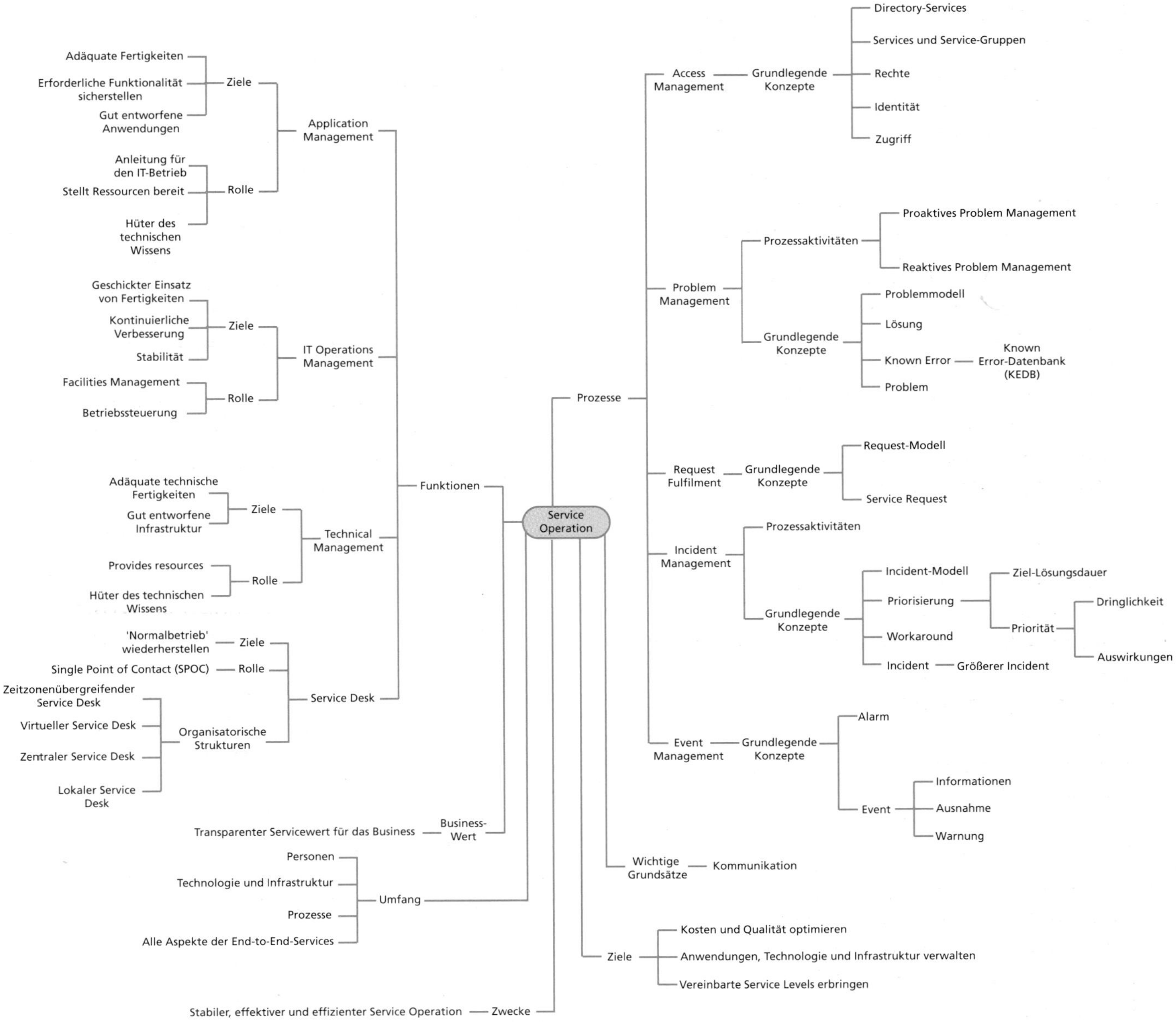

Abbildung 7.7 Überblick über Kapitel 7 (Service Operation)

Neben diesen zwei Rollen auf höchster Ebene füllt das Application Management auch die zwei folgenden spezifischen Rollen aus:

- Es liefert eine Anleitung für die IT Operations, wie die laufende operative Verwaltung von Anwendungen sich am besten durchführen lässt.
- Es bindet den Application Management-Lebenszyklus in den Servicelebenszyklus ein.

7.6.4.2 Ziele

Die Ziele des Application Managements bestehen darin, die Business-Prozesse der Organisation durch Beiträge zur Identifizierung der Anforderungen für Anwendungssoftware in Hinblick auf Funktion und Handhabbarkeit zu unterstützen und danach zu helfen, diese Anwendungen zu entwerfen und für den Einsatz bereitzustellen, und für den fortlaufenden Support und die Verbesserung dieser Anwendungen zu sorgen.

Diese Ziele werden folgendermaßen erreicht:

- Anwendungen, die gut gestaltet, flexibel und wirtschaftlich sind
- Sicherstellen, dass die erforderliche Funktionalität zur Verfügung steht, um das benötigte Business-Ergebnis erreichen zu können
- Sicherstellen der Organisation adäquater technischer Fertigkeiten, um den optimalen Zustand operativer Anwendungen zu gewährleisten
- Geschickter Einsatz technischer Fertigkeiten, um alle auftretenden technischen Ausfälle schnell zu diagnostizieren und zu beheben.

7.6.4.3 Überschneidungen

Die Funktion des Application Managements kann sich mit der Funktion des Technical Managements überschneiden, weil beide Funktionen eine wichtige Rolle im Entwurf, im Testen und in der Verbesserung von Configuration Items (CIs) erfüllen, die einen Bestandteil der IT-Services bilden.

Die Funktion des IT Operations Managements kann sich mit der Funktion des Application Managements überschneiden, weil beide Funktionen in der Anwendungsunterstützung eine Rolle spielen.

7.7 AUSGEWÄHLTE FRAGEN

1 Welche der folgenden grundlegenden Konzepte gehören zum Access Management?

1 Überprüfen der Identität von Anwendern, die Zugriff auf Services anfordern

2 Festlegen der Rechte oder Berechtigungen für Systeme, um autorisierten Anwendern den Zugriff zu gestatten

3 Festlegen von Sicherheitsrichtlinien für den Systemzugriff

4 Überwachen der Verfügbarkeit von Systemen, auf die Anwender Zugriff haben sollten.

a Nur 2 und 4

b Nur 1 und 3

c Nur 2 und 3

d Nur 1 und 2.

2 Betriebssteuerung bezieht sich auf:

a Die Manager der Funktionen des Technical Managements und des Application Managements b Das Beaufsichtigen der Ausführung und Überwachung von operativen Aktivitäten und Events

c Die Hilfsmittel für die Überwachung und Anzeige des Status von IT-Infrastruktur und Anwendungen

d Die Situation, in der der Service Desk benötigt wird, um den Status der Infrastruktur zu überwachen, wenn kein Bedienpersonal zur Verfügung steht.

3 Welche der folgenden Aussagen über den Service Desk sind richtig?

1 Der Service Desk ist eine Funktion, die ein Kommunikationsmittel zwischen IT und ihren Anwendern für alle operativen Fragen bereitstellt

2 Der Service Desk ist immer die verantwortliche Stelle für den Incident Management-Prozess.

a Nur 2

b Nur 1

c Beide genannten Optionen

d Keine der genannten Optionen.

4 Was ist das PRIMÄRE Ziel des Service Operation?

a Sicherstellen, dass die Services so entworfen werden, dass die festgelegten Business-Ziele erreicht werden, und dass die vier 'P's berücksichtigt werden

b Sicherstellen, dass der Service gemäß den Anforderungen und Beschränkungen genutzt werden kann, die in den Serviceanforderungen spezifiziert sind.

c Durchführen der Aktivitäten und Prozesse, die für die Erbringung und Verwaltung der Services auf den vereinbarten Service Levels erforderlich sind

d Verwalten der Technik, die für die Erbringung und Unterstützung der Services genutzt wird

5 Welche Rollen innerhalb der Organisation übernehmen die Verantwortung für die Durchführung der Aktivitäten im Incident Management-Prozess?

1 Der Prozessverantwortliche für das Incident Management

2 Der Service Desk

3 Das Technical Management

4 Das Application Management.

a Nur 1

b Nur 2

c Nur 2, 3 und 4

d Nur 1 und 2.

6 Welches der folgenden Ziele ist das WICHTIGSTE Ziel des Problem Managements?

a Verstehen der Ursache eines oder mehrerer Incidents

b Verhindern des Auftreten von Incidents und Unterbinden sich wiederholender Incidents

c Schnellstmögliches Wiederherstellen des Service und Minimieren negativer Auswirkungen auf die Business Operations

d Ermöglichen der funktionalen Eskalation von Incidents zu den geeigneten Second-Level- und Third-Level-Support-Teams.

8 Continual Service Improvement

8 Continual Service Improvement

Die Continual Service Improvement ist für das Verwalten von Verbesserungen an Services und Service-Assets verantwortlich. Um die Effizienz, die Effektivität und die Wirtschaftlichkeit zu steigern, wird die Leistung des Service Providers ständig gemessen. Außerdem werden zu diesem Zweck Verbesserungen an Services, Fähigkeiten und Ressourcen vorgenommen.

Auf dem Schreibtisch in Brigittes Zimmer hinterlässt das Hotelpersonal immer ein Formular zur Zufriedenheit der Gäste. Das Formular enthält Aussagen wie 'Das Zimmer ist sauber', und sie wird gebeten, anzugeben, inwieweit sie zustimmt.

Brigitte ist eine Auditorin in der Pharmabranche, sodass sie aus beruflichen Gründen ein wenig neugierig darauf ist, einen Einblick in die Methoden des Qualitätsmanagements zu erhalten, die das Hotel nutzt. Brigitte fragt die Empfangsdame an der Rezeption. Glücklicherweise befinden sich keine weiteren Gäste im Empfangsbereich, sodass Zeit für ein eingehenderes Gespräch ist, in dem sich folgende Punkte herausstellen:

- Das Hotel arbeitet mit formal definierten festgelegten Prozessen und Verfahren. Die Prozesse gewährleisten, dass das Hotel die Qualitätserwartungen der Gäste in effizienter Weise erfüllt (oder übersteigt).
- Um sicherzustellen, dass Prozesse ständig die wechselnden Anforderungen der Gäste und der Infrastruktur des Hotels widerspiegeln, wurde ein Quality Management System eingerichtet. Dieses Quality Management System ist zudem darauf ausgerichtet, die Effektivität und Effizienz der Prozesse zu verbessern.
- Das Formular, das Brigitte soeben ausgefüllt hat, ist Teil dieses Qualitätssystems. Es hat den Zweck, die Effektivität der Prozesse zu messen und gegebenenfalls zu regulieren. Die Reinigungsprozesse wurden z. B. gerade aufgrund der allgemeinen Unzufriedenheit mit dem Reinigungsstandard verbessert. Die Formulare wurden vor und nach dem Change an die Gäste verteilt, um zu messen und zu kontrollieren, ob die Reinigungsqualität sich zufriedenstellend entwickelt.
- Nach dem Einsammeln wurden die Formulare analysiert. Die Ergebnisse werden dem Management vorgelegt, das entscheidet, ob etwas geändert werden muss. Das Ergebnis bezüglich der Reinigung wird den Reinigungskräften des Hotels in der Hoffnung präsentiert, dass sie sich von der Meinung der Gäste überzeugen lassen, dass ihre geänderte Arbeitsmethode eine gute Idee war (es gab nämlich einige Widerstände, als der Prozess geändert wurde).

Die Empfangsdame erläutert weiter, dass sie, bevor das Hotel seine Konferenzdienstleistungen eingeführt hatte, an einem Meeting teilnahm, bei dem die Mitarbeiter besprachen, ob das Qualitätsmanagementsystem verbessert werden müsste, um die neuen Konferenzdienstleistungen zu unterstützen. Neben anderen Fragen schätzten sie auch ab, ob das System in der Lage wäre, den Bedarf nach folgenden Verbesserungsaktivitäten zu identifizieren:

- Verbessern des Buchungsprozesses
- Entwickeln des Schulungsprogramms für neue Mitarbeiter
- Renovieren der Konferenzeinrichtungen nach einigen Jahren.

Da es sich herausstellte, dass das System zu diesem Zeitpunkt nicht in der Lage war, wichtige zukünftigen Qualitätsprobleme zu erkennen, vereinbarten die Mitarbeiter, vor der Einführung der Konferenzdienstleistungen das Quality Management System zu verbessern.

8.1 ZWECKE UND ZIELE

Das primäre Ziel der Continual Service Improvement (CSI) besteht in der kontinuierlichen Abstimmung und Nachbesserung der IT Services an die sich verändernden Business-Bedürfnisse in dem Verbesserungsmöglichkeiten an Services, die Business-Prozesse unterstützen, identifiziert und implementiert werden.

Die wichtigsten Ziele der Continual Service Improvement sind:

- Überprüfen, Analysieren und Empfehlen von Verbesserungsmöglichkeiten in allen Phasen des Lebenszyklus
- Überprüfen und Analysieren von Ergebnissen bezüglich der erreichten Service Levels
- Identifizieren und Implementieren einzelner Aktivitäten zur Verbesserung der Servicequalität und zur Steigerung der Effizienz und Effektivität der Service Management-Prozesse
- Steigern der Wirtschaftlichkeit in Bezug auf das Erbringen von Services, ohne die Kundenzufriedenheit zu beeinträchtigen
- Sicherstellen, dass geeignete Methoden des Qualitätsmanagements eingesetzt werden, um die Aktivitäten zur kontinuierlichen Verbesserung zu unterstützen.

8.2 UMFANG

Die Continual Service Improvement befasst sich mit drei Hauptbereichen:

- Dem Gesamtzustand des Servicemanagement als Disziplin
- Der kontinuierlichen Ausrichtung des Serviceportfolios am derzeitigen und zukünftigen Business-Bedarf
- Der Reife der ermöglichenden Prozesse für die einzelnen Services in einem kontinuierlichen Service Lebenszyklus-Modell.

8.3 WERT FÜR DAS BUSINESS

Die Phase der Continual Service Improvement im Servicelebenszyklus liefert dem Business einen Wert in Form von verbesserten Services und ein Ertrag für das Business, der durch Realisierung dieser Verbesserungen erzielt wird.

8.4 WICHTIGE GRUNDSÄTZE

8.4.1 Steuerung

8.4.1.1 Enterprise Governance

Die Enterprise Governance beschreibt ein Framework, das die Unternehmenssteuerung und die betriebswirtschaftlichen Aspekte einer Organisation umfasst, um Konformität und Konformitätsanforderungen auszubalancieren. Die Enterprise Governance betrachtet das Gesamtbild, um sicherzustellen, dass die strategischen Ziele abgestimmt werden und ein gutes Management verwirklicht wird.

8.4.1.2 Corporate Governance

Die Corporate Governance befasst sich mit Fairness, Transparenz und Verantwortung in Unternehmen. Durch Verwirklichung der Good Corporate Governance, strategisch verknüpft mit Leistungsmessgrößen, können Unternehmen ihre gesamte Energie auf die wesentlichen Faktoren konzentrieren, die ihr Business voranbringen.

8.4.1.3 IT Governance

> **Definition**
>
> Die **IT Governance** liegt in der Verantwortung von Vorstand und Geschäftsleitung. Sie ist ein integraler Bestandteil der Enterprise Governance and besteht aus den Führungs- und Organisationsstrukturen und -prozessen, die sicherstellen, dass die Organisations-IT die Strategie und die Ziele der Organisation unterstützt und erweitert.
>
> IT Governance Institute (2001)

Die IT Governance berührt nahezu jeden Bereich der Continual Service Improvement. Einerseits muss die IT neue Vorschriften und Gesetze einhalten und die Konformität ständig mittels erfolgreicher unabhängiger Audits durch externe Organisationen belegen. Andererseits wird IT zunehmend aufgefordert, 'mit weniger Mitteln mehr zu erreichen' und bei maximaler Auslastung der vorhandenen Ressourcen einen Mehrwert zu schaffen.

Der so ausgeübte Druck passt zu der grundlegenden Prämisse von ITIL: IT ist ein Service-Business. Bestehende interne IT-Organisationen müssen sich zu effektiven und effizienten Service Providern wandeln oder sie sind für das Business nicht mehr relevant, und werden schon bald nicht mehr existieren. Dieser stetige und unaufhörliche Ansporn zu höherem Business-Wert mit größerer interner Effizienz bildet das Herz der Continual Service Improvement.

8.4.2 Deming-Zyklus

William Edwards Deming hat sich mit der Entwicklung des Deming-Zyklus zur Qualitätsverbesserung einen Namen gemacht. Die vier wichtigsten Phasen des Zyklus sind 'Planen, Durchführen, Überprüfen, Handeln' ('Plan, Do, Check, Act', PDCA) (Abbildung 8.1). Der Zweck unserer Nutzung des Deming-Zyklus ist die beständige, permanente Verbesserung. Dies ist ein fundamentaler Grundsatz der Continual Service Improvement.

Planung von Verbesserungsinitiativen (Planen)

In dieser Phase werden Ziele und erfolgversprechende Maßnahmen festgelegt, eine Gap-Analyse durchgeführt und die Handlungsschritte zum Schließen der Lücke abgesteckt. Außerdem werden Maßnahmen getroffen und implementiert, um sicherzustellen, dass die Lücke geschlossen wurde.

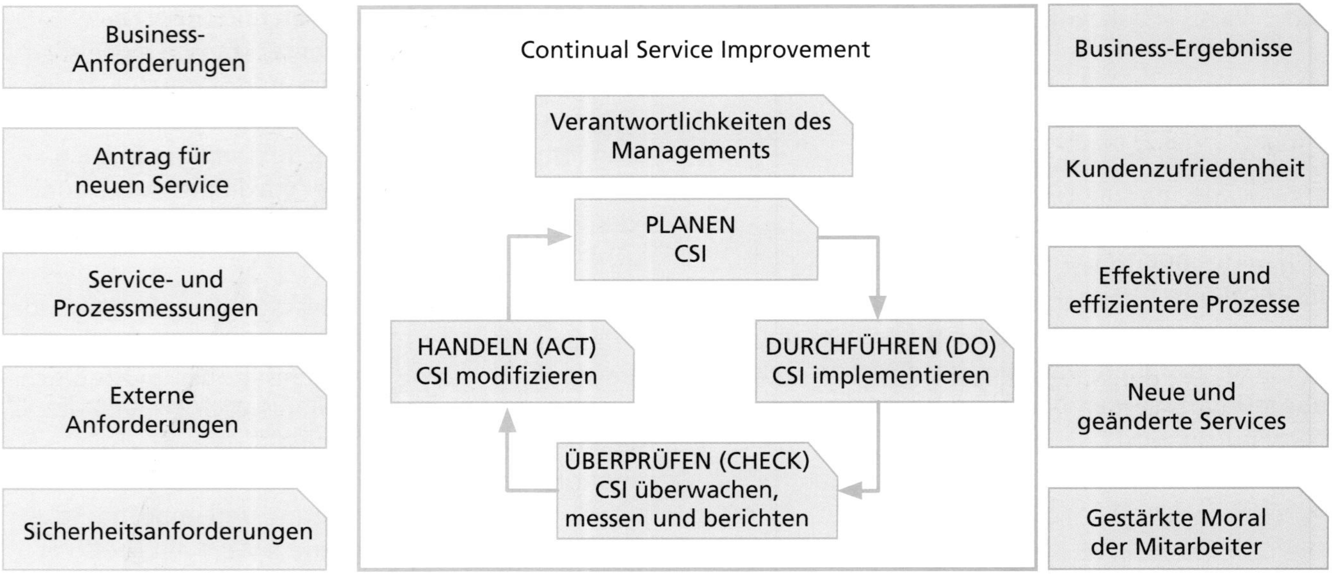

Abbildung 8.1 Der Deming-Zyklus, adaptiert für die Continual Service Improvement

Implementierung von Verbesserungsinitiativen (Durchführen)

Die beinhaltet die Entwicklung und Implementierung eines Projekts zum Schließen der identifizierten Lücken, die Umsetzung der Verbesserung an Service Management-Prozessen und die Etablierung eines reibungslosen Prozessablaufs.

Überwachung, Messung und Review von Services und Service Management-Prozessen (Überprüfen)

In dieser Phase werden die umgesetzten Verbesserungen mit den erfolgversprechenden Maßnahmen verglichen, die in der Planungsphase festgelegt wurden.

Kontinuierliche Verbesserung von Services und Service Management-Prozessen (Handeln)

Diese Phase verlangt die Implementierung der eigentlichen Verbesserungen von Services und Service Management-Prozessen. Eine Entscheidung für das Beibehalten des Status Quo, für das Schließen der Lücke oder für das Hinzufügen notwendiger Ressourcen muss getroffen werden, um zu bestimmen, ob weitere Arbeiten erforderlich sind, um verbleibende Lücken zu schließen, und ob eine Zuweisung von Ressourcen notwendig ist, um eine weitere Runde von Verbesserungen zu unterstützen. Projektentscheidungen in dieser Phase bilden den Input für die nächste Runde des PDCA-Zyklus und schließen den Kreislauf als Eingangsgrößen in der nächsten Planungsphase.

8.4.3 Das Modell der Continual Service Improvement

Das Modell der Continual Service Improvement (Abbildung 8.2) ist ein Beispiel für den Deming-Zyklus.

Das Modell veranschaulicht den festen Zyklus für Verbesserungen. Das Modell besteht aus sechs Schritten:

1 Klären der Vision, unter Berücksichtigung der Vision, der Aufgabe sowie der Zwecke und Ziele von Business und IT

2 Bewerten der aktuellen Situation, um eine genaue, unverzerrte Basis für den aktuellen Stand der Organisation zu erhalten

3 Bestimmen der Prioritäten für Verbesserungen und Festlegen messbarer Ziele. Auch wenn die komplette Vision noch Jahre entfernt sein kann, liefert dieser Schritt konkrete Ziele und einen überschaubaren Zeitrahmen.

4 Dokumentieren eines Verbesserungsplans, um durch Entwicklung und Implementierung von Service Management-Prozessen eine bessere Serviceerbringung zu erreichen

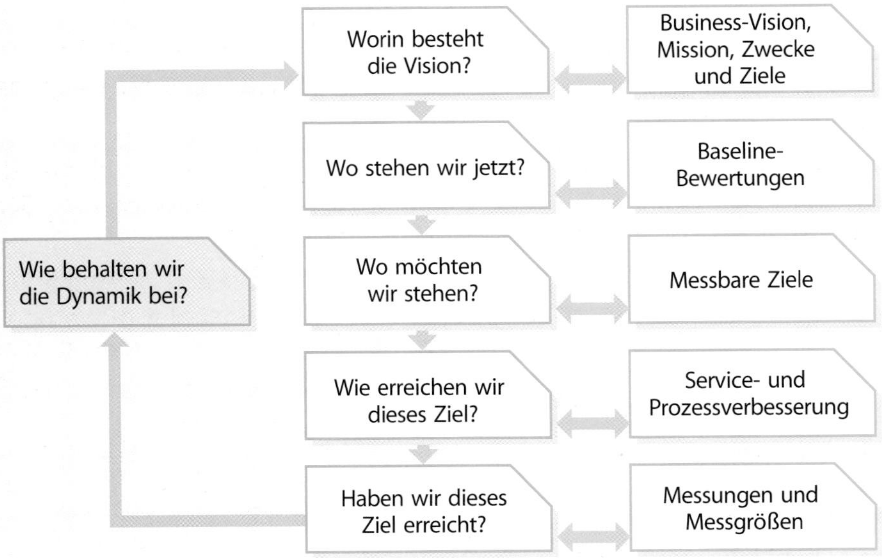

Abbildung 8.2 Das Modell der Continual Service Improvement

5 Überwachen der Ergebnisse unter Einsatz geeigneter Messungen und Messgrößen

6 Aufrechterhalten der Dynamik indem sichergestellt wird, dass Verbesserungen eingebunden werden, und durch beständige Neubewertung.

8.4.4 Von der Vision zu Messungen

Eine **Vision** beschreibt, in welche Richtung sich eine Organisation zukünftig entwickeln möchte (Abbildung 8.3).

Das **Leitbild** einer Organisation ist eine kurze, aber vollständige Beschreibung der allgemeinen Ziele und Absichten einer Organisation. Darin wird angegeben, was erreicht werden soll, aber nicht die dafür erforderlichen Schritte.

Ein **Zweck** dient der Unterstützung von Entscheidungen über Vorgehensweisen.

Das **Ziel** ist der definierte Zweck oder die Zielsetzung eines Prozesses, einer Aktivität und einer ganzen Organisation. Ziele werden in der Regel als messbare Elemente ausgedrückt.

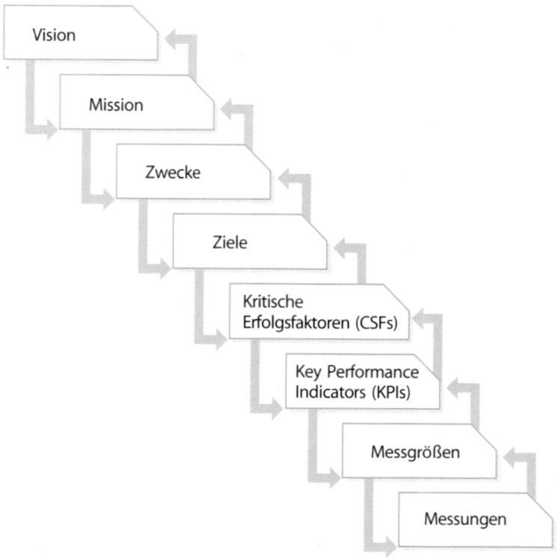

Abbildung 8.3 Von der Vision zu Messungen

Ein **Kritischer Erfolgsfaktor** (CSF) ist eine Bedingung, die eintreffen muss, damit ein Prozess, Projekt, Plan oder Service erfolgreich ist.

Ein **Key Performance Indicator** (KPI) ist eine Messgröße, die die Verwaltung eines Prozesses, eines Service oder einer Aktivität unterstützen soll. Es können Messungen anhand von zahlreichen Messgrößen erfolgen, aber nur die wichtigsten dieser Größen werden als KPIs definiert und aktiv für die Verwaltung und Berichterstellung in Bezug auf den Prozess, den Service oder die Aktivität eingesetzt. KPIs werden genutzt, um das Erreichen der einzelnen CSFs zu messen. Ein CSF 'Schützen der IT-Services beim Vornehmen von Changes' könnte z. B. mit KPIs wie 'Prozentuale Abnahme nicht erfolgreicher Changes', 'Prozentuale Abnahme bei Changes, die zu Incidents führen' usw. gemessen werden.

Es wird empfohlen, in den frühen Phasen eines Programms zur Continual Service Improvement für jeden CSF nur zwei bis drei KPIs zu definieren, zu überwachen und in Berichte aufzunehmen. Während die Reife von Services und Service Management-Prozessen zunimmt, können zusätzliche KPIs hinzugefügt werden. Je nachdem, was für das Business und das IT-Management wichtig ist, können sich KPIs mit der Zeit ändern.

Eine **Messgröße** ist ein Merkmal, das gemessen und berichtet wird, um die Verwaltung eines Prozesses, eines Service oder einer Aktivität zu unterstützen. Im Allgemeinen ist eine Messgröße eine Messskala, die in Form eines Standards, also in Form einer wohldefinierten Maßeinheit definiert wird.

8.4.5 Messung

8.4.5.1 Warum Messungen?

Das Überwachen und Messen erfolgt (Abbildung 8.4), um:

- **zu validieren** Bewerten vorheriger Entscheidungen previous decisions
- **auszurichten** Weisen der Richtung für Aktivitäten, um festgelegte Ziele erfüllen zu können
- **zu rechtfertigen** Rechtfertigen anhand von sachlichen Belegen oder Beweisen, dass eine Vorgehensweise erforderlich ist
- **zu intervenieren** Identifizieren eines Interventionspunktes einschließlich nachfolgender Changes und Korrekturen.

Die vier wesentlichen Gründe für die Überwachung und Messung führen zu drei zentralen Fragen:

- Warum überwachen und messen wir?
- Wann hören wir auf?
- Nutzt jemand diese Daten?

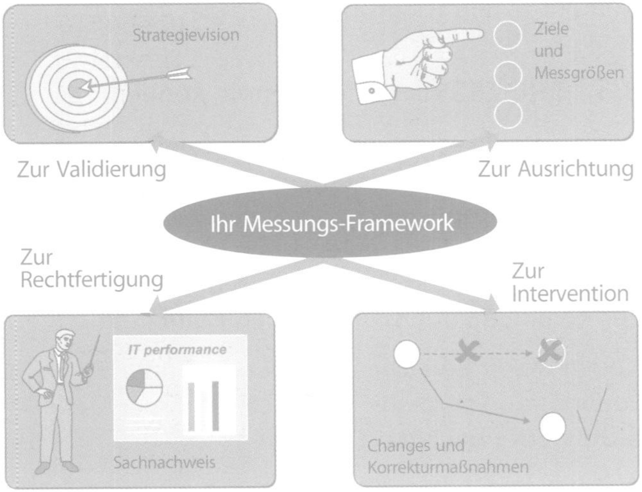

Abbildung 8.4 Warum messen wir?

Zu häufig setzen wir Messungen auch dann noch fort, wenn keine Notwendigkeit mehr dazu besteht. Bei jedem Bericht, den Sie verfassen, sollten Sie sich fragen: 'Ist dies noch notwendig?'

Als sich das Hotel von einem kleinen Familienbetrieb zu einem größeren Hotel weiterentwickelte, erkannte der Besitzer, dass er dabei war, seine enge Beziehung zu sämtlichen Hotelgästen und Angestellten zu verlieren, und nicht länger genug über deren Bedürfnisse und Meinungen wusste, um die richtigen Entscheidungen zu treffen.

Daher begann der Besitzer, Fakten zu fordern, beispielsweise: 'Ich möchte einen wöchentlichen Bericht über die Anzahl unserer Gäste und die Anzahl ihrer Übernachtungen.' Immer mehr Berichte wurden verfasst, bis er eines Tages erkannte, dass das Hotel beträchtliche Zeit für das Erstellen von Berichten aufwendete, die selten oder niemals genutzt wurden.

Er beschloss, zu einer strukturierteren Herangehensweise an die Berichterstellung zu greifen:

- Zunächst identifizierte er die für eine Messung und Berichterstattung idealen Gegenstände. Die resultierende Liste war ziemlich lang.
- Danach identifizierte er die zu messenden Gegenstände von einem praktischen Standpunkt aus: was ließe sich ohne größeren Arbeitsaufwand messen? Nicht alle Messungen waren gleich wichtig. Einige Gegenstände machten eine durchgehende Messung erforderlich, z. B. die Anzahl der Gäste/Nächte.

Andere Gegenstände sollten von Zeit zu Zeit gemessen, z. B. die Zufriedenheit der Gäste mit der Reinigung (dies wurde vor und nach Änderungen am Reinigungsstandard und jedes Jahr in einer zufällig ausgewählten Woche gemessen).

- Danach war es einfach harte Arbeit, die Daten zu sammeln, sie zu analysieren und nach dem Ergebnis der Analyse zu handeln.
- Einmal alle sechs Monate wertet der Besitzer aus, ob diejenigen Objekte gemessen werden, die besonders nutzbringend sind. Ist das nicht der Fall, legt er eine neue Voraussetzung für Berichterstattung und Messung fest.

8.4.5.2 Baselines

Ein wichtiger Startpunkt für das Beleuchten von Verbesserungen ist die Festlegung von Baselines als Größenstandards oder Ausgangspunkte für spätere Vergleiche. Baselines dienen auch der Festlegung eines ersten Bezugspunktes, um zu ermitteln, ob ein Service oder Prozess verbessert werden muss.

Wenn eine Baseline nicht am Anfang festgelegt wird, wird die erste Messung als Baseline verwendet. Aus diesem Grund ist es unerlässlich, von vornherein Daten zu sammeln, selbst wenn die Integrität der Daten fraglich ist. Es ist besser, über Daten zu verfügen, die hinterfragt werden müssen, als überhaupt keine Daten zu besitzen.

8.4.5.3 Arten von Messgrößen

Es ist wichtig, im Gedächtnis zu behalten, dass es drei Arten von Messgrößen gibt, die eine Organisation sammeln muss, um Aktivitäten im Rahmen der Continual Service Improvement zu unterstützen.

Technische Messgrößen

Diese Messgrößen sind oft mit komponentenbasierten und anwendungsbasierten Messgrößen verknüpft, z. B. Leistung, Verfügbarkeit usw.

Prozessmessgrößen

Diese Messgrößen werden in Form von kritischen Erfolgsfaktoren (CSFs), KPIs und Aktivitätsmessgrößen für die Service Management-Prozesse erfasst. Diese Messgrößen können hilfreich sein, wenn der Gesamtzustand eines Prozesses ermittelt werden soll. Vier zentrale Fragestellungen, bei deren Beantwortung KPIs helfen können, betreffen Qualität, Leistung, Wert und Konformität in der Befolgung des Prozesses. Die Continual Service Improvement verwendet diese Messgrößen als Input zur Identifizierung von Verbesserungsmöglichkeiten für die einzelnen Prozesse.

Servicemessgrößen

Diese Messgrößen sind die Ergebnisse des End-to-End-Service. Die Servicemessgrößen können über Komponentenmessgrößen berechnet werden.

8.5 PROZESSE

Die ITIL-Publikation zur Continual Service Improvement enthält den siebenstufigen Verbesserungsprozess sowie Servicemessung, Serviceanalyse, Service Reporting, Change Management für Organisationen und Aktivitäten zur Kommunikationsstrategie und -planung.

Keiner dieser Bereiche ist Bestandteil des ITIL-Foundation-Lehrplans, sodass sie an dieser Stelle nicht weiter behandelt werden.

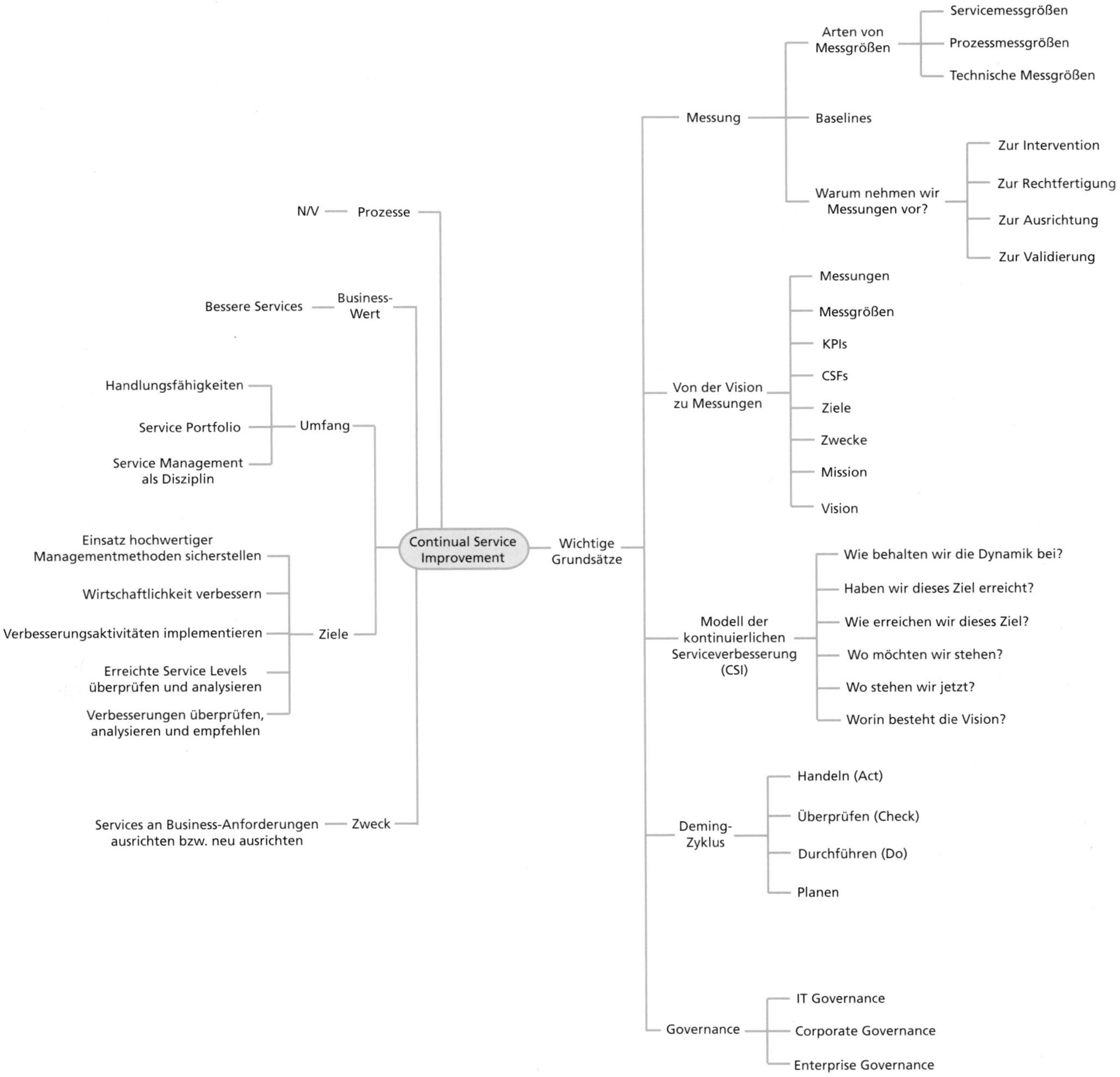

Abbildung 8.5 Überblick über Kapitel 8 (Continual Service Improvement)

8.6 AUSGEWÄHLTE FRAGEN

1 Welche Aussagen über Key Performance Indicators (KPIs) und Messgrößen sind richtig?

1 Servicemessgrößen messen den End-to-End-Service.

2 KPIs sollten sich auf einen kritischen Erfolgsfaktor beziehen.

3 Die Continual Service Improvement (CSI) verwendet Prozessmessgrößen zur Identifizierung von Verbesserungsmöglichkeiten.

4 KPIs können sowohl qualitativ als auch quantitativ sein.

a Nur 1

b Nur 2 und 3

c Nur 1, 2 und 4

d Alle genannten Aussagen.

2 Was ist in der 'Durchführen'-Phase ('Do') des Deming-Zyklus enthalten?

a Eine Gap-Analyse wird durchgeführt und die Schritte für das Schließen der Lücken werden definiert.

b Die eigentliche Implementierung der Verbesserungsinitiative und die Etablierung eines reibungslosen Prozessablaufs

c Implementieren der Service- oder Prozessverbesserungen und Festlegen, ob weitere Arbeiten erforderlich sind, um verbleibende Lücken zu schließen

d Überwachen, Messen und Überprüfen der Services und Service Management-Prozesse, die den Gegenstand der Verbesserungsmaßnahmen bilden.

3 Wer sollte die IT Governance in einer Organisation lenken?

1 Der Vorstand und die Geschäftsleitung der Organisation

2 Der Kunde

3 Die Serviceverantwortlichen

4 Der Service Desk.

a Nur 1

b Nur 2

c Nur 2, 3 und 4

d Alle genannten Optionen.

4 Nachdem sämtliche Messungen und Messgrößen gebündelt wurden, um darzulegen, dass das gewünschte Endergebnis erreicht wurde, welche Aktivität sollte dann nach dem Modell der Continual Service Improvement erfolgen?

a Um die Verbesserungsmaßnahme abschließen zu können, sollte eine Bestätigung für das Erreichen des Business Case folgen.

b Erfassen der Baseline-Bewertungen, damit sie für spätere Vergleiche herangezogen werden können

c Vereinbaren der notwendigen Schritte, um sicherzustellen, dass die Dynamik der Qualitätsverbesserung erhalten bleibt

d Nachvollziehen der Business-Ziele auf übergeordneter Ebene, um sicherzustellen, dass die Vision erfasst wurde.

5 Welches der folgenden Elemente ist KEINE Art von Messgröße, die der Unterstützung von Aktivitäten im Rahmen der Continual Service Improvement dienen kann?

a Servicemessgrößen

b Technologie-Messgrößen

c Prozessmessgrößen

d Messgrößen zu kritischen Erfolgsfaktoren (CSF).

9 Service Management-Technologie

9 Service Management-Technologie

Technologie übernimmt im Service Management eine wichtige Rolle und sollte entsprechend konzipiert werden. Außerdem müssen Mechanismen vorhanden sein, um den Nutzen dieser Technologie zu erhalten und zu maximieren.

Das Hotel hat eine Reihe von Hilfsmitteln und Technologien erworben und entwickelt, um seine täglichen Serviceprozesse zu unterstützen:

- Die Klingel
- Internetbuchung
- Liste von Vermögenswerten
- Abrechnungssystem.

Darüber hinaus verfügt es über Systeme, die das Personal bei der Überwachung und Berichterstattung in Hinblick auf die Leistung des Hotels unterstützen:

- Bericht über den monatlichen Belegungsgrad
- Umfragesystem zur Kundenzufriedenheit.

Für die eher technische Verwaltung und Steuerung hat das Hotel Überwachungs- und Automatisierungssysteme eingerichtet, darunter:

- Temperaturüberwachungssystem
- Automatische Steuerung von Vorhängen bei Sonnenschein
- Internes TV-System
- Videoüberwachung des Gepäckraums
- Sicherheitsprotokoll.

Um die Entwicklung und Verwaltung neuer oder geänderter Services zu unterstützen, besitzt das Hotel ein Tool für das Release Management des Restaurantmenüs und ein Tool für das Release Management neuer Arbeitsanweisungen.
Um sicherzustellen, dass Changes wirklich funktionieren, besitzt das Hotel auch ein Tool zur Verwaltung von Anforderungen und zum Testen neuer Geräte. Speziell im neuen Konferenzzentrum müssen die Videoausrüstung, der WLAN, Stifte und Kaffeemaschinen häufig getestet werden.

9.1 EINSATZ VON TECHNOLOGIE

Das Service Management wird auf zweierlei Weise durch Technologie unterstützt:

- Unternehmensweite Werkzeuge, die die umfangreicheren Systeme und Prozesse im Service Management unterstützen
- Werkzeuge, die speziell auf die Unterstützung einer Phase des Servicelebenszyklus oder auf Teile einer solchen Phase ausgerichtet sind

Die Service Management-Technologie ermöglicht die Kommunikation zwischen Service Providern und Kunden. Technologie interagiert auf fünf verschiedene Arten mit den Kunden eines Service Providers (Abbildung 9.1):

1. **Technologiefrei** Technologie ist im Service-Abruf nicht beteiligt.
2. **Technologiegestützt** Ein Service-Abruf, in dem nur der Service Provider Zugang zu der Technologie besitzt

3 **Technologiegefördert** Ein Service-Abruf, in dem sowohl der Service Provider als auch der Kunde Zugang zur gleichen Technologie besitzen
4 **Technologievermittelt** Ein Service-Abruf, in dem der Service Provider und der Kunde sich nicht in räumlicher Nähe befinden
5 **Technologiegeneriert** Ein Service-Abruf, in dem der Service Provider komplett durch Technologie vertreten ist, gemeinhin bekannt als Selbstbedienung (Self-Service).

Die Hilfsmittel und Techniken sind zahlreich und vielfältig, beinhalten sowohl proprietäre als auch nicht proprietäre Methoden und sind in folgenden Bereichen von Nutzen:

- Beschleunigen der Service Management-Prozesse
- Sicherstellen der Einhaltung von Standards und Konventionen
- Anbieten von Einrichtungen für Prototyping, Modelling und Simulationen
- Ermöglichen einer Untersuchung von 'Was wäre wenn'-Szenarien
- Ermöglichen einer Überprüfung und Korrelation von Schnittstellen und Abhängigkeiten.

9.2 SERVICEAUTOMATISIERUNG

Um Utility und Warranty von Services zu verbessern, sollte eine Automatisierung in Betracht gezogen werden.

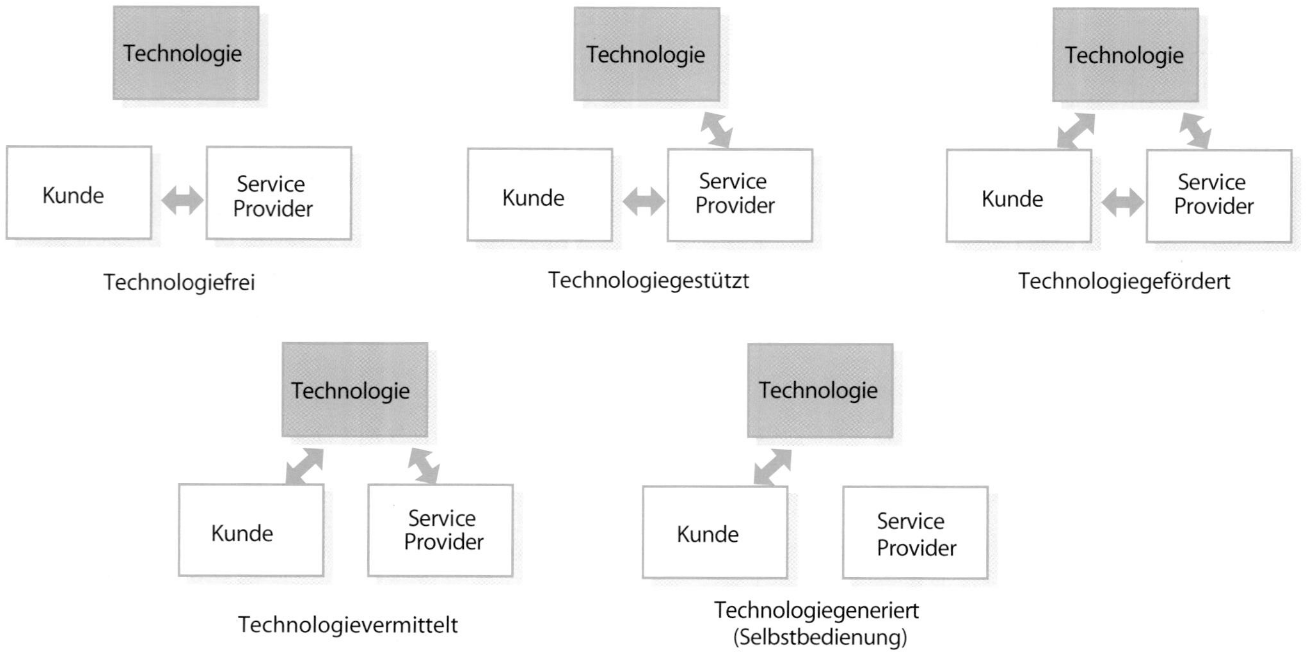

Abbildung 9.1 Arten der Begegnung mit Servicetechnologie

9.2.1 Gründe für die Automatisierung

Die Automatisierung kann in mehreren vielversprechenden Bereichen Vorteile bieten. Zu diesen Vorteilen gehören:

- Die Kapazität von automatisierten Ressourcen lässt sich als Reaktion auf wechselndes Nachfrageaufkommen leichter anpassen.
- Automatisierte Ressourcen können leichter Kapazitäten mit geringeren Einschränkungen im Bezug auf die Zugriffszeit bewältigen.
- Automatisierte Systeme bieten eine gute Grundlage für die Messung und Verbesserung von Serviceprozessen bei konstantem Einsatz des menschlichen Faktors.
- Für viele Optimierungsprobleme wie die Planung, Weiterleitung und Zuweisung von Ressourcen ist Rechenleistung erforderlich, die die Fähigkeiten von Mitarbeitern übersteigt.
- Die Automatisierung ist ein Mittel zur Erfassung des Wissens, das für einen Serviceprozess benötigt wird.

9.2.2 Vorbereitung der Automatisierung

Bei der Automatisierung sollten die folgenden Maßnahmen in Erwägung gezogen werden:

- Vereinfachen Sie die Prozesse, bevor Sie sie automatisieren.
- Klären Sie den Ablauf von Aktivitäten, die Zuweisung von Aufgaben, den Informationsbedarf und die Interaktionen.
- Reduzieren Sie in Situationen mit Selbstbedienung die Schnittstellen der Benutzer mit den zugrunde liegenden Systemen und Prozessen.
- Gehen Sie nicht übereilt an die Automatisierung von Aufgaben und Interaktionen heran, die weder einfach sind noch zur Routine gehören.

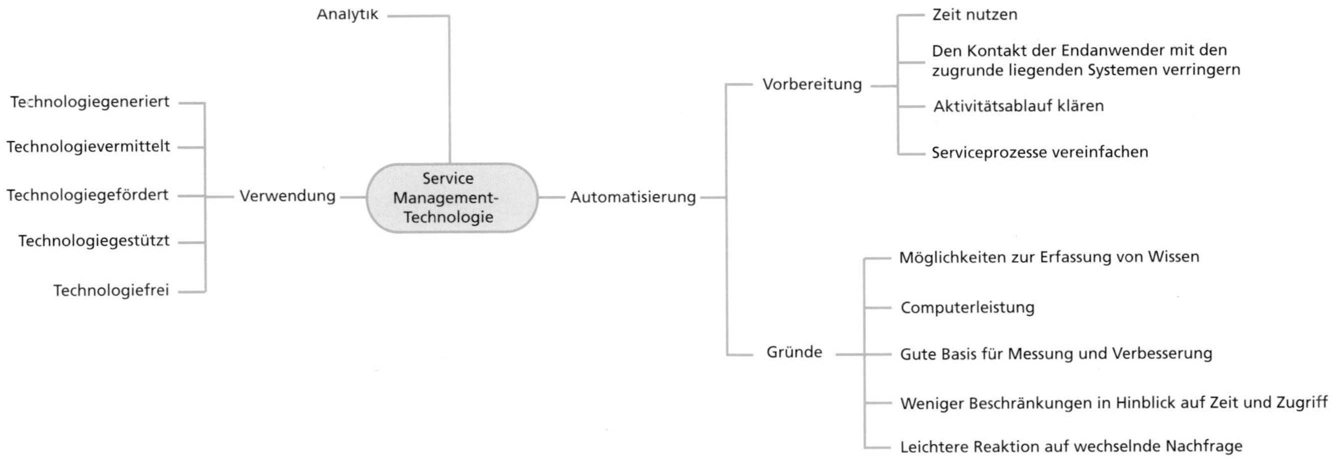

Abbildung 9.2 Überblick über Kapitel 9 (Service Management-Technologie)

9.3 SERVICEANALYTIK

Informationen sind statisch. Sie werden erst dann zu Wissen, wenn sie in einen Kontext von Mustern und deren Auswirkungen gesetzt werden. Diese Muster ermöglichen ein hohes Maß an Vorhersagbarkeit und Zuverlässigkeit in Hinblick auf die Veränderungen im Zeitverlauf der Daten. Durch das Verständnis der Informationsmuster können wir Fragen nach dem 'Wie' beantworten:

- Wie beeinflusst dieser Incident den Service?
- Wie wirkt sich dies auf das Business aus?
- Wie reagieren wir?

Das beschreibt die Serviceanalytik.

Die Serviceanalytik dient der Modellierung vorhandener Infrastrukturkomponenten und unterstützender Services für Business-Services übergeordneter Ebenen. Danach werden Infrastruktur-Events mit den entsprechenden Business-Prozessen verbunden. Anhand der Verbindung zwischen Komponente-System-Prozess, auch bekannt als Servicemodell können die Auswirkungen eines Events auf das Business eindeutig identifiziert werden.

Statt auf einzelne Events zu reagieren, können Manager das Verhalten eines Service charakterisieren. Dieses Verhalten wird dann mit einer Baseline für das normale Verhalten zu dieser Tageszeit oder in diesem Business-Zyklus verglichen.

Mithilfe der Serviceanalytik kann die Betriebsgruppe nicht nur die Erkennung und Behebung von Problemen aus Sicht des Anwenders optimieren, sondern auch den Einfluss der Änderungen an der Umgebung prognostizieren. Das gleiche Modell kann auch umgekehrt eingesetzt werden und so den Business-Bedarf an IT-Services aufzeigen. Dieser Punkt spielt beim Aufbau einer dynamischen Bereitstellung oder einer On-Demand-Umgebung eine besonders wichtige Rolle.

9.4 AUSGEWÄHLTE FRAGEN

1 Welcher der folgenden Bereiche würde der Technologie helfen, die Service Transition zu unterstützen?

1 Ein integriertes Configuration Management System

2 Ein Remote-Deployment-Tool

3 Ein System zur Workflow- oder Prozesssteuerung, das die Festlegung und Steuerung von definierten Prozessen wie dem Change-Prozessmodell ermöglicht

4 Ein Service Reporting-Tool, das den Nachweis entsprechender Service Level Agreements gewährleisten soll, wenn ein Service live in Produktion ist.

a Nur 1 und 2

b Nur 1, 2 und 3

c Nur 3 und 4

d Alle genannten Optionen.

2 Unter welchem Begriff ist Technologie bekannt, die der Kundenorganisation angeboten wird, um deren eigene Fähigkeiten zu unterstützen?

a Discovery-Technologie

b Remote-Steuerung

c Selbsthilfe

d Diagnose-Werkzeuge.

10 So fügt sich alles zusammen

10 So fügt sich alles zusammen

Jede Phase des Lebenszyklus ist von Input abhängig und liefert Output für andere Phasen im Lebenszyklus. Die wichtigste Verbindungsstelle zwischen den einzelnen Phasen des Lebenszyklus ist das Serviceportfolio. Es ist das Rückgrat, das die Phasen miteinander verbindet.

10.1 WICHTIGE VERKNÜPFUNGEN, INPUTS UND OUTPUTS

Das Serviceportfolio fungiert als Verbindungsstelle oder Rückgrat des Servicelebenszyklus (Abbildung 10.1). Es ist die zentrale, integrierte Quelle für

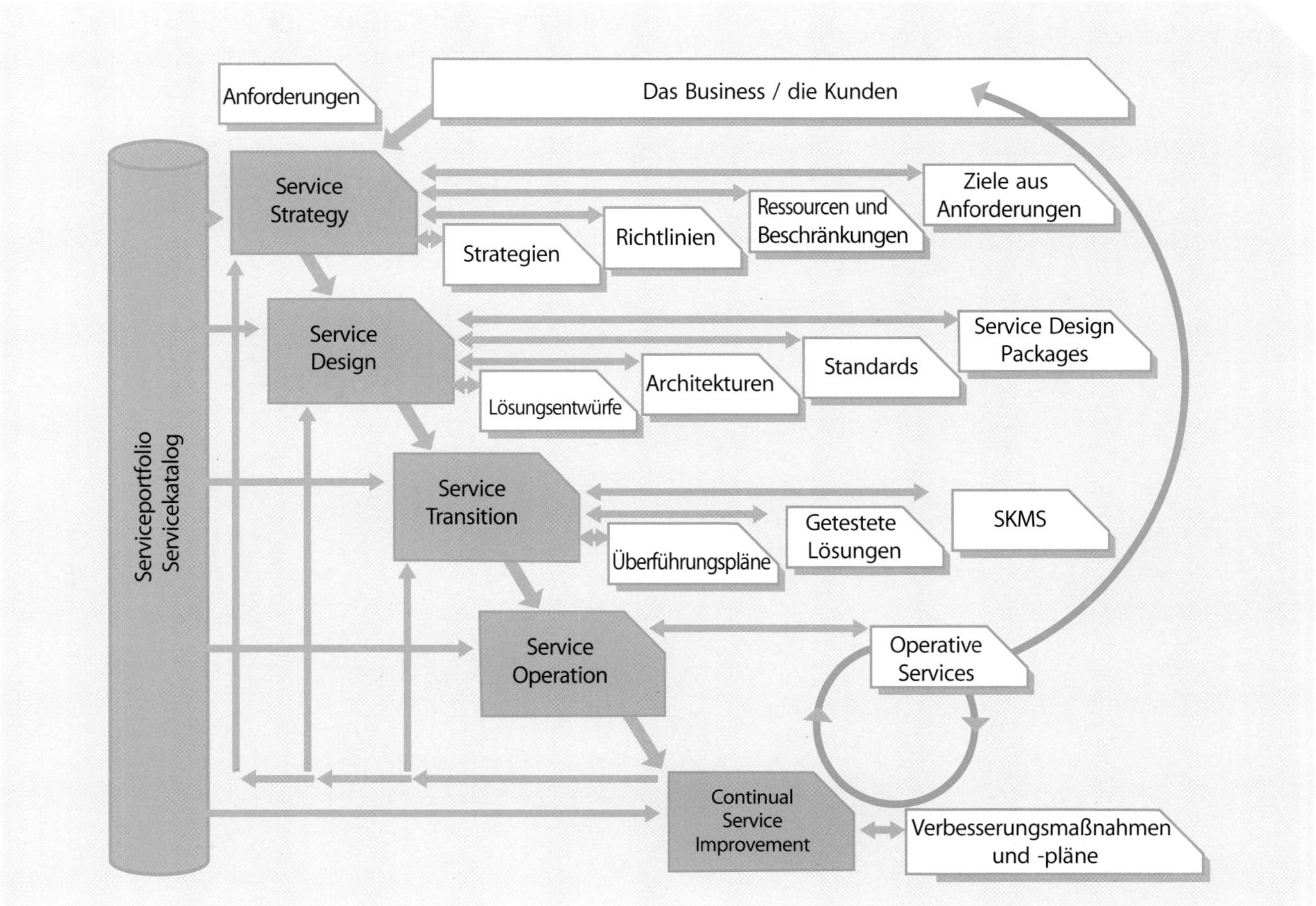

Abbildung 10.1 Das Serviceportfolio als Rückgrat: die wichtigsten Verknüpfungen, Inputs und Outputs im Servicelebenszyklus

Informationen über den Status der einzelnen Services, über andere Servicedetails und über die Schnittstellen und Abhängigkeiten zwischen den Services. Die Informationen im Serviceportfolio werden von den Aktivitäten in den einzelnen Phasen des Servicelebenszyklus genutzt.

Abbildung 10.1 bietet einen guten Überblick über die Verknüpfungen, Inputs und Outputs, die in den einzelnen Phasen des Servicelebenszyklus involviert sind. Sie veranschaulicht die wichtigsten Outputs, die von den einzelnen Phasen produziert und von den nachfolgenden Phasen als Inputs genutzt werden.

10.2 STRATEGY IMPLEMENTATION

Die Service Strategy legt für ein gegebenes Marktumfeld zweierlei fest: das Portfolio der Services, die angeboten werden müssen, und die Kunden, die unterstützt werden müssen. Dies legt wiederum das Serviceportfolio fest, das Fähigkeiten aus den Bereichen Design, Transition und Operation benötigt (Abbildung 10.2).

Fähigkeiten im Lebenszyklus werden in Hinblick auf die Systeme, die Prozesse, das Wissen, die Fertigkeiten und die Erfahrung definiert, die in den einzelnen Phasen benötigt werden, um die Serviceportfolios effektiv zu unterstützen.

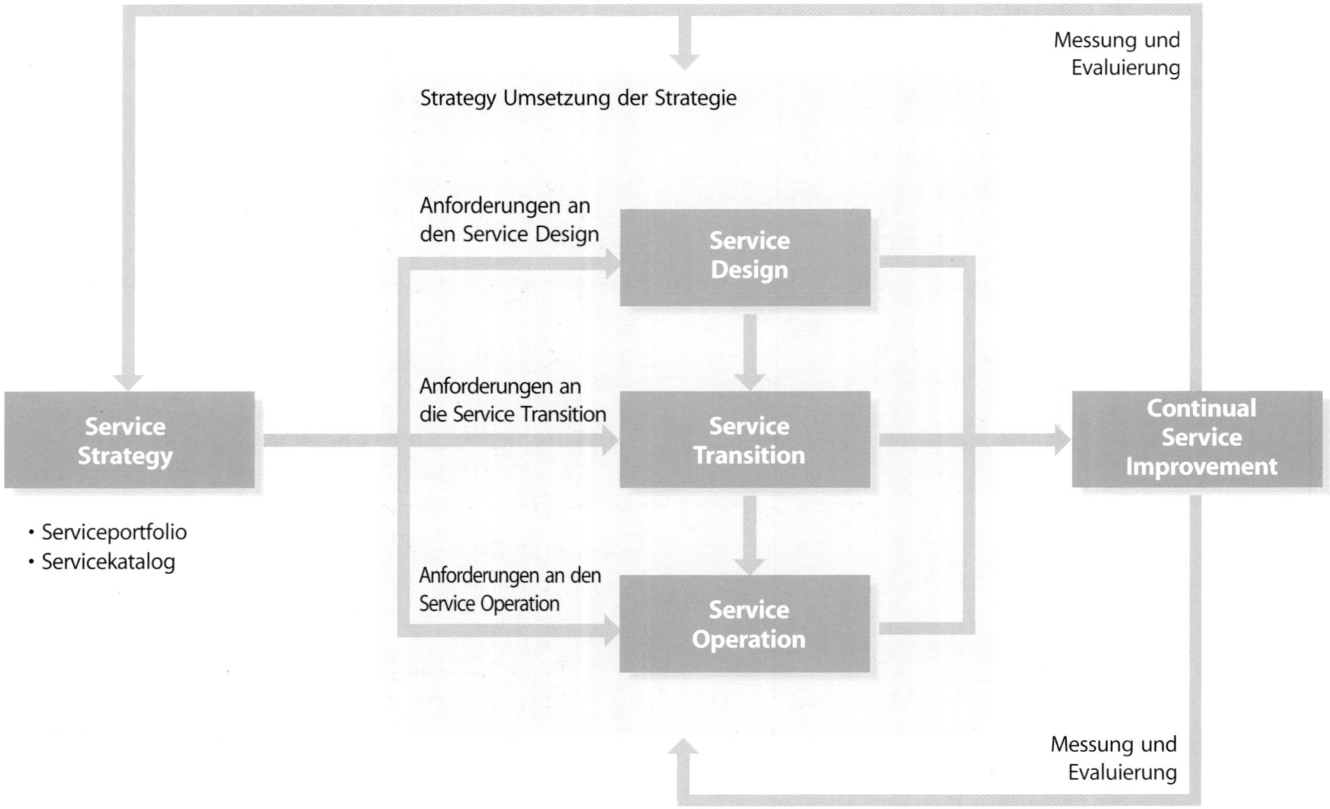

Abbildung 10.2 Umsetzung der Strategie im gesamten Servicelebenszyklus

Die Wechselwirkungen zwischen den Service Management-Fähigkeiten werden klar definiert und verwaltet, um eine integrierte und systematische Herangehensweise an das Service Management zu ermöglichen.

Die Fähigkeiten im Service Design und im Service Operation bestimmen die Art der benötigten Transition-Fähigkeiten. Sie legen das Portfolio der Service Designs und den Aktionsradius der Service Provider in Hinblick auf Modelle und Kapazitäten fest. Strategien werden letztlich durch den gesamten Service Operation umgesetzt.

Die Transition-Fähigkeiten bestimmen die Kosten und Risiken, die von einem Service Provider verwaltet werden. Wie schnell ein Service vom Design in den Betrieb überführt wird, ist von den Fähigkeiten in der Phase der Service Transition abhängig. Die Service Transition liefert die Entscheidungsgrundlage, die für das Analysieren, Auswerten und Genehmigen von strategischen Initiativen benötigt wird. Auf diese Weise fungieren Überführungsfähigkeiten nicht nur als Filter, sondern auch als Verstärker, mit denen die Effektivität von Entwurf und Betrieb gesteigert wird.

Die Service Strategy benötigt die Continual Service Improvement (CSI), um Feedback über die Elemente des Lebenszyklus zu schleusen, damit sichergestellt ist, dass Herausforderungen und Gelegenheiten nicht falsch verwaltet werden.

10.3 SPEZIALISIERUNG UND KOORDINIERUNG

Spezialisierung und Koordinierung sind im Lebenszyklus-Ansatz notwendig. Dies wird durch Feedback und Steuerung unter den einzelnen Funktionen und innerhalb der Elemente und zwischen den Elementen des Lebenszyklus ermöglicht. Das vorherrschende Muster im Lebenszyklus ist das schrittweise Fortschreiten, beginnend mit der Service Strategy über Service Delivery, Service Transition und Service Operation bis zur Continual Service Improvement. Das ist jedoch nicht das einzige Aktionsmuster. Jedes Element des Lebenszyklus bietet Ansatzstellen für Feedback und Steuerung (Abbildung 10.3).

10.4 ÜBERWACHUNG UND STEUERUNG

Alle Aktivitäten in einem Service Management-Prozess sollten überwacht werden. Operative Überwachung und Steuerung sollen gewährleisten, dass der Prozess oder Service wie festgelegt funktioniert, und sind daher vorwiegend mit der Aufrechterhaltung des Status Quo befasst.

Abbildung 10.4 veranschaulicht die Überwachung und Steuerung eines Prozesses oder der Komponenten, die für das Erbringen eines Service eingesetzt werden.

Die Normen und die Mechanismen für Überwachung und Steuerung werden im Service Design definiert, basieren aber auf den Standards und Architekturen, die in der Service Strategy festgelegt werden.

Beachten Sie, dass die zweite Überwachungsstufe in diesem Regelkreis von Überwachung und Steuerung von den Prozessen der Continual Service Improvment durch Service Strategy und Service Design ausgeübt wird. Diese Beziehungen werden in der Abbildung durch die nummerierten Pfeile repräsentiert, und zwar wie folgt:

1 In dem vorliegenden Fall hat die Continual Service Improvement erkannt, dass der Service verbessert wird, wenn eine Änderung an der Service Strategy vorgenommen wird. Die Ursache könnte das Business sein, das einen Change am Serviceportfolio benötigt,

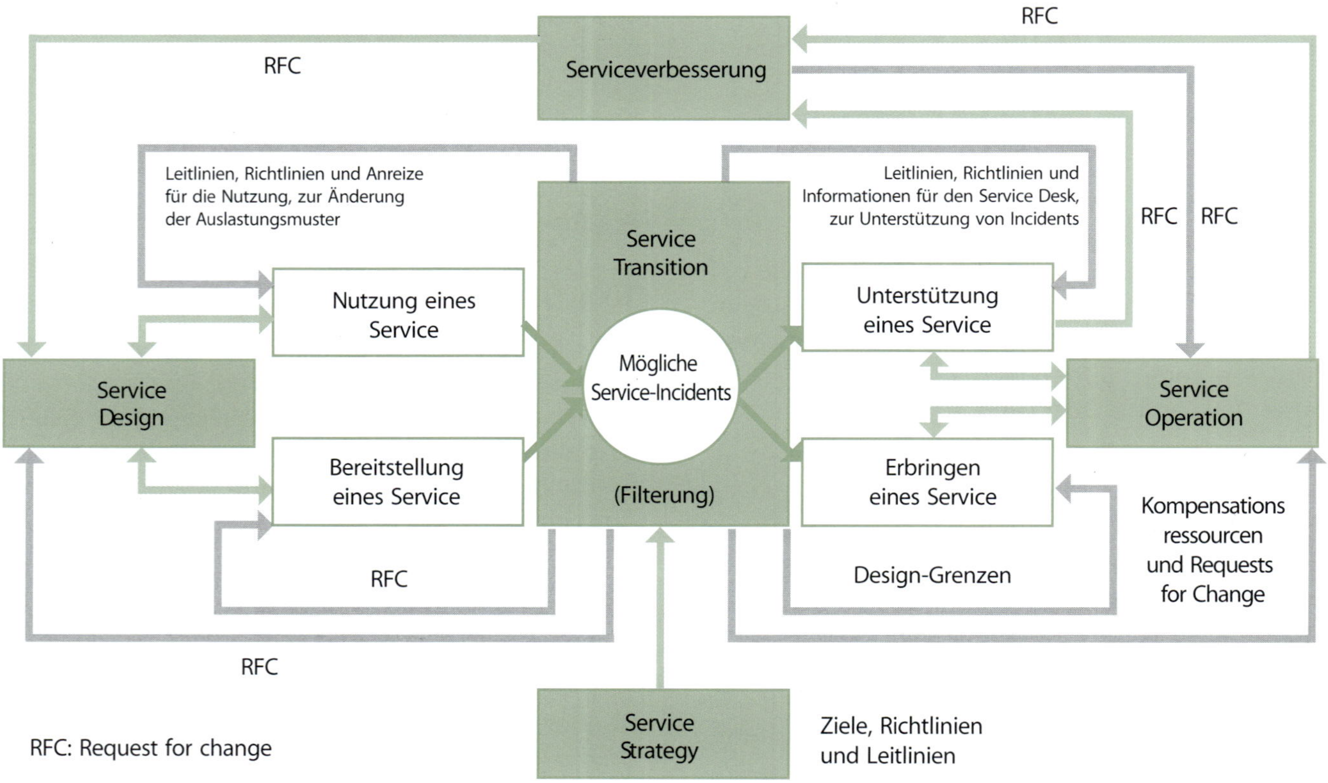

Abbildung 10.3 Service Management-Prozesse werden im gesamten Servicelebenszyklus angewendet

aber auch die Architektur, die nicht liefert, was erwartet wurde.

2 Im vorliegenden Fall müssen die Service Level-Anforderungen (SLRs) angepasst werden. Möglicherweise ist der Service zu teuer oder das Operations Management ist nicht in der Lage, in der aktuellen Architektur die Servicequalität aufrechtzuerhalten.

3 Im vorliegenden Fall werden die Normen, die im Service Design spezifiziert werden, nicht befolgt. Möglicherweise sind sie nicht angemessen oder erfüllbar, oder es fehlt an Schulung oder Kommunikation. Die Normen und die mangelnde Konformität müssen untersucht und Maßnahmen müssen ergriffen werden, um die Situation zu korrigieren.

10.5 CONTINUAL SERVICE IMPROVEMENT

Verbesserungen finden sich im gesamten Service-Lebenszyklus einer Organisation. Abbildung 10.5 zeigt das Zusammenspiel, das zwischen den einzelnen Phasen des Lebenszyklus stattfinden sollte.

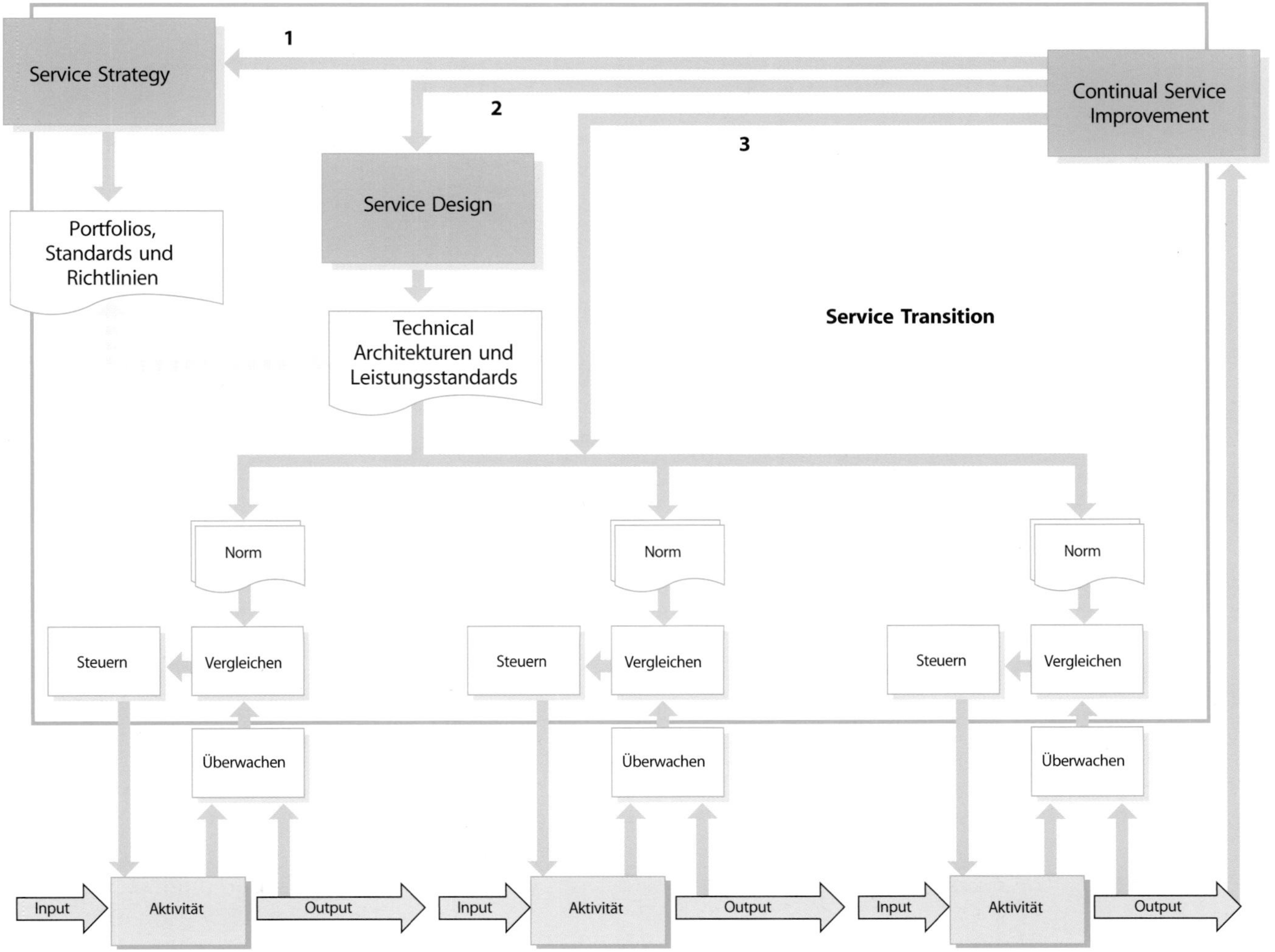

Abbildung 10.4 Überwachung und Steuerung im gesamten Servicelebenszyklus

Eine IT-Organisation muss nicht warten, bis ein Service oder ein Service Management-Prozess in die Service Operation-Phase überführt wird, bevor sie beginnt, Verbesserungsmöglichkeiten zu identifizieren.

Die Continual Service Improvement nutzt die Methoden und Practices, die sich in vielen ITIL-Prozessen wie dem Problem Management, dem Availability Management und dem Capacity Management finden, die im gesamten Lebenszyklus eingesetzt werden.

Die Verwendung der Outputs in Form von Outputs, Matrizen, Statistiken oder Analyseberichten liefert wertvolle Einsichten in den Design und den Betrieb von Services. Diese Informationen in Verbindung mit neuen Business-Anforderungen, technischen

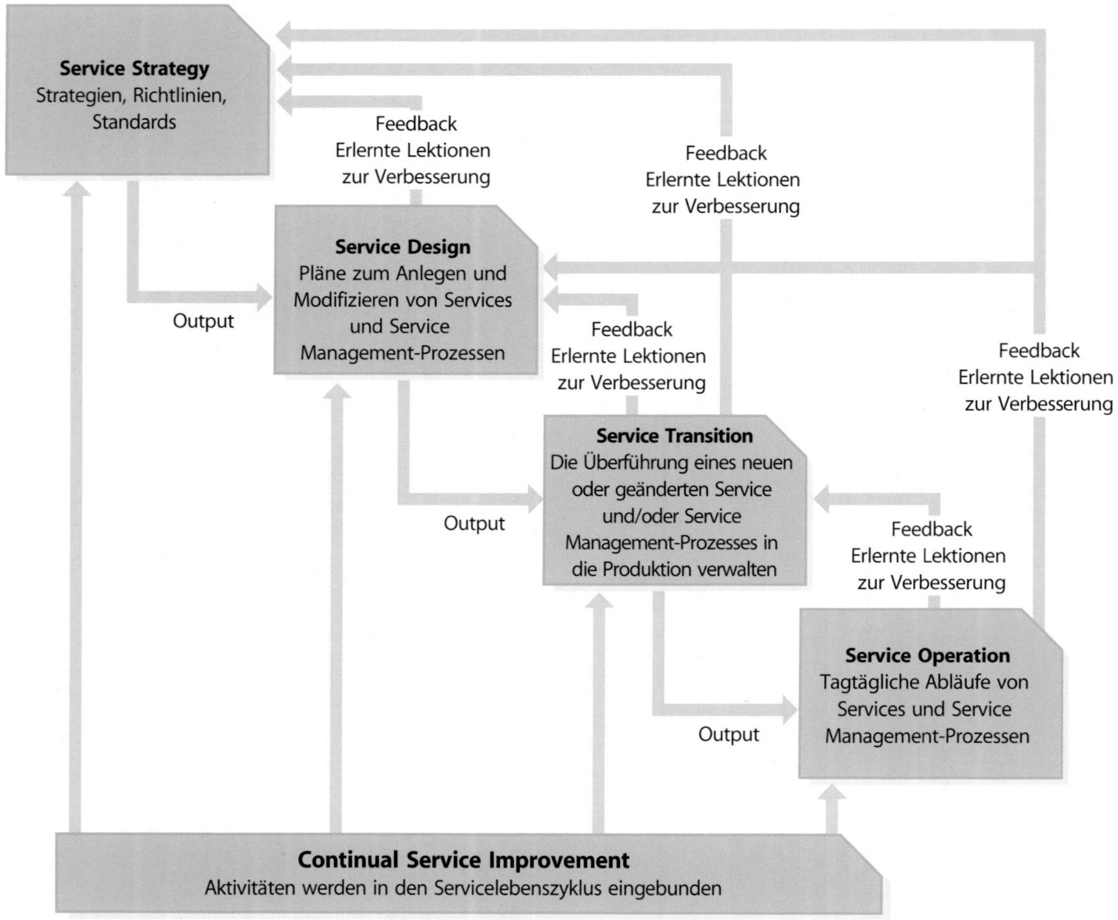

Abbildung 10.5 Continual Service Improvement im gesamten Servicelebenszyklus

Spezifikationen, Fähigkeiten, Budgets, Trends und möglicherweise externen Rechtsvorschriften und gesetzlichen Auflagen sind für die Continual Service Improvement unerlässlich, um den Verbesserungsbedarf zu ermitteln.

11 Die Prüfung und die Prüfungsvorbereitung

11 Die Prüfung und die Prüfungsvorbereitung

11.1 DIE PRÜFUNG

Bei der Prüfung handelt es sich um eine Klausur mit 40 Multiple-Choice-Fragen, bei der keine Literaturhilfen oder andere Hilfsmittel erlaubt sind ("closed book"). Sie sollten sich mit allen 40 Fragen befassen. Jede Frage bietet vier Auswahlmöglichkeiten, und der Kandidat muss eine dieser Optionen auswählen, um die jeweilige Frage zu beantworten. Nur eine der Auswahlmöglichkeiten ist richtig.

Die Prüfung kann entweder auf Papier oder online abgelegt werden.

Es stehen maximal 60 Minuten zur Verfügung, um die Fragen der Klausur zu beantworten. Kandidaten, die die Prüfung in einer anderen Sprache als ihrer Muttersprache ablegen, die in ihrem betrieblichen Umfeld gesprochen wird, haben maximal 75 Minuten Zeit und dürfen ein Wörterbuch benutzen.

Kandidaten müssen 26 oder mehr Fragen richtig beantworten, um die Prüfung zu bestehen. Dies entspricht 65 % der maximal erreichbaren Punktzahl.

Kandidaten, die nicht bestehen, können die Prüfung wiederholen. Kandidaten können die Prüfung beliebig oft wiederholen.

11.2 PRÜFUNGSVORBEREITUNG

Die Teilnahme an einer akkreditierten Foundation-Schulung wird dringend empfohlen, ist aber keine Voraussetzung für das Ablegen der Prüfung. Kandidaten sollten beachten, dass die allgemeinen Gesamterfolgsquoten bei den Prüfungen deutlich niedriger sind als die Quoten für Kandidaten, die einen akkreditierten Schulungskurs besucht haben. Den Kandidaten wird empfohlen, vor der Prüfung mindestens 18 Stunden zu lernen.

Sie sollten schon am ersten Tag des Kurses beginnen, sich auf die Prüfung vorzubereiten. Verwenden Sie ein effektives System für Notizen und sehen Sie regelmäßig das Kursmaterial durch. Übertragen Sie die Informationen, die Sie lernen sollen, auf Notizzettel und sehen Sie sie täglich durch.

Es ist mit Hausaufgaben und Selbststudium zu rechnen. Machen Sie sich Termine für die Lernphasen (und informieren Sie Ihr Umfeld diesbezüglich).

Üben Sie das Durchlaufen der Prüfung, um sich damit vertraut zu machen. Sie können die Mustertests in dieser Publikation verwenden, aber auch die neuesten Musterklausuren, die Ihnen von Ihrem Schulungsanbieter zur Verfügung gestellt werden. Da sie für die Prüfung einen festgelegten Zeitrahmen haben, sollten Sie sich unter ähnlichen Bedingungen auf Ihren bevorstehenden Test vorbereiten. Stellen Sie sicher, dass Sie jedes Mal, wenn Sie einen Übungstest ablegen, die benötigte Zeit stoppen und sich dabei an dem Zeitrahmen zu orientieren, der Ihnen in der wirklichen Prüfung zugestanden wird. Sie sollten im Voraus wissen, wie viele Minuten Sie pro Frage aufwenden können, und nach jeweils einigen Fragen durch Blick auf die Uhr überprüfen, ob Sie im Soll liegen.

Bereiten Sie sich ausreichend lange im Voraus vor, damit Sie in der Nacht vor der Prüfung wirklich entspannt sein können.

In der Prüfung:

- Lesen Sie jede Frage sorgfältig, um sicherzustellen, dass Sie die Art der geforderten Antwort verstehen.
- Machen Sie sich bereits im Kopf ein Bild von der Antwort, bevor Sie sich die möglichen Antworten ansehen.
- Lesen Sie alle Antwortmöglichkeiten und denken Sie über sie nach, bevor Sie sich für diejenige Option entscheiden, die die Frage am besten beantwortet.
- Vergewissern Sie sich, dass Sie die Frage beantworten, die in diesem Moment gestellt wird.
- Es gibt keine Fangfragen, also vergeuden Sie keine Zeit und Energie, um nach derartigen Fragen zu suchen.
- Beantworten Sie zuerst die leichten Fragen, gehen wieder zurück und beantworten dann die schwierigeren Fragen.
- Wenn Sie sich an schwierigen Fragen versuchen, eliminieren Sie so viele Antworten, wie Sie können, und treffen unter den verbleibenden Antworten eine wohlbegründete Auswahl.
- Verwenden Sie nicht zu viel Zeit auf eine einzelne Frage.
- Vergewissern Sie sich, dass Sie alle Fragen beantwortet haben. Ihre Punktzahlen in den Multiple-Choice-Tests basieren auf der Anzahl der Fragen, die Sie richtig beantwortet haben. Raten führt nicht zu Abzügen.
- Sehen Sie Ihre Arbeit nochmals durch. Wenn Sie einen Test beenden, bevor Ihre Zeit abgelaufen ist, beginnen Sie noch einmal bei der ersten Frage und überprüfen Sie Ihre Arbeit.
- Ändern Sie nicht ständig Ihre Antworten – in der Regel ist Ihre erste Wahl die richtige Wahl, sofern Sie die Frage nicht falsch verstanden haben.

12 Musterprüfung zu den ITIL-Grundlagen in der Version 3

12 Musterprüfung zu den ITIL-Grundlagen in der Version 3

12.1 ANLEITUNG

Sie sollten sich mit allen 40 Fragen befassen.

Es gibt keine Fangfragen.

Sie haben 60 Minuten, um diese Klausur zu absolvieren. Kandidaten, die die Prüfung in einer anderen Sprache als Ihrer Muttersprache ablegen, haben maximal 75 Minuten Zeit und dürfen ein Wörterbuch benutzen.

Sie müssen 26 oder mehr Fragen richtig beantwortet haben, um die Prüfung zu bestehen.

Weitere Musterklausuren kann Ihnen Ihr Kursanbieter zur Verfügung stellen.

12.2 FRAGEN

1 Was ist das primäre Ziel des Financial Managements?

- a Berechnen und Zuweisen eines Geldwertes für einen Service oder eine Servicekomponente
- b Schaffen von operativer Transparenz und Bestimmen des finanziellen Werts der Assets, die der Erbringung von Services zugrunde liegen
- c Darstellen, dass der Utility und die Warranty erbracht wurden
- d Vermeiden von Service-Überkapazitäten, die Kosten verursachen würden, ohne Mehrwert zu schaffen.

2 Bei welcher der folgenden Optionen handelt es sich NICHT um einen Nutzen, den das Problem Management für das Business erbringt:

- a Höhere Verfügbarkeit von IT-Services
- b Höhere Produktivität von Business und IT-Personal
- c Enger abgestimmte Service Levels zur Erfüllung der Business-Anforderungen
- d Reduzierung der Kosten für die Brandbekämpfung oder das Lösen wiederholt auftretender Incidents.

3 Bei welcher der folgenden Optionen handelt es sich NICHT um eine Aktivität des Service Level Management-Prozesses?

- a Überwachen der Serviceleistung im Vergleich zum Service Level Agreement (SLA) und Abfassen von Serviceberichten
- b Abhalten von Meetings für Service-Reviews und Anregen von Serviceverbesserungen
- c Schaffen einer positiven Beziehung zu Dritt-Anbietern, um die Verwaltung des End-to-End-Service sicherzustellen
- d Bestimmen, Dokumentieren und Vereinbaren von Anforderungen für neue Services und Zusammenstellen des SLA.

4 Welche der folgenden vier Optionen sind Outputs des Change Management-Prozesses:

1 Ein Incident-Ticket

2 Protokolle des CAB-Meetings

3 Der Change-Zeitplan

4 Der Bericht zu geplanten Serviceunterbrechungen.

a Nur 1 und 2

b Nur 1, 3 und 4

c Nur 2, 3 und 4

d Alle genannten Optionen.

5 Welches ist die wichtigste mit dem Demand Management verknüpfte Aktivität?

a Entwickeln der Anforderungen für die Service Utility

b Bereitstellen des entsprechenden Nutzens aus dem Service Level Package

c Verstehen des Wertes, den die IT für das Business erbringen muss

d Nachvollziehen der Business-Aktivitätsmuster.

6 Welche der folgenden Optionen sind die wichtigsten Ziele für den Service Desk?

1 Liefern von Management-Informationen

2 Schnellstmögliches Wiederherstellen des üblichen Service für die Anwender

3 Handhaben eines Incidents während seines ganzen Lebenszyklus

4 Vermeiden von Problemen und den daraus resultierenden Incidents.

a Nur 1, 2 und 4

b Nur 3 und 4

c Nur 1, 2 und 3

d Alle genannten Optionen.

7 Wer ist für einen Service in seinem gesamten Lebenszyklus verantwortlich?

a Der Service Desk

b Der Service Level Manager

c Der Service Owner

d Der Prozess Owner.

8 An welcher Stelle im Servicelebenszyklus bestätigen Sie vor einem Deployment, dass der Service die Business-Anforderungen erfüllt?

a Service Operation

b Service Transition

c Service Design

d Continual Service Improvement.

9 Welche der folgenden Aussagen beschreibt AM BESTEN den Unterschied zwischen einem Operational Level Agreement (OLA) und einem Underpinning Contract (UC)?

a Das OLA ist eine absichernde Vereinbarung mit rechtverbindlichen Bedingungen, während der UC das SLA unterstützt und daher keinen förmlichen Vertrag darstellt.

b Das OLA ist ein internes Dokument, das die Arbeitsbeziehung zwischen verschiedenen Gruppen innerhalb der Service Provider-Organisation definiert, während der UC ein rechtsverbindliches

Dokument für einen Supplier ist und das SLA unterstützt.

c Der UC legt Ziele und Verantwortlichkeiten fest, die erforderlich sind, um die in einem Service Level Agreement vereinbarten Service Level-Ziele zu erreichen, während das OLA die Aufgaben beschreibt, die ein Service nach besten Kräften erfüllen soll.

d Es bestehen keine Unterschiede zwischen einem UC und einem OLA, da beide das SLA unterstützen.

10 Für eine erfolgreiche Service Design-Phase gibt es fünf entscheidende Aspekte. Welcher Aspekt fehlt in der unten stehenden Liste?

1 Der Entwurf der Service Management-Systeme und -Tools

2 Der Entwurf der Technologie-Architekturen

3 Der Entwurf der Prozesse

4 Der Entwurf der Messmethoden und Messgrößen.

a Der Entwurf des Service Design Package (SDP)

b Der Entwurf der Dokumentation

c Der Entwurf der Servicelösung

d Der Entwurf der Business-Prozesse.

11 Welche der folgenden Definitionen ist die RICHTIGE Definition eines Business Case?

a Das Werkzeug zur Unterstützung der Entscheidungsfindung und Planung, das der Vorhersage der Kosten dient, die mit der Implementierung eines neuen Service einhergehen

b Eine Rechtfertigung für einen umfassenden Ausgabenposten, die Informationen zu Kosten, Nutzen, Optionen, Risiken und möglichen Problemen beinhaltet

c Die Quantifizierung der Kosten eines jeden Service und seiner Nutzung

d Die Dokumentation, in der die Sichtbarkeit und Verantwortung der einzelnen Geschäftsbereiche dargelegt ist.

12 Welche Aktivität ist mit der 'Planen'-Phase in Demings PDCA-Zyklus für die Continual Service Improvement verknüpft?

a Implementieren der Verbesserungsinitiative

b Überwachen und Messen der Services

c Festlegen der Ziele und erfolgversprechenden Maßnahmen sowie Durchführen der Gap-Analyse

d Feststellen, ob weitere Arbeiten erforderlich sind.

13 Welche der folgenden Funktionen hat die Bereitstellung der technischen Fachkenntnisse und spezialisierten Ressourcen im gesamten Lebenszyklus als entscheidendes Ziel?

a Technical Management

b IT-Betrieb

c Incident Management

d Application Management.

14 Welche Optionen beschreiben anerkannte Arten eines Service Desks?

1 Ein lokaler Service Desk

2 Ein zentraler Service Desk

3 Ein Operations Bridge-Service Desk

4 Ein virtueller Service Desk.

a Nur 2 und 4

b Nur 1 und 3

c Nur 1, 2 und 4

d Alle genannten Optionen.

15 Welche der folgenden Optionen beschreibt AM BESTEN die Definition von Zuverlässigkeit?

a Wie leicht ein Service oder eine Komponente instand gesetzt werden kann

b Die Fähigkeit eines externen Suppliers, die Bedingungen seines Vertrags zu erfüllen

c Die durchschnittliche Zeit bis zur Wiederherstellung

d Die Abwesenheit von Fehlern unter bestimmten Bedingungen.

16 Um die Effizienz des Change-Prozesses zu optimieren, kann das Change Management viele routinemäßige Changes als im Voraus autorisiert einstufen. Als welche Art von Change ist dies bekannt?

a Als Service Request

b Als Change Request

c Als normaler Change

d Als Standard-Change.

17 Was ist in der Definitive Media Library enthalten?

a Sichere, final freigegebene Versionen von Software- und Medien-CIs, die Qualitätssicherungsprüfungen durchlaufen haben

b Das Beziehungsmodell aller Service-Assets, Infrastruktur- und Einzelkomponenten, aus denen sich ein Service zusammensetzt

c Sichere, final freigegebene Versionen von Software- und Medien-CIs, die noch Qualitätssicherungsprüfungen durchlaufen müssen

d Sichere Backup-Bänder.

18 Welche der folgenden Optionen ist die RICHTIGE Phase im DIKW-Modell, in der Erfahrungen, Ideen, Einsichten, Werte und Beurteilungen angewendet werden?

a Daten

b Informationen

c Wissen

d Erfahrung.

19 Wie würde in einer RACI-Matrix der Kompetenzen die Rolle von Personen beschrieben, die über den Fortschritt einer Aktivität auf dem Laufenden gehalten werden müssen?

a Beteiligen

b Informieren

c Berücksichtigen

d Beeinflusst.

20 Mit welcher Aussage lässt sich der PRIMÄRE Zweck der Continual Service Improvement AM BESTEN beschreiben?

a Ausrichten bzw. Neuausrichten von IT-Services am wechselnden Business-Bedarf, indem Verbesserungen an IT-Services identifiziert und implementiert werden, die Business-Prozesse unterstützen

b Überprüfen, Analysieren und Empfehlen von Verbesserungsmöglichkeiten in allen Phasen des Lebenszyklus

c Verbessern der Kosteneffektivität der Erbringung von IT Services so dass die Organisation erkennt, dass sie ein gutes Kosten-Leistungsverhältnis erhält

d Entwerfen von Services, die die Originalspezifikationen einhalten und die Business-Ziele erfüllen

21 Welche der folgenden Optionen beschreiben Schlüsselemente, die als Teil eines Prozesses festgelegt werden müssen?

1 Die in einem Prozess enthaltenen Aktivitäten

2 Die Prozessrichtlinie

3 Rollen in der Organisation, die den Prozess durchführen müssen

4 Geeignete Messgrößen für den Prozess.

a Nur 1, 2 und 3

b Nur 3 und 4

c Nur 1, 2 und 4

d Alle genannten Optionen.

22 Die Leistung im gesamten Service Management kann mithilfe der Automatisierung erheblich gesteigert werden. Welche der folgenden Optionen sind für eine Automatisierung geeignet?

1 Leistungsmessung

2 Automatisierung von Routineaufgaben wie der Handhabung von Service Requests

3 Service Reporting

4 Entwurf und Modellierung.

a Nur 1 und 3

b Nur 1 und 2

c Nur 2, 3 und 4

d Alle genannten Optionen.

23 Wer ist für den Release and Deployment-Prozess verantwortlich?

a Der Deployment Manager

b Die Mitglieder der Application Management-Funktion

c Der Service Desk

d Der Release and Deployment-Prozessverantwortliche.

24 Für welche der folgenden Aufgaben ist der IT-Betrieb NICHT verantwortlich?

a Lösen von Incidents

b Verwalten von Anwendungen während ihres gesamten Lebenszyklus

c Verwalten Facility-Umgebung

d Überwachen von Events.

25 Im Incident Management-Prozess sind die Mitarbeiter des Service Desk häufig nicht in der Lage, den Incident selbst zu lösen, sodass sie ihn an ein technischer orientiertes Team eskalieren. Als welche Art der Eskalation ist dies bekannt?

- a Funktional
- b Hierarchisch
- c Problem Management
- d Abschluss von Anrufen.

26 Welche der folgenden Aussagen beschreibt AM BESTEN das entscheidende Ziel des Supplier Managements?

- a Managen der internen Teams, um sicherzustellen, dass sie ihre Operational Level Agreements erfüllen
- b Steuern der Lieferanten und der Services, die sie liefern, um die Servicequalität bereitzustellen
- c Teilnahme in Vertretung des Lieferanten am CAB, um dort den Service zu repräsentieren
- d Dokumentieren der bevorzugten Lieferanten in einer Liste.

27 Welche der folgenden Möglichkeiten sind geeignete Beispiele für Service Requests?

1. Das Ändern oder Zurücksetzen eines Passworts
2. Eine geringfügige Quelltext-Änderung durch einen Anwender, um eine Anwendung anzupassen
3. Die Umplatzierung einiger Desktop-Geräte
4. Eine Informationsnachfrage.

- a Nur 1, 2 und 3
- b Nur 2 und 4
- c Nur 1, 3 und 4
- d Alle genannten Möglichkeiten.

28 An welcher Funktion ist das Facilities Management beteiligt?

- a Service Desk
- b IT-Betrieb
- c Application Management
- d Technical Management.

29 Wann ist der BESTE Zeitpunkt für die Erstellung eines Service Design Package (SDP)?

- a Jeder Zeitpunkt in der Phase der Service Strategy, zu dem ein neuer Service in das Serviceportfolio aufgenommen wird
- b Jeder Zeitpunkt in der Phase des Service Design, zu dem ein neuer Service in den Servicekatalog aufgenommen wird
- c Während der Phase des Service Design, als letzter Output, der in die Phase der Service Transition mündet
- d Während der Phase der Service Transition, als letzter Output, der in die Phase des Service Operation mündet.

30 Welche der grundlegenden ITIL-Best Practices liefert eine Anleitung für das Entwerfen, Entwickeln und Implementieren des Service Managements als organisatorische Fähigkeit sowie als strategisches Asset?

- a Service Strategy
- b Service Design

c Service Transition

d Service Operation.

31 ITIL lässt sich AM BESTEN folgendermaßen charakterisieren:

a Ein internationaler Standard

b Ein Framework für Good Practice

c Ein globales zertifiziertes Zertifizierungsschema

d Eine internationale Methodik.

32 Welche der folgenden Optionen stellt ein geeignetes Beispiel für eine Technik dar, um die Effizienz und Effektivität im Service Operation zu unterstützen?

1 Ein System zur automatischen Anrufverteilung für den Service Desk

2 Kundenselbsthilfe im Intranet der Organisation

3 Remote-Zugriff

4 Ein integriertes Service Management-Produkt.

a Nur 1, 3 und 4

b Nur 2

c Nur 1, 2 und 4

d Alle genannten Optionen.

33 Welche der folgenden Optionen ist die RICHTIGE Abfolge von Aktivitäten, die nach der Identifizierung eines Incident in dessen Lebenszyklus ablaufen?

a 1 – Erste Diagnose und mögliche Eskalation. 2 – Kategorisierung des Incident. 3 – Protokollierung des Incident. 4 – Priorisierung des Incident. 5 – Untersuchung und Diagnose. 6 – Abschluss des Incident. 7 – Lösung und Wiederherstellung.

b 1 – Protokollierung des Incident. 2 – Priorisierung des Incident. 3 – Erste Diagnose und mögliche Eskalation. 4 – Untersuchung und Diagnose. 5 – Lösung und Wiederherstellung. 6 – Kategorisierung des Incident. 7 – Abschluss des Incident.

c 1 – Kategorisierung des Incident. 2 – Protokollierung des Incident. 3 – Priorisierung des Incident. 4 – Erste Diagnose und mögliche Eskalation. 5 – Untersuchung und Diagnose. 6 – Lösung und Wiederherstellung. 7 – Abschluss des Incident.

d 1 – Protokollierung des Incident. 2 – Kategorisierung des Incident. 3 – Priorisierung des Incident. 4 – Erste Diagnose und mögliche Eskalation. 5 – Untersuchung und Diagnose. 6 – Lösung und Wiederherstellung. 7 – Abschluss des Incident.

34 Bei welchem der folgenden Prozesse wäre eine formale Risikoprüfung erforderlich?

a Information Security, IT Service Continuity Management und Change Management

b Service Catalogue Management, Supplier Management und Financial Management

c Incident Management, Problem Management und Event Management

d Service Design und Service Transition.

35 Welches der folgenden Ziele ist das PRIMÄRE Ziel des Access Managements?

a Bereitstellung der Berechtigungen für die Anwender, einen Service jederzeit zur Unterstützung der Business-Prozesse zu nutzen

b Ausrichten der IT-Sicherheit an der Business-Sicherheit und Sicherstellen eines effektiven Umgangs mit der IT-Sicherheit

c Bereitstellung der Berechtigungen für die Anwender, einen Service oder eine Gruppe von Services durch Anwendung der Richtlinien aus dem Security und Availability Management zu nutzen

d Sicherstellen, dass IT-Services im Falle einer Katastrophe innerhalb geforderter und vereinbarter Business-Zeitrahmen wiederaufgenommen werden können.

36 Um die Frage 'Wo stehen wir jetzt?' im Modell der Continual Service Improvement zu beantworten, müssen wir wissen:

a Wie wir den Schwung beibehalten

b Die aktuellen Baseline-Bewertungen

c Die Business-Vision

d Die neuen Messziele.

37 Ein guter Service Design beruht auf der effektiven und effizienten Verwendung der vier Ps – Personen, Prozesse, Produkte und:

a Pläne

b Partner

c Verfahren (Procedures)

d Richtlinien (Policies).

38 Welche Funktion des Service Operation würde die Entscheidung treffen, Standardsoftwarepakete einzukaufen, um die Businessprozesse zu unterstützen?

a Der Service Desk

b Das Technical Management

c Das Application Management

d Der IT-Betrieb.

39 Welche der folgenden Aussagen entspricht der richtigen Definition von Utility?

a Die Kundenwahrnehmung der positiven Merkmale eines Service

b Die Kundenwahrnehmung der guten Leistung eines Service

c Der Service ist einsatzfähig

d Die Erbringung einer Wertschöpfung für die Kunden.

40 In welcher Phase des Lebenszyklus wird das Serviceportfolio festgelegt?

a Service Strategy

b Service Design

c Service Transition

d Service Operation.

13 Antworten

13 Antworten

KAPITEL 2 (EINFÜHRUNG IN DAS SERVICE MANAGEMENT)

1 b – Die Optionen (c) und (d) beschreiben eine Prozesseigenschaft. Option (a) beschreibt teilweise eine Funktion, die allerdings nicht nur eine einzelne Aufgabe umfasst (2.2.2 Definition einer Funktion: ein Team oder eine Gruppe von Personen sowie die Hilfsmittel, die eingesetzt werden, um einen oder mehrere Prozesse oder Aktivitäten durchzuführen).

3 c – RACI ist ein Akronym für 'Responsible–Accountable–Consulted–Informed' ('zuständig–verantwortlich–beteiligt–informiert') (2.2.3.2).

4 c – Alle anderen Aktivitäten mit Ausnahme von Option 2, die die Verantwortlichkeit des Serviceverantwortlichen oder des Service Level Managers beschreiben, bilden einen Teil der Verantwortlichkeiten des Prozessverantwortlichen (2.2.4).

5 b – Option (a) beschreibt die Rollen innerhalb des Service Operation, bei Option (c) fehlen Komponenten in Bezug auf externe Supplier und Option (d) beschreibt eine Verantwortlichkeit des Service Level Managers (2.2.5 Definition: eine Rolle, die für die Erbringung eines bestimmten Service verantwortlich ist).

KAPITEL 4 (SERVICE STRATEGY)

1 a – Das Service Design Package ist ein Output des Service Design (4.1, 4.2).

2 c – Option (a) bezieht sich lediglich auf Warranty, Option (b) beschreibt nur die Liste der Services und Option (d) bezieht sich auf Utility (4.3.1).

3 d – Die Optionen (a), (b) und (c) beinhalten lediglich Bestandteile des Serviceportfolios (4.4.2 Definition: der komplette Satz von Services, die von einem Service Provider verwaltet werden).

4 c – NICHT Option 4, weil dieser Schritt erst nach einer Genehmigung des Business Case erfolgen würde (4.4.3 und Tabelle 4.1; Definition: Rechtfertigung für einen umfassenden Ausgabenposten).

KAPITEL 5 (SERVICE DESIGN)

1 d – Lerninhalt, siehe 04-03

2 a – Lerninhalt, siehe 05-44

3 a – Lerninhalt siehe 05-45

4 b – Entscheidungen zur Organisationsstruktur würden in der Phase der Service Strategy getroffen (5.1).

5 b – Option (a) ist falsch, weil sie einen Service Provider beschreibt, Option (c) ist die Definition eines OLA und Option (d) ist fast richtig, besagt allerdings nicht, dass auch die Verantwortlichkeiten des Kunden in dem SLA

enthalten sind (5.5.2.2 Definition einer SLA: eine Vereinbarung zwischen einem IT-Service Provider und einem Kunden).

KAPITEL 6 (SERVICE TRANSITION)

1 b – Lerninhalt, siehe 03-16

2 c – Lerninhalt, siehe 08-02

3 c – Option 4 würde von dem Business selbst durchgeführt werden, da die IT nur indirekt mit den Schulungsaktivitäten für den eigentlichen operativen Business-Change befasst wäre (6.1).

4 a – Option (b) beschreibt die Definitive Media Library, in der Software- und Medien-Kopien gespeichert sind, bei Option (c) würde das SLA einige Daten enthalten, die aber nur den Service betreffen, und bei Option (d) zeigt das Kunden-Selbstbedienungsmenü den Kunden, welche Services sie beziehen können (6.5.1.2 und Abbildung 6.3).

5 a – Option (b) beschreibt ein Configuration Item, Option (c) beschreibt das SKMS und Option (d) ist zwar teilweise richtig, aber das CMS muss nicht aus einem einzelnen Datenspeicher bestehen (6.5.1.2 Definition von CMS: ein Satz von Hilfsmitteln und Datenbanken, die zur Verwaltung der Konfigurationsdaten eines IT-Service Providers verwendet werden).

6 b – Ein Pilot beschreibt den Status eines IT-Service nach seinem ersten Deployment und vor dem Massen-Rollout (6.5.3.2).

KAPITEL 7 (SERVICE OPERATION)

1 d – Lerninhalt, siehe 05-83

2 b – Lerninhalt, siehe 06-02

3 b – Lerninhalt, siehe 06-01

4 c – Option (a) ist ein Ziel des Service Design, Option (b) ist ein Ziel der Service Transition und Option (d) beschreibt nur einen kleinen Teil dessen, was der Service Operation abdeckt (7.1).

5 c – Bei Option (a) ist der Prozessverantwortliche für den Prozess verantwortlich, während bei Option (b) der Service Desk für den Incident in dessen gesamtem Lebenszyklus verantwortlich ist. Bei der Bearbeitung von Incidents müssen jedoch alle Teams Verantwortung für den Prozess übernehmen (7.5.2.2, 7.6.1.1).

6 b – Option (a) beschreibt eine Aktivität im Problem Management, Option (c) ist ein Ziel des Incident Managements und Option (d) beschreibt den funktionalen Eskalationsprozess für Incidents (7.5.4.1).

KAPITEL 8 (CONTINUAL SERVICE IMPROVEMENT)

1 d – Lerninhalt, siehe 04-10

2 b – Option (a) beschreibt die Phase 'Planen', Option (c) beschreibt die Phase 'Handeln' und Option (d) beschreibt die Aktivitäten in der Phase 'Überprüfen' (8.4.2).

3 a – Nur Mitglieder des Vorstand und der Geschäftsleitung sollten die IT Governance lenken, obwohl auch alle anderen Rollen am Feedback oder dem Befolgen der Prozesse beteiligt sein können (8.4.1 Definition von

IT Governance: Sicherstellen, dass Richtlinien und Strategie tatsächlich implementiert und die erforderlichen Prozesse genau befolgt werden).

4 c – So wird das Konzept des 'Wie kann der Schwung beibehalten werden?' beschrieben. Option (a) müsste in der Phase 'Haben wir das Ziel erreicht?' stattfinden, Option (b) beschreibt die Datenanforderungen in der Phase 'Wo stehen wir jetzt?' und Option (d) beschreibt die Phase 'Worin besteht die Vision?' (8.4.3 Abbildung 8.2)

5 d – Ein kritischer Erfolgsfaktor ist eine Bedingung, die eintreffen muss, damit ein Prozess, Projektplan oder Service erfolgreich ist. Messgrößen werden genutzt, um das Erreichen der einzelnen kritischen Erfolgsfaktoren (Critical Success Factors, CSFs) zu messen (8.4.5.2).

KAPITEL 9 (SERVICE MANAGEMENT-TECHNOLOGIE)

1 b – Option (4) wäre eine Technologie-Anforderung zur Unterstützung des Service Operation und der Continual Service Improvement, weil sie sich auf Live-Services bezieht (9.1).

2 c – Alle anderen Optionen werden von der IT genutzt: Option (a) wird zur Besetzung oder Verifizierung von CMS-Daten verwendet, Option (b) dient der Steuerung des Benutzerdesktops und Option (d) wird genutzt, um Diagnoseskripte zu erstellen und zur Unterstützung der Frühdiagnose von Incidents einzusetzen (9.1).

KAPITEL 12 (MUSTERPRÜFUNG ZU DEN ITIL-GRUNDLAGEN IN DER VERSION 3)

1 b – Option (a) bezieht sich lediglich auf die Berechnung eines Geldwertes, Option (c) dient mit ihrem Bezug zu Utility und Warranty als Falschantwort, und Option (d) beschreibt eines der Ziele des Demand Managements (4.5.2.1).

2 c – Enger abgestimmte Service Levels wären eine mögliche Wertschöpfung durch das Service Level Management (7.5.4.2).

3 c – Das ist eine Aktivität, die innerhalb des Supplier Management-Prozesses stattfinden würde (5.5.2.3).

4 c – Es ist sicher nicht zu erwarten, dass ein Incident-Record als Teil des Change-Outputs ausgestellt wird (6.5.2.3, Abbildung 6.5).

5 d – Option (a) bezieht sich auf Utility, während die Optionen (b) und (c) sich auf andere Wertattribute beziehen. Keine ist jedoch mit dem Demand Management verknüpft (4.5.1.2).

6 c – Option 4 beschreibt ein Ziel des Problem Managements (7.6.1.2)

7 c – Bei Option (a) ist der Service Desk für den Incident in dessen gesamtem Lebenszyklus verantwortlich, bei Option (b) ist der Service Level Manager für den tagtäglichen Service verantwortlich, und bei Option (d) ist der Prozessverantwortliche für einen bestimmten Prozess verantwortlich (2.2.5).

8 b – Die vor dem Deployment stattfindende Validierung, dass ein Service die Business-Anforderungen erfüllt, fällt in die Service Transition Phase des Lebenszyklus (6.1).

9 b – Option (a) beschreibt den UC und das OLA mit Aussagen, die falsch sind und somit das Gegenteil der richtigen Antwort darstellen, Option (c) ist falsch, weil sowohl bei OLAs als auch bei UCs Messungen vorgesehen wären, um die Leistung in Hinblick auf die Unterstützung des SLA zu ermitteln, und Option (d) behauptet, dass beide derselben Art von Vereinbarung entsprechen (5.5.2.2 Definition eines OLA: eine Vereinbarung zwischen einem IT-Service Provider und einem anderen Teil der gleichen Organisation, die die Erbringung der Services unterstützen soll. Definition eines UC: ein Vertrag zwischen einem IT-Service Provider und einer Drittpartei)

10 c – Die Optionen (a) und (b) sind die Outputs der Service Design-Phase, während Option (d) falsch ist, weil die Lösung auf eine Anpassung an den Business-Prozess ausgelegt sein sollte (5.4.1).

11 b – Option (a) behauptet, dass es sich nur um ein Planungs-Tool handelt, und die Optionen (c) und (d) beziehen sich auf Ziele des Financial Managements (4.4.3 Definition: Rechtfertigung für einen umfassenden Ausgabenposten, die Informationen zu Kosten, Nutzen, Optionen, Streitpunkten, Risiken und möglichen Problemen beinhaltet)

12 c – Option (a) bezieht sich auf das 'Durchführen' ('Do'), Option (b) bezieht sich auf das 'Überprüfen' ('Check') und Option (d) bezieht sich auf das 'Handeln' ('Act') (8.4.2).

13 a – Bei Option (b) sorgt der IT-Betrieb für die Überwachungs- und Steuerungsaktivitäten, bei Option (c) ist das Incident Management ein Prozess, und bei Option (d) liefert das Application Management die technischen Kenntnisse und die Erfahrung im Zusammenhang mit den Anwendungen (7.6.2.1).

14 c – Option 3 beschreibt keine Art von Service Desk, weil die Operations Bridge ein Teil des IT-Betriebs ist (7.6.1.3).

15 d – Die Optionen (a) und (c) beschreiben die Definition von Wartbarkeit, während Option (b) die Definition von Servicefähigkeit beschreibt (5.5.5.2 Definition: ein Richtwert für die Zeitspanne, für die ein Configuration Item oder ein IT-Service seine vereinbarte Funktion ohne Unterbrechung erfüllen kann)

16 d – Option (a) bezieht sich auf den Request Fulfilment-Prozess, Option (b) bezieht sich auf den allgemeinen RFC für alle Changes und Option (c) bezieht sich auf normale Changes, die einen formalen Genehmigungsprozess durchlaufen sollten, in der Regel über das CAB (6.5.2.2).

17 a – Option (b) beschreibt das Konfigurationsmodell, Option (c) beschreibt die DML in allem bis auf die Tatsache, dass es sich nicht um eine Medienbibliothek handelt, die keine Qualitätssicherung durchlaufen hat, und bei Option (d) würden Backups nicht in der DML gespeichert (6.5.3.2 Definition: ein oder mehrere Speicherorte, an denen die endgültigen und genehmigten Versionen aller Software-CIs sicher gespeichert sind; die DML kann auch zugehörige CIs wie Lizenzen und die Dokumentation enthalten).

18 c – Das ist die richtige Phase, in der wir unser Wissen aus den Erfahrungen, die wir gemacht haben, und aus der Analyse der Informationen nutzen können (6.5.4.2).

19 b – Option (a) bei 'beratend hinzuziehen' (consult) geht es um das Einholen der Meinung einer Person, während die Optionen (c) und (d) Wörter nennen, die im RACI-Modell nicht verwendet werden (2.2.3.2).

20 a – Die Optionen (b) und (c) beschreiben einige Ziele der kontinuierlichen Serviceverbesserung, jedoch in einem zu engen Rahmen, während Option (d) ein Ziel des Service Design beschreibt (8.1).

21 d – Alle genannten Elemente sind Bestandteile eines Prozesses, ebenso wie Verfahren, Arbeitsanweisungen, Auslöser, Input, Output, Fähigkeiten usw. (2.2.4).

22 d – Alle Optionen wären für eine Automatisierung geeignet (9.2).

23 d – Ein Prozessverantwortlicher ist immer für seinen Prozess final verantwortlich, andere Gruppen würden Verantwortung übernehmen (2.2.4).

24 b – Das Application Management verwaltet Anwendungen in ihrem gesamten Lebenszyklus (7.5.1.1).

25 a – Option (b) bezieht sich auf die Eskalation eines Incidents in die Management-Kette, wenn weitere Personen über den Incident in Kenntnis gesetzt werden müssen, bei Option (c) werden Incidents nicht nur zu Problemen, weil der Service Desk sie nicht beheben kann, und bei Option (d) sollte ein Incident nicht nur geschlossen werden, weil er vom Service Desk nicht behoben werden kann oder weil das OLA gerade verletzt wird! (7.5.2.3 Definition: Übertragen eines Incident, Problems oder Change an ein technisches Team mit größerer Erfahrung zwecks Hilfestellung).

26 b – Option (a) beschreibt die internen Teams und ihre Beziehungen zu einem OLA, und wäre damit von dem Supplier Management-Prozess nicht abgedeckt, Option (c) ist falsch, weil es in der Verantwortung des Suppliers liegt, erforderliche Changes zu rechtfertigen, sodass sie selbst einem CAB angehören würden, und Option (d) beschreibt nur einen sehr schmalen Bereich der Prozessrolle (5.5.3.1).

27 c – Option 2 würde unter den Change Management-Prozess fallen und sollte über einen RFC eingereicht werden (7.5.3.2).

28 b – Das Facilities Management ist Bestandteil des IT-Betriebs (7.6.3.1).

29 c – Das Service Design Package sollte während der Design-Phase für neue, geänderte und gelöschte Services erstellt werden und als letzter Output für die Service Transition fungieren. Ein Service Design Package wird normalerweise nur für größere Changes erstellt (5.4.1.1).

30 a – Das Buch Service Strategy stellt sicher, dass die Organisation für und mit der eigenen Organisation immer die richtige Wahl trifft (4.1).

31 b – ITIL ist ein Framework für Good Practice. Option (a) setzt den internationalen Standard ISO/IEC 20000 voraus, nach dem Organisationen ihre Service Management-Fähigkeiten auditieren und zertifizieren lassen möchten, Option (c) ist falsch, weil die Zertifizierungen und Diplome für das IT Service Management, die im Besitz von OGC sind und von der APM Group verwaltet werden, ein Beispiel für ein Qualifizierungsschema darstellen,

und Option (d) ist falsch, weil ITIL keine Methode ist, sondern ein Framework, das von den einzelnen Organisationen angepasst werden muss (2.3 Definition: eine Reihe von Anleitungen für Best Practice im IT Service Management).

32 d – Sämtliche technischen Beispiele würden die Effizienz und Effektivität in der Service Operation phase des Lebenszyklus verbessern (9.1).

33 d – Das ist die richtige Reihenfolge für den Ablauf des Incident Management-Prozesses (7.5.2.3).

34 a – Option (b) ist falsch, weil Financial Management und Supplier Management die einzigen Elemente wären, die die Auswirkungen von Risiken berücksichtigen müssten, Option (c) beschreibt viel reaktivere dynamische Prozesse und Option (d) führt keine Prozesse, sondern Phasen des Lebenszyklus auf (6.5.2.1).

35 c – Bei Option (a) würde das Access Management nicht jederzeit Zugang gewähren, sondern würde sehr stark von den Verfügbarkeitsanforderungen bestimmt, die mit dem Business vereinbart wurden, Option (b) beschreibt das Ziel der Informationssicherheit und Option (d) beschreibt das Ziel der IT Service Continuity (7.5.5.1).

36 b – Die Beantwortung der Frage 'Wo stehen wir jetzt' umfasst auch, dass wir den aktuellen Leistungsstatus nachvollziehen können, der durch die Anwendung der Baseline-Bewertung deutlich wird (8.4.3, Abbildung 8.2).

37 b – Ein guter Service Design beruht auf allen vier Antworten: Partnern, Produkten, Prozessen und Personen (5.4.2).

38 c – Die Application Management-Funktion muss den Business-Prozess nachvollziehen, damit sie das Bestimmen der Anforderungen unterstützen kann, die in Hinblick auf Funktionalität und Handhabbarkeit an die Anwendungssoftware gestellt werden (7.6.4.1).

39 a – Die Optionen (b) und (c) beschreiben die Warranty, während Option (d) eine ziemlich allgemeine und kombinierte Aussage über Utility und Warranty liefert (2.1.3 Definition: Funktionalität, die von einem Produkt oder Service angeboten wird, um einen bestimmten Bedarf zu erfüllen; Utility wird häufig als ‘das, was ein Produkt oder Service tut’ zusammengefasst).

40 a – Das Serviceportfolio fungiert als Verbindungsstelle oder ‘Rückgrat’ für alle fünf Phasen im Servicelebenszyklus und wird in der Service Strategy festgelegt (4.4.1).

Hinweis: Quelle für die Definitionen – ITIL V3 Glossar v0 1 vom 30. Mai 2007.

Weiterführende Informationen

Weiterführende Informationen

DAS OFFIZIELLE ITIL-FRAMEWORK DER SERVICE MANAGEMENT PRACTICES

Service Strategy
(ISBN: 9780113311385)

Service Design
(ISBN: 9780113311392)

Service Transition
(ISBN: 9780113311408)

Service Operation
(ISBN: 9780113311415)

Continual Service Improvement
(ISBN: 9780113311422)

Leitfaden zu den wichtigsten Elementen der Service Strategy
(ISBN: 9780113310708)

Leitfaden zu den wichtigsten Elementen des Service Design
(ISBN: 9780113310715)

Leitfaden zu den wichtigsten Elementen der Service Transition
(ISBN: 9780113310722)

Leitfaden zu den wichtigsten Elementen des Service Operation
(ISBN: 9780113310739)

Leitfaden zu den wichtigsten Elementen der Continual Service Improvement
(ISBN: 9780113310746)

Offizielle Einführung in den ITIL-Servicelebenszyklus
(ISBN: 9780113310616)

ITIL V3-Grundlagen-Handbuch
(ISBN: 9780113311972)

ISO/IEC 20000-PUBLIKATIONEN

Ein Manager-Leitfaden zum Service Management. 2. Auflage (aktualisiert für BS ISO/IEC 20000) (ISBN: 0580479226)

BS ISO/IEC 20000-1:2005 IT Service Management – Teil 1: Spezifikation (ISBN: 0580475298)

BS ISO/IEC 20000-2:2005 IT Service Management – Teil 2: Code of Practice (ISBN: 0580475301)

IT Service Management - Ein Arbeitsbuch zur Selbstbewertung (BIP 0015-2005)
(ISBN: 0580479234)

BS ISO/IEC 27001:2005(E) (BS 7799-2:2005) Informationstechnologie – Sicherheitstechniken – Systeme für das Information Security Management – Anforderungen

BS ISO/IEC 17799:2005 (BS 7799-1:2005) Informationstechnologie – Sicherheitstechniken – Code of Practice für das Information Security Management

NÜTZLICHE WEBSITES

ITIL

www.best-management-practice.com

www.itil-officialsite.com

Zertifizierung

www.apmgroup.co.uk

ISO/IEC 20000

www.isoiec20000certification.com

*it*SMF International

www.itsmf.org